本书由岳麓书院发展基金资助出版

孔学堂入驻研修期间成果

感谢陈松长老师题签

古代文字与文献研究论集

李洪财 著

中国社会科学出版社

图书在版编目（CIP）数据

古代文字与文献研究论集/李洪财著. —北京：中国社会科学出版社，2018.10

ISBN 978-7-5203-3111-1

Ⅰ.①古… Ⅱ.①李… Ⅲ.①汉字—古文字学—文集②古文献学—中国—文集 Ⅳ.①H121-53②G256.1-53

中国版本图书馆 CIP 数据核字（2018）第 204662 号

出 版 人	赵剑英
责任编辑	孙　萍
特约编辑	李凯凯
责任校对	杨　林
责任印制	王　超

出　　版	中国社会科学出版社
社　　址	北京鼓楼西大街甲 158 号
邮　　编	100720
网　　址	http://www.csspw.cn
发 行 部	010-84083685
门 市 部	010-84029450
经　　销	新华书店及其他书店

印　　刷	北京明恒达印务有限公司
装　　订	廊坊市广阳区广增装订厂
版　　次	2018 年 10 月第 1 版
印　　次	2018 年 10 月第 1 次印刷

开　　本	710×1000　1/16
印　　张	19.25
字　　数	251 千字
定　　价	86.00 元

凡购买中国社会科学出版社图书，如有质量问题请与本社营销中心联系调换
电话：010-84083683
版权所有　侵权必究

序

林 沄

  2011年李洪财成为我的博士研究生，研究方向是我完全陌生的汉简草字整理和研究，好在他入学之前，已经对全部汉简已发表的材料下过很大的功夫，不但对重要的汉简资料已经做过相当全面的校读、整理工作，而且已经形成了不少独到的见解，所以我作为指导教师，实际是得到了一次难得的补充自己知识缺陷的机会，对他的博士学位论文只能起些指明论述重点、完善论证方式之类修修补补的作用。他的博士论文至今给我留下深刻印象的两件事是：一，在"汉简草字考释举例"这一节中，论证了"脊"字的由来。《说文》中许慎为该字专立𠂇部，说"象脅肋也"，刘钊认为脊字原为从肉束声，𠂇是束之讹体，我认为很对。而李洪财则据汉简草字的脊字从亦或从迹，证明《说文》中的𠂇其实是由"亦"的草体造成的假篆体。纠正了我的看法。在这本论文集中的《释汉简中的"脊"和"𦙶"》，便是博士学位论文中的内容。二，裘锡圭等名家都认为草书对隶书的改造方法之一，是"省去字形的一部分"。李洪财在博士学位论文中指出，这种说法是忽略了从隶到草的中间演变过程。以"時"为例：

時　時　旹　时
1　　2　　3　　4

1—2 是右侧"寸"草化过程，2—3 是右侧"土"形和"寸"形连写，3—4 是右侧草写折笔拉直变为圆笔。所以寸形右侧向外弯曲仍带有演变的痕迹，并不存在直接"省去一部分"的草化方法，只是逐步省去构形中的次要笔画，是一个渐变的过程。

他从汉简草字的实际演变过程归纳草化方法，而总结出七条，最后归纳为简省和连写，认为连写是基本动力，简写是结果。我认为这样的分析方法很有独到之处，而且很有说服力。

在我同他相处的几年中，我感到他研究问题挺有灵气，但治学并非是灵机一动式的，而是需要肯下苦功夫。单就研究汉简草字而言，在校读已发表的汉简草字释文时，就发现了三百多处应释而缺释和误释者。他对陆锡兴的《汉代简牍草字编》全面校读时，共校勘出 260 处错误。这都是我很佩服的。

这次看到他即将出版的文集，对他治学涉猎面之广，又有了新的认识。比如，在他攻博时，我只知道他本来大学是美术系的，一直爱好书法。对敦煌石窟所出的草书《恪法师第一抄》发表过专门论文。这次读了他要出版的论文集，才知道这篇草书作品内容的性质，过去并没有人弄明白，他研读了很多佛教文献，才考定了这是对疏解《妙法莲华经》的作品《妙法莲华经玄赞》中"释酬因"一节疑难文句和问题的进一步阐释。文章中提到的浩如烟海的佛教文献是我完全陌生的。在另一篇题为《栖复〈法华玄赞要集〉相关问题考》的论文中又涉及很多在日本的佛教文献，说明他在这方面的研究还是有一定深度的。又如，他对于我不大明白的古代历法有相当深的理解，对于秦汉简牍所反映的历法上的疑难问题，能提出自己有理有据的看法，这是我做不到的。再如，他不仅对书法、绘画能有自己独到的见解，对古代的琴、瑟、筝也能用实际的塑像、图形资料详加分析，论其异同，并辨明和弹奏乐器俑并存的歌唱俑，殊足称道。而对越南文字历史变迁的研究和思考，也是国内少有学人研究的问题。所以我虽然应他所请，要作一个序，实际只是又一次得到学习的机会，很难对我并不熟悉的领域的研究成果一一加以评说。

不过既答应了作序，不得不勉为其难，只能就我一向很感兴趣的问题，谈一点看法。

汉字是中华民族非常宝贵的文化遗产，汉字和它所记载的文献，是熔铸多元一体的中华民族、使中华文化几千年不中断的主因之一。我一直觉得，现在虽然已经有了非常之多的关于汉字历史的各种著作，但有相当多的还是重点放在隶变之前，讨论汉字原始构造的理论和每个字造字的原理，并不能摆脱"说文学"的藩篱。到汉字隶变之后，则大多限于谈论书体的变迁，在构形上偏重简化的盛行，重点往往放在近代以来的文字改革，而对于从汉代到清代这2000年间汉字的实际历史的研究，还存在许多空白区。现在全国许多研究机构合作的"字库"研究项目，重点只在字形的收集，而"碑别字""俗字"等专门研究主要仍在于识字和字词的释义。至于在这样漫长的历史时期中，汉字在使用职能上有何演进？在字际关系上有何变化？在文字结构的性质上有何改变？在吸收外来语成分情况下汉字如何应对？即在许多较深层次问题上，仍缺乏具体的分析和理论的总结。

李洪财《谈谈五一广场东汉简的文字问题》是一篇很有意思的论文。五一广场东汉简是官文书，却几乎每支简上都出现异构的俗字。这些异构字并非只是笔画多少、长短的不同，还有很多结字构形上有巨大变化，而且很多字形与本字相差悬殊。像"殺"字出现了三十多次，有五种不同写法，可是没有一种是和《说文》正字相同的。而且还出现了由"殺"的俗体而分化成的"煞"字。从这些原生态的手写的异体，可以探索由篆变隶而又受草写影响的汉字异构产生的不同原因和途径。也可见汉字在应用过程中产生种种异构的俗字，并非像颜之推所说的"北朝丧乱之余，书迹鄙陋，加以专辄造字，猥拙甚于江南"，而是在统一王朝的时期，全国范围内普遍经常发生的现象。这才能理解许慎《说文》的作用和熹平石经树立的必要。李洪财《汉简中音形相近字的混用现象探析》也是一篇对汉代文字应用情况具体分析的文章，他对这种混用造成的原因作了进一步分析，有一种混用是在形体上新分化出来的字，其职能分工上还不明确的情况下造成的混用；有的则是写手态度不严谨，书写不规范所致。并不能简单地一概归为通假。还有一篇《说"刹"及其相关问题》也是很好的论文。作为新造一个汉字来翻译外来语的实例，他不迷信从前字书中说"刹"是《说文》"刹"字之略，认为是像"魔""伽"等字一样，用"杀"为记音符号，所造的翻译"刹多罗""刺瑟胝"两个意义不相关的词的新造汉字。他用"刹"字在历代文献中出现的时间和用义来证成自己的见解，而证明了前代字书有后人逐次增加的内容。因而，像过去那样把前代字书中的说解不加分析照单全收，而且还想融会贯通不同说解，以致既不能正确理解新造汉字，还对外来语词造成误解，是不可取的。

  我只是举一些例子来说明，秦代以后汉字的历史是复杂多彩的，有很多值得玩味和深究的地方。所以，深深希望有更多的青年学者，对秦代以后的汉字，从实际的书写、使用材料中，而不是从现成的字书中，发掘出值得研究的问题，而且从具体问题的研究上升为文字学的一般理论，为汉字这一中华民族宝贵遗产的除旧布新发扬光大而做出贡献。这是我愿意和李洪财、和大家共勉的。

2018 年 8 月 13 日

前　言

　　从20世纪初出土和发现汉简、甲骨、敦煌遗书开始，到今天已经过去一百多年。地不爱宝，这一百多年中不断有新材料出土，如今出土文献研究已经成为显学。这些材料已经不仅仅是文史研究者利用和研究的对象，如今在法学、数学、天文学、医学、药学、化学等多学科多领域都有相关研究。我们所关注的则是出土文献中的字词与相关的历史。关注字词是因为这是研究和利用这些文献的前提，没有准确的释字与解读，无从深入研究。同时我们也希望通过释读能为其他利用者提供参考。关注相关历史则是因为古今时空隔阂，我们希望通过各种方式来了解古代的一切，而解读这些新材料无疑是最好的方式之一。本书的主要内容就是围绕着文字与历史、简牍与敦煌遗书展开的。

　　本书的内容可分为古文字与俗字研究、简牍文献研究、敦煌遗书研究、书法与佛教文献研究，还有一些读书杂谈。

　　古文字与俗字研究方面的文章，其中《出土文献"画"字形义疏证》，认为画的本义是手执笔一类的工具描绘刻画纹饰之义，其形体的演变受表义影响出现了两次跳跃式变革。不应因为受表义变化产生的字形差异，改变"画"的释字或曲折通假解读出土文献。《说文》所说画字"象田四界"的解释，是受到战国讹变字形影响产生的，它只是引申义并不是本义。"画"的本义与田并没有直接关系。《疏"顾"》与《秦汉简文字考释二则》两文则是对"顾""羗""单"三字的形、义的梳理。《说"枈"与"七"及相关字》，对"枈"的本义及其与"七"的关系，还有两字替换产生的异体字作了讨论。《谈谈五一广场东汉简的文字问题》，主要是对《长沙五一广场东汉简牍选释》一书公布的东汉简牍文字的释文问题、东汉文字的俗化问题作了讨论。《汉简中音形相近字的混用现象探析》主要是针对当前汉简释文中出现"薄"与"簿"、"第"与"弟"、"母"与"毋"等音形皆相近字的整理错乱不统一问题，作了举例说明，认为这类文字释读整理过程中要区别字形与对应文意的关系。《说"刹"及其相关问题》，通过对玄应《一切经音义》中"切刹"条释义存在的问题进行解析，提出："刹"之字形来源是从"杀声"的后造形声字，并非"刹"字简写，而是时人误以"刹"之俗形"刹"作"刹"的来源，两者实际并没有继承关系；"刹"本是为了佛经翻译而后造的借音字，"刹"字本身在造字初并无"土、田"与"竿、柱"义，两义之间并无必然联系，只是"刹"作为"刹多罗""刺瑟胝"两词的汉译字后，使"土、田"和"竿、柱"义牵连附会在一起；先有"刹柱"一词后有"刺瑟胝"，"刺瑟胝"可能是后来附会到"刹"字身上。《一切经音义》"切刹"中的按语是后人所加，应如丁福保《佛学大辞典》所引，去掉这句按语。以上都是文字的考释与构形研究，另外我们在《越南文字现代化进程及反思》一文中，对深受汉字文化影响的越南文字发展情况作了考察，对越南文字从借鉴汉字到改造汉字，再到改用拼音文字，之后又复兴汉字的曲折变化作了深入分析。其中我们侧重关注越南文字变化与社会变化的关系。

简牍文献研究的文章主要关注的材料是秦简与汉简。《秦简牍"从人"考》主要结合传世文献，解读里耶秦简和岳麓秦简中关于"从人"材料，认为从人就是传世文献中的纵人，就是联合东方六国合纵反秦的人。《岳麓秦简（肆）中的纪年问题》一文分析了岳麓秦简中出现的纪年与目前所见的历谱不合的现象。此外，我们在《读〈先秦秦汉历法和殷周年代〉——略谈秦汉简牍中的历法问题》和《汉简缀合三例和一支特殊纪年简考释》两文中也重点讨论了秦汉历法问题。《释简牍中的"莫食"》，认为莫食应确定为上午时称，并表示"不食"之意，含义和时间范围大致相当于出土文献中的廷食、食坐，过去出土文献将"莫食"读为"暮食"，作为下午的时称看待是错误的。秦汉出土材料显示，至少在西汉中期仍然是一日两餐，并无明确材料证明此时已经开始出现早中晚一日三餐制。《说汉简中的符号——以"√"号为主兼谈其他符号》，重在纠正汉简释文中符号的整理问题，并提出汉简中有用补空号的现象。

敦煌遗书研究的文章主要是讨论草书与俗字问题。《〈恪法师第一抄〉性质考证》，主要关注辽宁省博物馆藏敦煌草书抄卷《恪法师第一抄》的题名、内容、性质，通过我们的研究，认为该卷子的内容是对窥基《妙法莲华经玄赞》的"决择"，即对玄赞的进一步疏解。《读〈敦煌佛经字词与校勘研究〉——兼谈涅槃合文问题》，主要是读曾良先生新作《敦煌佛经字词与校勘研究》的体会，同时就书中提到的涅槃问题提出不同看法。认为涅槃的卅、卌、𠦜写法与𠂇写法应分别对待，卅、卌、𠦜等写法仅是符号代写，𠂇写法可能与大乘经义有关，两者都与"无"字的形义关系不大。《谈谈敦煌遗书中的习字》，重在通过介绍敦煌遗书中的习字文献，来解释这类材料的研究和利用价值。《两种失传敦煌因明文献校读记——浅谈敦煌草书研究的相关问题》，补释了法藏的（P2063）《因明入正理论略抄》和《因明入正理论后疏》中 毛、长、了、和、拌 等字，通过释读我们讨论了关于敦煌草书研究的相关问题。

书法研究方面，其中《汉简草书不能称作章草》认为汉简草书是一种比较复杂的草书形态，其中既有章草的身影也有今草的痕迹，同时也不乏狂草的例子，传世章草实际上是经过标准化、美化的字体，并不能代表字体演变的进程。汉简草书与章草不能等同看待，也不能称作章草。汉简草书是实用目的驱使下字体演变的结果，章草则是艺术审美需要的发展产物。汉简草书与其他的草书形态有着密切关系，建议在研究过程中仍以汉简草书为名，界定好概念，不要与传世草书相混。《浅谈中小学书法教育的作用与意义》，主要是分析书法教育对中小学生的作用和意义。《书法欣赏之我见》一文主张欣赏书法不同于欣赏绘画，绘画可见形象，而书法则是纯正的线条。我们认为书法艺术与中国传统文化密不可分，要懂得欣赏书法不仅要对书法的基本知识了解，还要对中国传统文化有了解。

以上文章是以出土文字材料为主要研究对象，此外还有几篇文物与文献研究的作品。《抚琴俑及相关材料存在的问题初探》，提出目前所见汉代抚琴俑所持乐器与古琴并无直接联系。其中有弦枘、器身宽大、尾端有岳山的应该是汉代瑟；器身长而窄且尾端有岳山的是汉代筝；这些乐器在汉代蜀地非常流行，在其他地区也有所见。同时，汉代已经出现了通用于各地与古琴有直接联系的类古琴乐器，两者在形制上有明显区别，不能笼统地将这些乐俑命名为抚琴俑。除定名之外，过去简报中对抚琴俑的坐姿、手势、乐器特点、摆放位置等描述都存在很多问题。另外，与抚琴俑并出的单手拊耳乐俑，应该是乐队中的成员，过去称其为听琴俑、拊耳俑等名，不符合其在乐队的身份，应该称作歌唱俑。另外还有两篇传世文献、佛教文献研究，其中也引用了出土文献互证。《谈〈左传〉的一处误读及相关的两个问题》一文通过纠正《左传·宣公三年》中的一处误读，重新讨论了其在美术理论研究和地图学研究中的两个相关问题，厘清误解，重新认识其在美术理论研究中的价值。该文还讨论了传世文献的误读与九鼎、九鼎图问题，认为《左传·宣公三年》所述与九鼎或九鼎图没有直接关系，只是后人将两者附会在一起而已。《栖复〈法华玄赞要集〉相关问题考》主要是栖复及其《法华玄赞要集》的考述。

　　本书还选载以往的几篇读书杂谈，除了上述介绍的《读〈先秦秦汉历法和殷周年代〉》《读〈敦煌佛经字词与校勘研究〉——兼谈涅槃合文问题》两篇文章外，还有《古文字构形学与上古音的突破——读〈古文字构形与上古音研究〉》一文。我们选择的几篇读书杂谈除了学习这些书中的新观点、新方法外，还提出不同的看法和意见。比如在读《古文字构形与上古音研究》时，书中第四章"论音随字转"，作者举盻（xì、pǎn）、盼为例，认为两字在古文字阶段，因为偏旁形近，受了"盼"字的音义影响，"盻"也有了滂纽产韵的读音（pǎn）。（书中第 256 页，拼音为笔者后加）我们认为盻、盼音转，未必是在古文字阶段，可能是在隶变以后的今文字阶段。"分"甲骨文作 八，到小篆作 八，"兮"在甲骨金文略同，作 兮，到小篆作 兮，古文字阶段分、兮的形体还不相近，差距较大。从"分""兮"的古文字形体来看，如果两字相混，需要笔画改曲为直和书写速度加快。只有到隶变后，实现笔画改曲为直，分、兮两字相近。加之书写速度加快，俗写简化笔画，故"盼"《九经字样》写作"盻"，导致两字音形相混。① 书中所举的汉印字例"盻"（盼），可能是受隶变影响后的篆书。在汉印中，很多字处在篆隶之间，篆隶形体互相影响，分不清是古文字还是今文字。

---

① 关于盼字的俗变，还可见曾良《"盼望"、"疆场"俗变探讨》，《中国语文》2008 年第 2 期。或见于曾良《俗字及古籍文字通例研究》，百花洲文艺出版社 2006 年版，第 146 页。曾良虽未述及"盼"字的俗变源头，但是对"盼""盻""盻"三字的音形义相混做了非常清晰的梳理。

全书所载文章大多已经见刊发表,但有很多文章发表后都出现一些问题,有些是编辑排版问题,还有不少原文的行文或观点本身就有错误,所以这次重新作了修改。本次结集的文章虽然很多是工作之后发表的,但雏形基本是我求学时代完成的,此次结集出版也算是我求学时代作品的总结与汇报。

凡例说明与简称表

一 简文符号

本书所引用简牍释文尽量以最新释文为底本，其中所用各种符号皆依所用底本原样录入。符号说明如下：

□，表示未释字，一个未释字一个"□"，只能见到半字释文者，缺字部分也用"□"表示。"□"中有字者，表示图版不清晰但可以据文义补释出文字。

☑，表示原简残断。

▣，表示封泥槽。

▩，表示简端网格花纹。

■，表示简端涂黑。

( )，括注异体字或通假字。

(?)，表示不确定释文。

〈 〉，订正误字。

+，表示原简缀合。

敦煌遗书研究内容主要参考上海古籍出版社《敦煌吐鲁番文献集成》，其中P代表法藏敦煌文献编号缩写，S代表英藏敦煌文献编号缩写，Дx代表俄藏敦煌文献编号缩写，B代表中国国家图书馆藏敦煌文献缩写，V代表卷背。

二 引用图片

简号统一。汉简的正面、背面各种材料释录方法不太统一，如武威医简用甲、乙表示，东牌楼简用正、背表示等，尹湾简用正、反表示，本文统一用 A、B 表示甲、乙，正、背，正、反面。如武威医简原简标号作"84 乙"，统一作"84B"。

引用字形图片后附出处，按照图像来源书目简称 + 简号的形式标注。如 ![升] （尹 YM6D8B），表示该字形在《尹湾汉墓简牍》中的 YM6D8 号简背面。

字形后仅标注姓名者，如 ![王] （赵孟頫），其中章草字形未特殊注明者，全部来源于《章草大典》。其他草字形皆来源于《草字编》。

汉碑皆用通用名，如"汉合阳令曹全碑"，学界通常简称为"曹全碑"。汉碑字形皆见于《汉碑全集》。由于汉碑石花泐痕严重，为了行文美观方便，将汉碑字形由原来的黑底白字，转换为白底黑字，并去除石花泐痕，缩小到适合行文大小。

三 引用简文

为了节省篇幅，本文所引用简文只节选相关部分，并不是完整简文。但引用的简文标点、格式、释录情况，皆按照所依据释文照录。一般未作特殊说明，皆以最新释文为来源底本。《集成》有释文者，以《集成》释文为准。

释文中相关文字的原简字形，插入相应文字后，如：

孙![孙]卿食马廪计三日食二斗（居 414·1A）

"![孙]"形即"孙"字在原简中的字形。简文中所述的相关文字用下划线标注。涉及不同本释文时，如简号相同或有简号对应表，引用时只标注简号，不再特殊标明页码。

四　本书所用图书简称

简称	原完整名
集成	《中国简牍集成》
甲乙编	《居延汉简甲乙编》
乙编（简号前作"居乙"）	《居延汉简甲乙编·乙编》
居补	《居延汉简补编》
敦	《敦煌汉简》
甘肃本	《敦煌汉简释文》
东	《长沙东牌楼东汉简牍》
额	《额济纳汉简》
校本	《额济纳汉简释文校本》
居新	《居延新简——甲渠侯官》
肩（行文中简称为"金关简"）	《肩水金关汉简》
尹	《尹湾汉墓简牍》
武医	《武威汉代医简》
楼	《楼兰汉文书简纸集成》
银·壹	《银雀山汉简》[壹]
银·贰	《银雀山汉简》[贰]
孔	《随州孔家坡汉墓简牍》
皇象	三国皇象本《急就章》
宋克	宋克《急就章》
说文	《说文解字》
段注	《说文解字注》
《大正藏》	《大正新修大藏经》

目 录

出土文献"画"字形义疏证 …………………………………… (1)
疏"顾" ……………………………………………………… (15)
说"桼"与"七"及相关字 …………………………………… (21)
秦汉简文字考释二则 ………………………………………… (31)
释汉简中的"脊"和"置" …………………………………… (39)
谈谈五一广场东汉简的文字问题 …………………………… (45)
汉简中音形相近字的混用现象探析 ………………………… (60)
说"刹"及其相关问题 ………………………………………… (70)
越南文字现代化进程及反思 ………………………………… (81)
秦简牍"从人"考 ……………………………………………… (93)
岳麓秦简(肆)中的纪年问题 ………………………………… (107)
释简牍中的"莫食" …………………………………………… (113)
说汉简中的符号
　　——以"√"号为主兼谈其他符号 ……………………… (121)
汉简缀合三例和一支特殊纪年简考释 ……………………… (132)
汉简草书不能称作章草 ……………………………………… (138)
《恪法师第一抄》性质考证 …………………………………… (149)
读《敦煌佛经字词与校勘研究》
　　——兼谈涅槃合文问题 ………………………………… (165)

谈谈敦煌遗书中的习字……………………………………（173）

两种失传敦煌因明文献校读记

——浅谈敦煌草书研究的相关问题………………（184）

栖复《法华玄赞要集》相关问题考 ……………………（194）

抚琴俑及相关材料存在的问题初探………………………（205）

谈《左传》的一处误读及相关的两个问题 ……………（224）

读《四库全书总目》谈金石类文献整理 ………………（234）

读《先秦秦汉历法和殷周年代》

——略谈秦汉简牍中的历法问题…………………（246）

岳麓书院藏秦简研读札记…………………………………（253）

古文字构形学与上古音的突破

——读《古文字构形与上古音研究》……………（263）

浅谈中小学书法教育的作用与意义………………………（273）

书法欣赏之我见……………………………………………（279）

后记…………………………………………………………（290）

出土文献"画"字形义疏证[①]

先秦美术史料,"画"是关键字。对画字含义理解的正确与否,直接关系到美术史的相关研究。尤其是在使用出土文献时,如果不清楚画字的表义,很容易误用。这项工作过去有很多学者作过深入研究,近几年也出现不少文章讨论。如在释字上,白于蓝将甲骨文中的"画"字改释作了"文(纹)"。(以下用作者名称代替文章)[②]还有学者认为金文的"画"是从周声的后起字。[③] 在美术研究领域,陈传席据《说文解字》"画"字的形、义解释,认为"画的本义是画直线以之为界",后来发展为画轮廓线或某物的形状,如后世之白描。[④]那么甲骨文"画"字需要改释吗?西周金文的"画"是从"周"声吗?《说文》的解释可靠吗?本文将围绕这些问题展开讨论。

一 古文字"画"的字形演变

为方便本文讨论,先依照多数学者释字意见,将"画"的基本

[①] 本文首发于《高明先生九秩华诞庆寿论文集》,科学出版社 2016 年版,第 252—261 页。
[②] 白于蓝:《释"妻"》,《古文字研究》第 28 辑,中华书局 2010 年版,第 514—520 页。
[③] 张崇礼:《释古文字中的"画"和"雕"》,复旦大学出土文献与古文字研究中心网站(http://www.gwz.fudan.edu.cn/Web/Show/1970),2012 年 12 月 8 日。
[④] 陈传席:《释〈易经〉"黄帝尧舜垂衣裳而天下治"——兼说中国的画与绘及记载中绘画起源》,《美术研究》2011 年第 3 期。又见《绘与画及其创始考》,《美术》2010 年第 10 期。

形体和主要演变脉络梳理一下。①

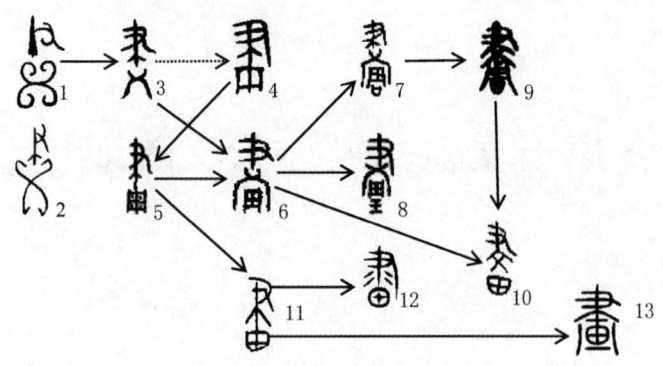

图 1　"画"字字形演变

1. 商代子画觯；2. 商甲骨文；4. 西周伯臣鼎；5. 西周宅鼎；6. 西周番生鼎；7. 西周师兑鼎；8. 西周录伯鼎；9. 战国曾侯墓竹简；10. 战国上官豆；11. 战国长画戈；12. 《说文》古文；13. 《说文》小篆

图 1 为画字主要形体演变关系示意图，下文讨论这些字形时直接用相应的数字代替。这个演变图并不难理解，但有几个地方值得关注：第一，1、2、3 形是不是画字；第二，从 3 到 4 在形体上并不能构成合理的演变关系，如何解释这种形体上的变化；第三，4 形以后"画"的演变主线是从"周"，究竟是受什么因素影响变为从璃（8 形）、从文（9、10 形）、从田（10、11、12 形）。以下就顺着这几个问题对画字的形义作进一步梳理。

二　画字初文辨析

图 1 的 2 形在甲骨文中出现的频率比较高（见表 1）。② 在甲骨文中主要用作国名、地名，还有一些不明的用法。对 2 形的释字过

---

① 高明：《古文字类编》，上海古籍出版社 2008 年版，第 872 页。
② 刘钊：《新甲骨文编》，福建人民出版社 2009 年版，第 178—179 页。

图 2 山东汉代画像中的"规"

去大多认为是画的初文,只是在字形表义的解释上有分歧。① 特别是对 2 形下部的"𐅀"(以下用 X 代替)解释存在不同看法。郭沫若认为 X 形就是圆规,金文 6 形是以规画圆周的意思,2、3 形应该是"规"字。② 规的形制可见于汉代画像(图 2)。③ 从画像可知,规的交叉两端都是直的,未见如 X 形上下各端卷曲形状。所以

---

① 黄德宽等:《古文字谱系疏证》第 2 册,商务印书馆 2007 年版,第 1999 页。于省吾:《甲骨文字诂林》,中华书局 1996 年版,第 3122—3125 页。李圃等:《古文字诂林》第 3 册,上海教育出版社 2001 年版,第 505—511 页。

② 李圃等:《古文字诂林》第 3 册,第 511 页;于省吾:《甲骨文字诂林》,第 3123 页。

③ 蒋英炬编:《中国画像石全集》,山东美术出版社 2000 年版。1 见于第 1 册第 134 页;2 见于第 3 册第 76 页;3 见于第 1 册第 48 页;4 见于第 1 册第 56 页。

X形不该是"规"字。王国维说 X 象错画之形,但未作具体解析。① 白于蓝认为 X 形是花纹之"文(纹)"的象形初文,2、3 形当释为"文(纹)",但其文没有解释 X 形为什么是花纹。笔者虽不赞同白先生改释意见,但是对他所说 X 形是花纹的看法基本赞同。

表1　　　　　　　　商周时期画的初文字形表②

商周金文	画父癸爵	子画簋	子画觯	述鼎甲	述鼎丙	述鼎癸
商甲骨文	自组	宾组	历组	出组	无名组	子组
省体	（族徽）	子觚（人名）	乍方鼎	宾组	宾组	宾组

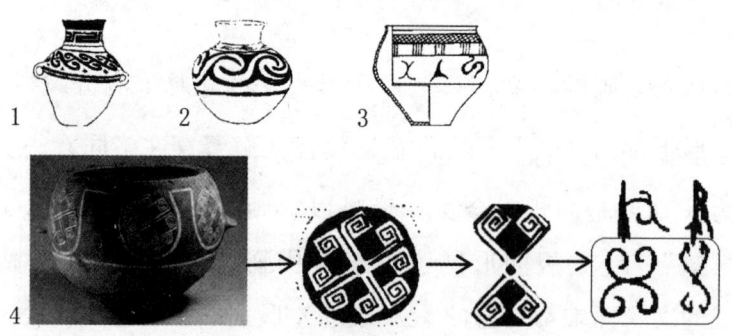

图3　石器时代陶器的纹饰

1. 辛店文化彩陶；2. 马家窑文化彩陶；3 仰韶文化彩陶；4. 大汶口文化彩陶

---

① 王国维:《戬寿堂所藏殷墟文字考释》,上海仓圣明智大学 1917 年石印本,第 24 页。
② 刘钊:《新甲骨文编》,第 685、988 页;高明:《古文字类编》,第 1532 页;王心怡:《商周图形文字编》,文物出版社 2007 年版,第 764 页。

X形作为文字在族徽和甲骨文中使用（见表1），通过辞例对比，已确定X形是2形的省体。① 而且，甲骨文中还有交叉两端不卷曲的字（见表1），说明这种卷曲是重要的区别特征。至于甲骨文和金文"画"字中也可见不卷曲的情况，那应该是讹变的结果，不能抹削整体特征。笔者认为X形表示一种对称交叉的卷状花纹或纹饰。这种纹饰从石器时代到商周的器物上都十分常见。如各种石器时代文化遗址出土的陶器上都可见这种卷状纹饰（图3②）。特别是图3之3、4陶器上的 ▓ 、 ✗ ，除了方向上的差别外，与X形已经基本一致了。而且这种纹饰与族徽中的X形也非常接近（见表1）。再如大汶口遗址中出土陶缸上的中心对称纹样，其中一组对称卷状纹样与X形也基本相同（图1之4）。如果把X形看作一种对称纹样，那么对称的每一半都可以看作一个独立卷状纹饰。到了商周时，这种卷状纹饰几乎成了纹样的基本组成因素。例如青铜器中的兽面纹、凤鸟纹、窃曲纹、云雷纹等，大部分是用卷状线条表现的（见图4）。③ 特别是看到云雷纹，很容易想到甲骨文中的X形。而且X形的对称特点，加上画、彫同意关系（见下文），很容易让我想到青铜器与雕画陶范花纹的对称关系（见图5）。④ 因此X形也可能表示在陶范上刻画的纹饰。所以从形体上说，X形是一种花纹或者纹饰应该可以成立。但因此说X形就是"文（纹）"的象形初文，并说1、2、3形都是"文（纹）"，还缺少证据，不可取。

---

① 于省吾：《甲骨文字诂林》，第3121—3122页。
② 吴山：《中国历代装饰纹样》，人民美术出版社1995年版，第82、109页；郑州市文物考古研究所：《郑州大河村》上册，科学出版社2001年版，第202页；山东省文物考古研究所：《大汶口续集大汶口遗址第二、三次发掘报告》，科学出版社1997年版，彩版二（Ⅱ）。
③ 周泗阳、万山：《中国青铜器图案集》，上海书店出版社1993年版，第69、142、184、230页。
④ 山西省考古研究所：《侯马陶范艺术》，普林斯顿大学出版社1996年版，彩版412、彩版25。

从字形上看，1、2、3形应看作合体会意字，表示手执毛笔一类的工具描绘刻画纹饰之义。所以从字形上把1、2、3形都看作"画"的初文完全没有问题。

兽面纹　　　凤鸟纹　　　窃曲纹　　　云雷纹

图4　青铜器纹样

图5　山西侯马晋国冶铸遗址出土的陶范

三　画的表义变化

画字的表义从西周金文开始发生变化，这种变化既保留了初文的本义，也受后起引申义影响产生的形体讹变。以往虽然对西周金文（4—7形）字形的表义存在不同看法，但在释字上基本没有异议。对西周金文"画"的表义解释，主要有两种。第一种认为"画"表示规划田界之义。近些年主张此说者如《说文新证》解释"画"为："规划田界。古文明多发源于大河旁，河水泛滥后往往需要重新规划田界。"① 第二种是朱芳圃提出来的，认为"画"的本义是绘画文采。② 白于蓝文认同此说。但两人皆片语带过，未做

---

① 季旭昇：《说文新证》，福建人民出版社2010年版，第220、97页。
② 朱芳圃：《殷周文字释丛》，中华书局1962年版，第138页。

详述。总的来看，受《说文》影响，赞同第一种说法者占多数。第二种说法引用者较少。从西周后"画"字的发展脉络看，其下部形体以"周"形为主线，战国以后少数几个从"田"的画应该是后起形体。可见，"周"的本义及其与画的关系是解决各种问题的关键。

（一）"周"的表义

关于"周"字本义，多数认为是表示田畴交错之形，①但甲骨文、《汗简》、《说文》古文都可见"畴"字，与周字形体差别很大。② 而且从甲骨文到西周金文，"周"形与"田"形差别也比较大（见表2）。这种说法除了读音上的联系外，形体和用义上都没有特别有力的证据，不可取。还有认为周是彫的初文，表示刻画文采的意思。③ 这种说法是朱芳圃很早以前提出的，有比较充足的字形和文献证据，非常正确。笔者认为"周"的初文不仅表示刻画文采义，可以更进一步说是表示在钟铃一类物体上彫画纹饰之义。

表2　　　　　　　　周、田各形体类型对照简表④

	"周"字形体					"田"字形体			
	Ⅰ	Ⅱ	Ⅲ	Ⅳ	Ⅴ	Ⅰ			Ⅱ
甲骨文字形									

―――――

① 季旭昇：《说文新证》，福建人民出版社2010年版，第97页。董珊：《试论殷墟卜辞之"周"为金文中的妘姓之琱》，复旦大学出土文献与古文字研究中心网站，2009年4月26日。

② 李圃等：《古文字诂林》，第358—361页。

③ 朱芳圃：《殷周文字释丛》，中华书局1962年版，第137页。黄德宽：《古文字谱系疏证》，商务印书馆2007年版，第496页。

④ 甲骨文字形选自李宗焜《甲骨文字编》，中华书局2012年版，第823、827页。金文字形选自容庚《金文编》，中华书局1985年版，第70、891页。

续表

金文字形	"周"字形体					"田"字形体				
	Ⅰ	Ⅱ	Ⅲ	Ⅳ	Ⅴ	Ⅰ	Ⅱ	Ⅲ	Ⅳ	Ⅴ
	田	田	田	周	田	田	田	田	田	田

为便于说明，暂将"周"的甲骨文、金文字形大致分成六类（见表2）。Ⅰ、Ⅱ型各形体虽交叉无规律，但最能体现纵横交错刻画纹饰的意思。如图6之1示意图，[①] 如果将陶铃的轮廓、表面的花纹，与Ⅰ、Ⅱ型甲骨文相对应，"周"字所表现的纵横交叉雕饰纹样之义就清楚地展现出来了。当然Ⅰ、Ⅱ型表现了刻画纹饰义，却没有表现出更具体的信息。

相比Ⅰ、Ⅱ型无特别明显规律形体，甲骨文中"周"形更多是相对有规律的形体。如Ⅲ型，无论中间是否有点，中间的竖画都不超出上下两横；Ⅳ型的上部都是平的；从Ⅲ到Ⅴ型，所有形体的横画都不超出左右两竖。这么多有共同特征的形体，应该不是偶然，必然有特殊的表义。笔者发现从Ⅲ到Ⅴ型的特点与钟铃一类的形体特点非常相合。

为了能比较清楚表示"周"的甲骨文与"钟、铃一类乐器的形体关系，笔者选择了制造青铜钟的陶范和有甬的铜钟与文字作对应"（见图6之3、4）。[②] 如图6所示，周字所表现的上面平舞、中间的钲、布满钟体的枚，几乎都可以与实物对应。还有，"周"中间的竖画大多不超过上下两横，这中间的竖画应该表示的就是钟的钲。"周"形上的点应该表示是钟身的枚，当然也可以看作用饰点表示钟身的纹饰。到了西周金文（见表2），"周"字所体现钟的

[①] 王子初编：《中国音乐文物大系·山西卷》，大象出版社2000年版，图3.1.4。
[②] 山西省考古研究所：《侯马陶范艺术》，第115页。

舞、甬，钲、枚特征，以及上窄下宽的特点，与钟铃一类的乐器对应得越来越明显。笔者不能完全确定Ⅰ、Ⅱ形是否与钟铃一类的乐器有什么必然联系，但是Ⅲ、Ⅳ、Ⅴ形这类形体所表现的舞、钲、枚特点，与钟铃一类的乐器特征应不是偶然的对应关系。《说文》："周，密也。从用口。"通过上面分析可知，周不从用，本义也不是"密也"。周的本义应该是表示在钟铃一类的乐器上刻画纹饰的意思。

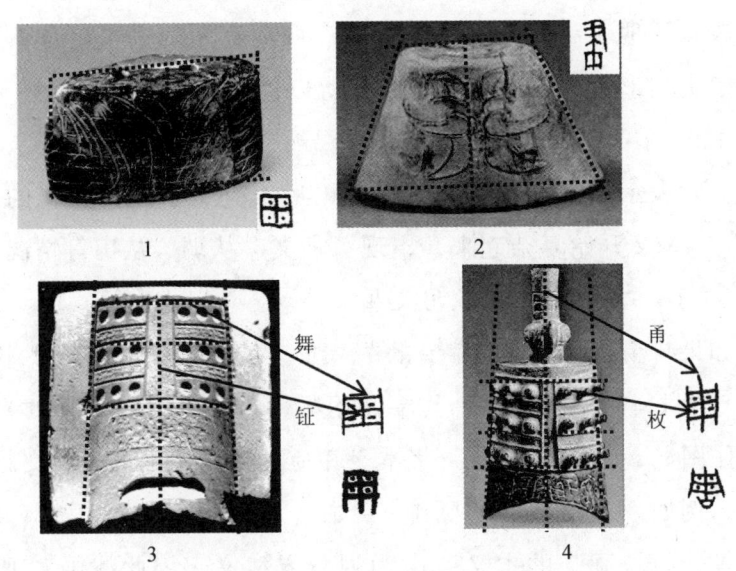

图6 字形表义示意图
1. 山西陶寺遗址出土陶铃；2. 湖北天门石家河出土陶铃；3. 山西侯马出土乐钟陶范；4. 西周用享钟

（二）西周后"画"的表义与变化

确定"周"的本义后，就可以讨论西周"画"字表义问题了。关于西周"画"字的表义，朱芳圃解释说："余谓𦘒所以作绘，𠕒即所画之文采也。"他在文中赞成林义光画、琱同义观点，认为绘画才是画的本义，分画、界画、计画都是引申义。① 通过以上的梳理来看，朱芳圃的见解完全正确。只是他的文章简短，重点又放在了"画"字传世文献的考察上，所以文中既未言及甲骨文和战国文字诸形体问题，也未对"画"字各阶段字形联系作详细解释。通过本文上面的疏证，确定"周"的表义后，那么西周金文"画"形应该表示手执毛笔一类的工具，在钟铃一类的乐器上描绘或刻画纹饰之义（见图6之2示意②）。

显然，西周金文"画"字与其初文表义基本相同，但初文表义是比较宽泛地表示描绘刻画的意思。西周金文的表义更加具体化，添加了更加形象的描绘刻画对象。所以，"画"的初文虽然与后世从"周"的"画"形体上有较大差异，但本义上并没有变，都是合体会意表示描绘刻画之义。战国以后，受文字表义分化的影响，"画"字表义开始复杂起来，出现了从文、从珂、从田等情况。

（三）字形与传世文献用义相应

如果排除后世辑录编撰的先秦内容文献，先秦文献中出现"画"的材料并不是很多，其中使用频率最高、时间最早的义项是绘画作图义，这正与"画"字本义相应，这类用例在先秦文献中相当多，例如《尚书》中的画纯，《礼记》中的画翣、画帷、画阶、画宫等。因"画"的本义引申为划分界线义，因此战国"画"字从"周"讹变为从"田"（10、11、12形）。故《说文》依据讹变的战国字形分析出"画，界也。象田四界"。又，周为彫之初文。《广雅·释诂》："彫，画也。"彫、雕异体。《礼记·少仪》："车不雕几。"郑玄注："雕，画也。"西周金文彫又作"珂"，因此，周、珂与画同义。受此义影响，西周金文"画"添加义符"周"或"珂"（8形）。《说文》："文，错画也，象交文。"《礼记·月令》：

---

① 朱芳圃：《殷周文字释丛》，中华书局1962年版，第138页。
② 王子初：《中国音乐文物大系·湖北卷》，大象出版社1999年版，图1.4.2。

"文绣有恒。"郑注："文，谓画也。"画、文同义，故战国文字"画"也有从"文"形体（9、10）。可见，传世文献的用义与画字的形体演变也基本相应。

四　出土文献的用义梳理

画的释字分歧主要来源于出土文献解读中遇到的问题。画在出土文献中主要用本义，据笔者统计的17件西周铜器铭文中，出现的二十四次"画"字全部都用作彩画或绘画义，如画甲（小盂鼎）、画靳（十三年瘐壶）、画轸（伯晨鼎）等。战国曾侯乙墓竹简中出现了几十次"画"，如画盾（15、27）、画辕（4、6）、画帱（137）等，这些"画"也都是用本义。这与上举传世文献用本义文例基本相应，学界解读意见也基本统一。需要注意的是，西周金文"画"字有从"周"（8形）的情况。铭文中"戈周戜"（伯姬鼎、吕簋），又作"戈画戜"（师道簋、王臣簋），可见画、周同义在金文中也有体现。所以从"周"之画（8形）也属于受表义影响产生的形体。

在出土文献中，分歧主要在图1之3形（妻）"画"的用义解读上。3形可见于师望鼎"不敢不夸不妻"、师匋簋"彔德不克妻"、四十三年逨鼎"毋敢不妻不井"三处铭文。过去将师望鼎妻读为义，解释为治理的意思。[①] 白于蓝将这三处妻都释作"纹"的初文，读为忞或敃，意为奋勉、尽力。白于蓝的解读虽然可通，但曲折通假似没有必要。如果将妻仍释作画，解为谋划之义，就可以全部读通。师望鼎"夸"白于蓝读作"劼"或"勉"，意为勉励。其文解释甚详，可从。不敢不夸不妻，即义在不敢不勤勉，不敢不出谋划策。师匋簋铭文为传世摹本，故彔形释字解读尚有争议，暂

---

① 黄德宽：《古文字谱系疏证》，第2册，第1999页。

不讨论。不克妻，意思是不能为王出谋划策。四十三年逑鼎"毋敢不妻不井"，井通型，此处用为"楷模"之义。这句话的意思是说不敢不出谋划策，不以身作则。《左传·哀公二十六年》："使召六子，曰：'闻下有师，君请六子画。'"杜预注："画，计策。""君请六子画"即国君请六位大臣去出谋划策。《礼记·玉藻》："凡有指画于君前，用笏。"此"指画于君前"当是献计于君前之义。这两处传世文献的"画"，用义和内容皆可与出土文献相应。

战国以后画字派生出很多形体，如劃、劃、繪等形，都应该是受"画"表义变化派生而来，这些字在一些工具书中都有清楚梳理，不再详述。① 这些派生字，共同特点是添加了与其表义相关的义符，如表示刻画义时添加"刀"形作劃，表示与丝织品相关时添加"糸"作繪。这属于汉字发展的基本规律无须多解释。所以图1中"画"字，从西周以后出现各种异体，与表义的变化有很大关系，并不能因为异构而否定其为同一字。四十三年逑鼎中画、妻同出，应视同字不同表义的形体差别，也可理解为金文中避复现象。② 战国曾侯乙楚简中画、劃同出，还有均用在"栝"前的情况，也应看作同字异构，不能当作两字解释。

还有语音上也需简单说一下。本来出土文献中的"画"基本都是用本字，并不涉及太多通假问题，所以语音本不是解读的障碍，但近些年有将西周的画解释为"周"声的情况，③ 甚至还有因为西周金文从周，直接将这类字形改释为"琱"。画是喉音匣母锡部，周是齿音章母幽部，两者语音相差很远，很难达成通假关系。所以，所谓画字从周声在语音上完全说不通。从周是形随义转的变

---

① 黄德宽：《古文字谱系疏证》第2册，第1999—2001页。
② 徐宝贵：《商周青铜器铭文避复研究》，《考古学报》2002年第3期。
③ 张崇礼：《释古文字中的"画"和"雕"》，2012年12月8日，复旦大学出土文献与古文字研究中心网站（http://www.gwz.fudan.edu.cn/Web/Show/1970）。评判见该文评论。

化,与语音没关系,更不能因此改变原来的释字。不过,钟的古音是齿音章母东部,与周的古音同声母,而且幽部字与东部字也不乏相通的例子,两字语音十分接近。① 所以,周的古音很可能与其所雕画的载体在语音上也有联系。

五 结论与意义

(一) 确定释字与本义

通过以上对画字的形、义梳理,可以确定画字初文所从 X 形是一种对称交叉的卷状花纹或纹饰。画的初文表义是手执笔一类的工具描绘刻画纹饰的意思。周的本义是表示在钟铃一类的乐器上刻画纹饰的意思。西周金文"画"形表示手执笔一类的工具,在钟铃一类的乐器上描绘或刻画纹饰之义。传世文献和出土文献中的"画"字用义,与画的形体演变基本相应。不应因为受表义变化产生的字形差异,改变"画"的释字或曲折通假解读出土文献。

(二) 解释了"画"字形体的变化

画字形体的演变受表义影响出现了两次跳跃式变革。第一次是从甲骨文到西周金文,字形上从 X 形变为从周。这是画字表义从宽泛的刻画描绘纹饰义,变为相对具体的表示在钟铃一类乐器上刻画描绘纹饰之义。第二次是从西周金文到战国文字,字形从周变为从田。这是从刻画描绘纹饰的本义变为划分界线的引申义。演变期间的从文、从珝也都是受表义变化影响产生的形体。"画"字形体变化正符合文字演变上"形随义转"的基本规律。

(三) 纠正《说文》及相关误解

通过字形分析可知,到了战国时出现从"田"的"画",完全是受分画、界画等引申义影响产生的讹变形体。《说文》所说的

---

① 幽部与东部相通的例子可参看刘波《出土楚文献语音通转现象整理与研究》,博士学位论文,吉林大学,2013 年。

"象田四界"的解释，完全是受到战国讹变的"画"字影响产生的。因此，《说文》对"画"的解释只是引申义并不是本义。"画"的本义与田并没有直接关系，以往受《说文》影响产生规划田界、画直线等解释都只是据讹变字形的曲解，并非画字本义。

（四）对先秦美术研究提供重要的参考信息

大量的出土材料证明，绘画纹饰在中国产生很早，但可供参考的先秦文字资料相对有限。画字的形义演变，为今后纹饰研究，提供了非常有价值的参考信息。第一，"画"的初文形体到西周金文演变过程所体现的形义变化，揭示了先秦绘画纹饰的形式和发展。画字初文所体现的是用画纹饰表示绘画之义。这里透露出的是，在绘画较原始阶段，画纹饰是绘画的重要组成部分。可以说中国绘画以线条为主要表现语言，从"画"的初文中也能充分体现。但不是说"画"的源头就是从画纹饰、线条开始的。毕竟原始绘画呈现形式，不仅仅是单线"白描"，还有点、面等各种组合。第二，甲骨文画并没有揭示绘画的载体信息。到了西周金文，刻画纹饰的意思具体到钟铃一类的乐器上，才开始体现出绘画的载体信息。这种载体信息，与鼎盛的西周青铜艺术发展正好相应。第三，通过画的表义分析可知，在先秦以前，画的内涵较宽泛。画字从周（彫）、从文，揭示了画与彫、文含义相同或关系密切。所以在利用文字与实物资料时，应清楚画的含义与相关资料的关联，以便相关材料的深入解读。

疏 "顾"[1]

沈子它簋铭文："乃沈子其❏怀多公能福。"其中❏，《商周青铜器铭文选》（文中简称《铭文选》）中读为聿，认为作语首助词，无义；[2] 李学勤读为"于"，认为是助词；戴家祥《金文大字典》把❏释为顾，认为："从鸟从页，从鸟与从隹同，即頯，即顾之省。"[3]《古文字谱系疏证》（文中简称《疏证》）頯条下，认为❏、毛公鼎中的❏、中山王壶中❏都是顾的初文，从鸟寡声。并认为出土郭店简中❏为顾之本字、云梦秦简中的❏，从頯，爻疑为迭加音符。[4]《铭文选》则认为❏是《说文》中"頯"，毛公鼎铭文"女（汝）❏（頯）于政"中是字应读为推。[5] 张世超《金文形义通解》认为，❏本是侧立张目之形，后加声符鸟，而成为从页鸟声。认为❏（寡）下所从即是顾之初文。[6]

---

[1] 本文2011年11月初稿，2016年12月校订。首发于《出土文献》第十辑，中西书局2017年版。
[2] 马承源等：《商周青铜器铭文选》第3册，文物出版社1988年版，第58页。
[3] 戴家祥等：《金文大字典》，学林出版社1995年版，第5246页。
[4] 黄德宽：《古文字谱系疏证》，商务印书馆2007年版，第1351页。
[5] 马承源等：《商周青铜器铭文选》第3册，第319页。
[6] 张世超：《金文形义通解》，中文出版社1996年版，第2206页。

在上文所列顾字的形义分析中，张世超先生的意见与其他意见分歧比较大。我们现在所见材料寡字形体早于顾，那么早期的顾有可能借用寡字为之，但不一定说寡字从顾，就是说两字可能存在互相借用的关系，未必是文字演变的关系。《疏证》认为❇、❇、❇是一字，都是顾的初文，从鸟寡声。[①] 从中山王壶铭文解读来看，"❇"可以确定读作顾。但《说文》中❇（顾）是从页雇声，❇是从鸟寡声，两者相差较大。并且《疏证》说❇："从頧，爻疑为迭加音符。頧、爻均属喉音。秦简❇，读顾。"爻是匣母（喉音）宵部开口二等字，頧是澄母（舌音）微部合口三等字，顾是见母（牙音）鱼部合口一等字，三者古音联系很勉强。综上梳理可知，❇、❇、❇、❇与顾和頧之间的关系有些复杂混乱，本文尝试理顺这几个字的关系，并在字形和文献解读上提出一些不成熟的看法。

刘钊先生《古文字构形学》认为，顾字本应从"页"，从寡字省是因为寡字省形与页字形体相近，且寡、顾古音相同，于是故意将"页"改为"寡"字省，并以"寡"为声符。[②] 此说很有道理。那么这种字形的差异会不会是因为文字系统不同导致的呢？小篆字形主要是秦文字系统，中山王壶铭文很明显与秦篆有较大的差异，所以，❇虽是顾字，但与《说文》中的❇，并不是同一系统的字。《疏证》说❇、❇、❇三形是顾字初文，❇是顾的本字，后迭加户作为音符，这里面谁是初文，谁是本字，还是分开说比较好。

❇和❇，有字形文献等证据，可以肯定两字就是顾，各家意见基本一致。但❇、❇众说纷纭，却没有很好的解释。戴家祥《金文

---

① 黄德宽：《古文字谱系疏证》，第 1351 页。
② 刘钊：《古文字构形学》，福建人民出版社 2006 年版，第 114 页。

大字典》认为:"䫏,从乌从页,从乌与从隹同,即䭫,即顾之省。"① 戴家祥认为䫏是顾,并认为这个字不是形声字,是从乌从页表意。我们认为䫏应该是从页乌声。何尊铭文乌作𩿨,与䫏偏旁近同。乌是影母鱼部字,顾是见母鱼部字,两者古音极近,可用作声符。《说文》古文乌作𩿨,《古文字四声韵》乌也作𩿨,两字形似从隹乌声。《古文字四声韵》中"顾"作䫏,与"乌"古文字形十分相似,很有可能《古文字四声韵》中的乌、顾由于形体和声音相近而发生类化,造成顾像乌字,乌像顾字。细比较它簋中𩿨(乌),与䫏左旁还是有些差别。䫏的左上与古文字中户同形,那么也可以认为䫏的左旁上部由于字形读音都相近而类化成户,变成从户得声。这样,䫏与《说文》中小篆顧形体就接近了,两字也可以作同系统中两个演变阶段字形。䫏释作顾,在它簋铭文中文义颇顺。它簋:"乃沈子其䫏怀多公能福。"即是沈子顾省诸公之福。《尚书·康诰》:"用康乃心,顾乃德。"孔安国《传》谓顾省汝德。② 用法意义相同。"顾怀"一词在后世文献中比较常见,也是顾念之意。《楚辞·九歌·东君》:"长太息兮将上,心低佪兮顾怀。"王逸注:"徘徊太息,顾念其居也。"《汉书》卷八十七,列传第五七上,《扬雄传》上:"乘云霓之旖柅兮,望昆仑以樛流,览四荒而顾怀兮,奚必云女彼高丘。"③《三国志》卷二十八,魏书卷二十八:"异政殊俗率土齐民未蒙王化,此三祖所以顾怀遗恨也。"䫏释作顾没有问题,也可以确定𩿨、䫏是顾的异体初文。最

---

① 戴家祥等:《金文大字典》,第5246页。
② 《十三经注疏》,中华书局1979年版,第202页。
③ (汉)班固:《汉书》,中华书局1964年版,第3521页。

难确定的则是毛公鼎中的▨。

毛公鼎▨，以往多认为就是《说文》中的頯，读为推。我们认为释作顾更合理些。《疏证》释为顾，但在分析字形上与我们有些差异。我们认为，▨左部所从与该铭文▨（寡）下部所从基本相同，▨应该是从隹寡省声。毛公鼎铭文"女（汝）顾于政"，意思是你反省政务，铭文接下来说不要壅塞庶民之口，正是反省政务后应采取的措施，这种用法犹同《尚书·太甲上》"先王顾諟天之明命"，《毛诗·商颂》"顾予烝尝"。顾政务、顾天命、顾烝尝用法关系可参比对。要比▨读为推更合理。如果▨确是从寡省声，那么可以认为▨是中山王壶中的▨，以及郭店简《缁衣》中从见寡声的▨发展源头。

秦简中有▨，与《说文》系统的顾相同。在秦简中▨也用为顾。《疏证》说▨："从頯，爻疑为迭加音符。頯、爻均属喉音。秦简▨，读顾。"爻是匣母（喉音）宵部开口二等字，頯澄母（舌音）微部合口三等字，顾是见母（牙音）鱼部合口一等字，三者古音差距较大，在语音上很难联系上。《疏证》所说的"均属喉音"不知是指的哪个字。我们认为爻之所以是迭加的音符，主要是因为爻与户音近。户是匣母鱼部一等字，与爻双声，又同是阴声韵旁转相通。如果按照李芳桂的拟音更一目了然，三字古音拟音分别为爻［gragw］、户［gagx］、顾［kagh］，爻与户的音更近。所以可认为▨是加了与户音近的"爻"声，成为顾的一种异体。而在秦简里从页雇声的顾字才是正字。

在所见出土材料中，被释作"頯"的还有《十钟印举》的▨（史頯），用为人名；包山简（2.21、2.22、2.30、2.173）中▨，从隼从首；▨（2.24）从角从隼。所见材料都用为人名，很难确定其与《说文》的"頯"是什么关系。但包山简字形隶定上应该是从隼，因为包山简文中所有的从佳字下部都没有一短横，应隶定为雔。这些字与《说文》中的雔都应是隼的分化字。《古文字类编》把这些字都归为"頋"字条下，不太合适。①

至于"頋"与顾的关系，现有的材料很难说明两者关系，但《疏证》说頋是顾的初文也是有可能的。頋古音为澄母微部，是牙音阴声韵合口三等；顾为见母鱼部，是舌音阴声韵合口一等，两字声母相近且同为阴声韵可旁转相通。虽然能从语音上说通，但从现在所见的材料来看，还是不能很好地说明頋就是顾的初文。除非顾在造字初，不是按照形声造字，而是会意或别的方法。如果按照会意造字理解，《说文》中顾的本义倒与 字有很密切的联系。《说文》卷九："顾，还视也。"段玉裁《说文解字注》：还视者，返而视也。可知顾的本义应该是回头向后看。 ，是不是可以理解为回首顾隹之意呢？当然这仅仅是推测并无实证，姑且一说而已。

按照时间和地域来看，毛公鼎出土于陕西省岐山县，是西周宣王时器物，中山王壶出土于河北省平山县，是战国时中山国器物，沈子它簋出土于河南洛阳是西周康王时期器物，三个器物在时间和地域上都差距较大，所以金文中 、 、 三种不同字形正是地域和时间造成的差异。其中 形演变成小篆 ， 形演变为从寡声的 、 。战国时期的简文 、 、 ，同一字出现三种形体，是因为秦简中 和小篆的 ，是秦系文字系统， 迻加的音符爻，则是按照战国秦音迻加，楚简中的 ，从寡声，则是楚系文字系统。而在秦系文字系统中，最早从页乌声的字形 ，由于左上部声音和字形都近户，不断演变最后形成今天所见的顾字（见图1）。《说文》中頋，不一定是顾初文。简文 、 是隼的分化字，目前还无法说

---

① 高明：《古文字类编》，第1349页。

明与《说文》中"頋"的关系，只能阙疑。

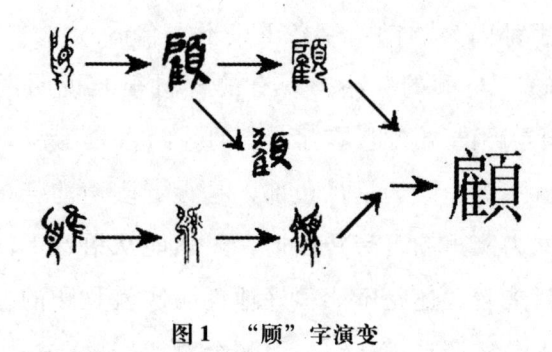

图1　"顾"字演变

说"桼"与"七"及相关字[1]

《说文解字》卷六:"🈚(桼),木汁。可以髤物。象形。桼如水滴而下。凡桼之属皆从桼。"依许慎说法,桼是木汁,桼字象形,象水滴而下之形。对于桼的形义后世基本无异议。《汗简》中桼作🈚,字形表意似与许慎所说"木汁""如水滴而下"相合,但我们在所见"桼"的较早文字材料中,发现一些问题,可以补充旧说。

一 "桼"会漆树割漆之义

浙江余姚河姆渡遗址曾出土过距今有 7500 余年的漆木碗,说明中国在很早以前就已掌握制漆技术。《尚书·禹贡》记载:"兖州厥贡漆丝","豫州……厥贡漆、枲、𫄨、纻"。这是传世文献中最早关于漆的记载。漆丝之"漆"本应作桼,加水旁变为表示水名之字。

在现有的出土材料中,陈梦家将甲骨文中表 1A 形释作桼,不过目前对此释读意见并不一致,较新的甲骨文字编中基本不收,季

---

[1] 本文首发于《古文字研究》第 32 辑,中华书局 2018 年版。

旭昇《说文新证》认同陈梦家释读意见。① 从字形的对比分析来看，陈梦家以为 A 形从木，小点象漆汁形，并没有十分有力的证据，在字形的演变关系上也不是很顺畅。而且从整个甲骨文的字形系统来说，A 形从木但未必从水，比如表 1 所列字形中的小点都与水无关，② 所以甲骨文中的 A 形还不能确定就是"桼"。

表 1　　　　　　　　　　　字形对照表

A	寮	桼	㪔
(字形)	(字形)	(字形)	(字形)

春秋早期的曾伯䜌簠中"䜌"原铭文作▨，此字所从"桼"算是目前所见材料中最早的"桼"形。春秋晚期的桼垣戈中"桼"原铭文作▨，《古文字谱系疏证》误作▨③。这个字形与曾伯䜌簠中的"桼"形差距较大。但这个字形与战国时代的"桼"形较近。如"桼垂（丘）靣（廩）鄇（箭）"④，桼作▨；战国古钱文"桼垣一釿"，桼作▨⑤。从▨、▨字形看，并不像许氏所说"木汁"，也不像"如水滴而下"，与表 1 中 A 形较难建立演变关系。所以说甲骨文中的 A 形不一定是"桼"。战国文字中的"桼"表意也不是许慎所说"木汁如水滴而下"。

单从字形上看，战国文字的"桼"表现的是漆树割漆之意。漆树的一般割漆方法是在漆树树干上斜着割开月牙形的小口，生漆沿

---

① 例如刘钊《新甲骨文编》，福建人民出版社 2009 年版；李宗焜《甲骨文字编》，中华书局 2010 年版，都未将此形当作"桼"看待。季旭昇《说文新证》，福建人民出版社 2010 年版，第 526 页，将此形释作"桼"。

② 表格字形皆来源于《说文新证》。

③ 黄德宽：《古文字谱系疏证》，商务印书馆 2007 年版，第 3379 页。

④ 罗福颐：《古玺汇编》，文物出版社 1994 年版，第 0324 号。

⑤ 吴良宝：《先秦货币文字编》，福建人民出版社 2006 年版，第 93 页。

着割开的口子边缘流出（见图1）。结合割漆方法，再看战国文字中的 ※、※ 形，字形还可看出割漆树的方法，"木"形左右的斜画即表示漆树干上的割口。所以战国文字的桼并不从水，其字形会漆树割漆之意，《说文》所说桼的"水"形可能由表示割痕的笔画演变而成。

图1　漆农割漆（资料来源于新华网）

二 "桼"与"七"的关系

"桼"与"七"关系十分密切，两者在文献中常常互相借用，而且两字的本义也有密切关系。"七"，林义光、丁山、李孝定、刘宗汉等学者认为是"切"之初文。但在本义的认识上各有不同。丁山认为，"十"是"刌物为二，自中切断之象"；刘宗汉认为"十"在西安半坡出土的陶器上就有这种刻画，其本义应是这种"十"形的刻画。张秉权据西安半坡出土的陶器说"十"形起源很早，并说

"七字的起源大概也是出于手势"。① 但问题是无法确定半坡陶器上的刻画，究竟是有意书写的文字，还是随意刻画或用于区别的标记。我们认为把这类刻符作为文字演变的依据也不太合适。李孝定说："十乃切之初文。切则七假为记数专名后之后起形声字也。"②从甲骨文开始"七"就已经作为记数专名，但在出土的先秦古文字材料中，既未见到切字，也未见到象"切"这样从"七"声的古文字。而且，"切"字目前见到的古文字，除了《说文》小篆外，最早见于武威汉简，时间都比较晚。而桼与从桼的字不仅出现的时间较早，并且比较多见。除了上举字形外，还如战国信阳楚简中"郯"作䉒；③睡虎地秦简中"桼"作䊶等。史树青《漆林识小录》认为，"七"是"漆"的初文，本源于古人在漆树上割"十"形取漆。④ 我们从古文字字形上看，七、桼两字可能都源自割漆树之义，"七"表示取漆时的交叉割痕形，"桼"表示漆树上割漆之形。同时两字读音相同，所以说"七"是"桼"的初文也不是没可能，但两字形演变很难建立形体联系，所以两字在语言上可能是同源关系，但不一定是文字学上的古今关系。

三 "七"与"桼"替换产生的异体字

"七"与"桼"语音相同，文献中"桼"常用作"七"，这一音同假借现象古今学者早已注意到。七与桼不仅通假，而且声旁替换产生不少俗字。

大徐本《说文解字》刀部："剢，伤也，从刀桼声。亲结切。"马叙伦认为："剢，盖'切'之双声转注字。《玉篇》训'割也'，

---

① 李圃：《古文字诂林》，第十册，上海教育出版社 2004 年版，第 887—892 页。
② 李孝定：《甲骨文字集释》第十四卷，"中研院"历史语言研究所 1970 年版，第 4185 页。
③ 高明：《古文字类编》，上海古籍出版社 2008 年版，第 59 页。
④ 史树青：《漆林识小录》，《文物参考资料》1957 年第 7 期。

是也。'伤也'盖《字林》训。字或出《字林》。"① "刺"为"切"之双声转注字，是指刺与切是同声分化的关系。刺字问题胡吉宣先生有不同看法，他在《玉篇校释》注中说：

　　刺，《切韵》入声质韵初栗反。曹宪初律反。伤也、割也者，原作"伤割也"，今增补一"也"字。说文"刺，伤也"，《广雅·释诂二》"刺，割也，又割声也"，与《切韵》同。云"亦作劓"。《唐韵》："劓，割也，断也。"出《埤仓》。若以《切韵》刺、劓二字注云"割声"推之，则《唐韵》割下夺"声"字。《篇》、《韵》此处同出《埤仓》也。刺之初文当为"切"，古假漆（桼）为七字，因变切为刺耳。《广雅》切、刺同为割，古今字也。②

这里胡先生说"切"为"刺"之初文，两字是古今字的关系。说"古假漆（桼）为七字，因变切为刺"，非常有道理。桼用作七的例子无论是传世文献还是出土文献都可以找到很多，较早古文字材料中，例如新中尚方钟有"桼月"、新莽侯钲有"重五十桼斤"，汉简中"第桼隧""桼月"等"七"写作"桼"的情况更是屡见，不多举例。由于七与桼音同假借，两字在作偏旁时互相替换产生类似刺、切的异体字还有一些，比如：

（一）鯬与魛异体

《玉篇·鱼部》："鯬，鱼也。"《集韵·质韵》："鯬，鱼名。或从七。"《汉语大字典》收鯬与魛，并注曰："鯬同魛。"③

---

① 李圃：《古文字诂林》，上海教育出版社 2001 年版，第 4 册，第 568 页。
② 胡吉宣：《玉篇校释》，上海古籍出版社 1989 年版，第 3261 页。
③ 徐中舒：《汉语大字典》（缩印本），湖北辞书出版社、四川辞书出版社 1992 年版，第 4707 页。

（二）䳒与𱉒异体

大徐本《说文·鸟部》卷四："䳒，鸟也。从鸟、桼声。亲吉切。"䳒，《玉篇》云"鸟名"。《广韵》："𱉒，七四切。"𱉒与䳒同音。《康熙字典·鸟部》："𪁺，《禽经》：'七鸟曰𪁺。'音义未详。"𪁺应即是《广韵》中的𱉒偏旁位置调换，实乃一字异体，清代时这个字因为不用，已经不知音义了。䳒鸟、𱉒鸟、𪁺鸟应该就是一种鸟。𱉒、䳒、𪁺三字也应是异体关系，只是这三字在文献中非常少见，无文献例证，所以《汉语大字典》对这三字并未注明异体关系。

鯦与魛、𱉒与䳒、切与㓷三组关系应该是相同的，都是一字异体关系。大徐本《说文·刀部》云："切，刌也；从刀七声。千结切。"《广雅·释诂二》云："刌，割也。"《广韵》："切，割也。"与《广雅》之"㓷，割也"义相同，皆为切割之义。段玉裁《说文解字注》"㓷"下注曰："辈下曰蹴皮可以割桼，桼疑㓷之误。割㓷累言之也。《广雅》曰：'㓷，割也。测纪切。'"此"割桼"应即是割切。㓷与切两字古音相同，都是清母质部字。形体上，义符相同，声旁桼、七替换，意义上皆为"割也"之义，这两字的关系与"煙"俗作"烟"、"释"俗作"釈"等同音替换产生的异体字相类。唯独"㓷"仅存于字书中，后世不用，所以于文献无证，有待新出材料验证。

《古文字谱系疏证》："㓷训为割，疑漆本由漆木割而得之，故字从桼得声。"此说并未将㓷看作"切"的异体。综合以上分析来看，"㓷"是七与桼同音偏旁替换产生的异体字，虽然文献中"七"写作"桼"常常见到，但在王莽时期这种现象最突出。[①] 我们推测，《说文》中的"㓷"很可能是王莽时期新造的异体字。

---

① 饶宗颐、李均明：《新莽简辑证》，新文丰出版公司1995年版，第106页。

四　一些可能与七或桼相关字的推测

（一）计可能从七声

计字《说文》以为会意，计，大徐本《说文》卷三言部："会也。筭也。从言从十。古诣切。"马叙伦《说文解字六书疏证》卷五："计声脂类，而从十得声者，十声谈类，脂类之字多通谈类也。"又谓："锴本作从言十，盖夺声字，或后人妄删之也。"① 按，马说计字从十得声，音转颇周折。计字与"七"声更近，或从"七"得声。七是精组清母质部开口三等字，计为见组见母质部开口四等。两字韵部相同，声钮相近可通假。师玉梅《西周金文音韵考察》认为："精、章、见三系字在 -j- 介音的作用下发音部位都趋于舌面和上腭，从而使发音相近。"② 精组与见组古音关系十分密切，相通假的情况也并非鲜例。例如，《淮南子·泛论》："直而不以切。"《文子·上义》"切"，作"刿"。③ 刿，见母月部合口三等，切为清母质部开口三等。马王堆帛书《六十四卦·旅》六二"旅既次"之"既"，通行本《易》作"即"。既为见母物部，即则是精母质部。郭店简《缁衣》"埶臣忾（讬）也""上不可以埶（执）型（刑）而翌（轻）而雀（爵）"。（简20—21）其中的两"埶"字，今本皆作"亵"。前者为见组疑母月部，后者为精组心母月部。是又一精组与见组通假之证。在字形上，"七"和"十"从战国文字开始趋于混同。楚简中七作十，而"十"包山简中有写作 ╋（2.145反）、╋（2.169）等与七相近的形体。郭店简中"十"作╋，与七的写法同形。所以从形体上说，"计"也可能原

---

① 马叙伦：《说文解字六书疏证》第2册，上海书店1985年版，第60页。
② 师玉梅：《西周金文音韵考察》，博士学位论文，中山大学，2004年，第30页。
③ 叶玉英：《中古精（庄）组字来源于 ˚S－复辅音说笺证》，博士后研究工作报告，首都师范大学，2011年9月，第35页。

来从"七"声，后来偏旁形近相混，变为从"十"声。

（二）漆与汁可能是异体

刘宗汉认为，"汁"即古"漆"字，由"十"加"氵"演变而来，并举例说道：

《礼记·大传》："王者禘其祖之所出，以其祖配之。"郑注云："王者之先祖皆感大微五帝之精而生：苍则灵威仰，赤则赤熛怒，黄则含枢纽，白则白招拒，黑则汁光纪，皆用正岁之正月郊祭之，盖特尊焉。"漆液色黑，以"汁光纪"配北方黑帝，正是汁之训漆之确证，"汁光纪"即"漆光纪"。

方言卷三："斟、协，汁也。……自关而东曰协，关西曰汁。"清戴震《疏证》云："案：协、汁古多无别。"《周礼·太史》"读礼书而协事"……书亦……或为汁。《乡士》"汁日"……《释文》："汁言协，本亦作协。"《太行人》"协辞命"故书作叶……郑司农云："叶当为汁。"……张衡《西京赋》"五纬相汁，以旅于东井"，李善注引《方言》："汁，协也。"是古汁又通于协。

《周礼·秋官·乡士》："狱讼成，士师受中，协日刑杀，肆之三日。"郑司农注云："协，合也，和也。和合干支善日，若今望后利日。"下面《遂士》、《县士》亦有"协日刑杀"之语。按：郑说实无据，先秦刑杀无"和合干支善日"之例。其实，《释文》作"汁日"。"汁日"者"漆日"也。亦即"七日"也，谓狱成后七日刑杀也。《荀子·宥坐》所谓"孔子为鲁摄相，朝七日而诛少正卯"的故事，就是根据古人狱成后七日刑杀的惯例编造的。《乡士》的这条数据为我们训汁为漆提供了一个有力的例证。①

依刘文说解，第一段说两字意义相同，第二段说两字语音相谐，第三段说文献上例证。其论证有一定道理，但在语音分析上较难讲通。因为刘文所举的戢是章母侵部开口三等，协是匣母叶部开口四等，汁是章母缉开口三等，这三个字音声很近，可以通押。而漆是清母质部开口三等，在古音上与汁字差距比较大，这是刘文没说清楚的。虽然在语音上有问题，但是汁与漆的形义关系确实很密切。《汉书》卷七十："陈、夏千亩柒。"师古曰："种漆树而取其汁。"前面说过，"七"本义表示取漆时的交叉割痕之形，"柒"本义表示的是漆树上有割痕之形。在漆树上割出"十"形而出"汁"这可能更合汁字本义。我们不能确定汁和漆是否为异体，但"漆"确有可能写作"汁"。

（三）齔可能从七声

大徐本《说文》："齔，毁齿也。男八月生齿，八岁而齔；女七月生齿，七岁而齔。从齿、从匕。初堇切。"按，《龙龛手镜·齿部》收"齓"字，《隶释·山阳太守祝睦后碑》："君齓髫入学，修《韩诗》、严氏《春秋》。"洪适注："齓即齔字。"齓所从"十"乃汉代"七"之古形遗存。汉简中七、十仍以横画长短为区分，长横为"七"，短横为"十"。齓形所从"十"为楷化后讹混字形，实际本从"七"，故《说文》所说"从匕"有误。语音上，疑齔从七声。齔是初母真部，韵母质真对转，声母由清声送气舌尖前塞擦音，变为清声送气舌叶塞擦音。其读音演变，与刺字由大徐本《说文》的"亲结切"演变为《玉篇》"楚乙切"，大致相同。所以"齔"字可能是形声兼会意字。

---

① 刘宗汉：《释七、甲》，《古文字研究》第4辑，中华书局1980年版。

总之，文献中七与桼关系十分密切，不仅仅是同音假借的关系，而且在造字之初两者关系就十分密切。七、桼在偏旁中替换产生了一些异体字，如刺与切、鰶与魠、鳰与鶟。还有一些字，因为在偏旁中七、桼形近产生讹混，如"计"本应从"七"声，讹混为从"十"；《说文》中的"蚍"可能从七声，不从"匕"。①

---

① 附注：本文初稿完成于 2012 年，其中一些音韵问题曾请教厦门大学叶玉英老师，在此感谢。叶玉英老师阅过小文后，认为刺与切两字是同源字关系。我们认为从语言学角度说，两字可以是同源关系，但本文目的在解决文字演变问题，暂不谈语言问题。

秦汉简文字考释二则[①]

一 说"羛"

《说文解字·我部》:"義,己之威仪也。从我羊。羛,'墨翟书'義从弗。魏郡有羛阳乡,读若锜。今属邺,本内黄北二十里。"段玉裁注曰:"'墨翟书',《艺文志》所谓《墨子》七十一篇也。今存者五十三篇,義无作羛者。葢岁久无存焉尔。"[②] 段玉裁说今存《墨子》并无"羛"形,认为这是因为年久而不存。即是说,段玉裁认为原本的《墨子》中是有"羛"字的。在传世文献中,"羛"字不止一见,比如《后汉书》中就多次出现"羛阳"。《后汉书·光武帝纪》第一上:"大破五校于羛阳,降之。"颜师古注曰:"羛阳,聚名,属魏郡,故城在今相州尧城县东。诸本有作'茀'者,误也。"[③] 由于"羛"字源于《说文》所引《墨子》,所以清代学者对《墨子》所出现的"羛"也有讨论。《墨子·修身第二》:"君子之道也,贫则见廉,富则见義",其中的"義"孙诒让《墨子间诂》转引毕沅和王引之的说法如下:

---

① 本文首发于《湖南大学学报》2016年第4期。本文第一则完成于2014年9月,呈请陈松长老师指正后一直未公开发表。后见曹景年《〈说文〉段注"羛"字辨误》(简帛网,2014年12月6日)与本文观点有相似处,但仍有可补充处,特此说明。
② (清)段玉裁:《说文解字注》,上海古籍出版社2008年版,第633页。
③ (南朝)范晔:《后汉书》,中华书局1965年版,第30页。

毕云："義字当为'羛'，《说文》云：'墨翟书义从弗'，时本如此。今书'義'字，皆俗改也。"王引之云："'弗'，于声义均有未协，'弗'当作'羛'，'羛'，古文'我'字，与'弗'相似，故讹作'弗'耳。周晋姜鼎铭，'我'字作'羛'，是其明证。羛之从羛声，与義之从我声，一也。《说文》'我'字下重文未载古文作'羛'，故于此亦不知为'羛'字之讹。盖钟鼎古篆，汉人亦不能遍识也。"①

可以看出，毕沅与段玉裁的意见是一致的，都认为原本有"羛"字。但王引之的说法却完全不同，认为"義"从弗在音义上都讲不通，"羛"只是"義"的讹写。如果段、毕观点是正确的，就没什么问题可言了，但如果王引之说法是正确的，那么我们现在所见文献中所有的"羛"，都是以讹传讹的误字遗留至今，根本就没有所谓的"羛"形。孰是孰非，以往的文献并没有直接有力的证据，岳麓秦简公布后，为我们解决这个问题提供了契机。

在岳麓秦简公布之前我们并没有在出土材料中看到有从"弗"的"羛"字。王引之只是间接的推测，并没有找到有力的证据说明。而且，王引之所说的晋姜鼎只是传世摹本。传世摹本的字形，讹误颇多，以此为证缺少力度。按照整理者的隶定，岳麓秦简中出现了很多所谓的"羛"形（见表 1，行文用 Y 来替代这些字形），为我们解决这个问题找到了突破口。

根据我们的统计，所谓的"Y"形在岳麓秦简（壹）中只出现一次，岳麓秦简（贰）中未出现，而在岳麓秦简（叁）中出现多次，大多用作人名，整理者全部隶定作"羛"。这种隶定初看没什么问题，而且似乎可以用来印证段、毕之说，但仔细推敲字形，问

---

① 国学整理社：《诸子集成》第 8 册，中华书局 2006 年版，第 5 页。

题随之而出。先对比下岳麓秦简中的"弗"和"Y"所从之"弗"形，如表1所示：

表1　　　　　　　　　岳麓秦简中茀、弗字形表

	1	2	3	4	5	6	7	8
茀	叁·161/132	叁·116/041	叁·115/038	叁·155/115	叁·154/112	叁·153/108	叁·114/034	壹·152/3
弗	壹·113/11	壹·119/23	壹·116/18	壹·115/15	壹·145/81	壹·142/74	叁·98/011	叁·96/006

注：本表简号用"册数·红外线图片页数/顺序号"表示。

　　岳麓秦简中出现的"弗"比较多，我们作了全面的调查后，找出几个比较有代表性的字形。总的来看，岳麓秦简中的"弗"有两种写法，第一种是中间的转折结构写成"己"形，第二种是中间写成"弓"形。整个岳麓秦简几十个"弗"不外乎这两种写法。我们也考察了其他的秦简，也没有找出例外。将这两种字形与岳麓秦简中所谓的"茀"下部字形对比，虽然很相似，但是差别很容易发现。而且，仔细观察表中"茀"2、3、4的"弓"形笔画也有区别，3形的"弓"形下部是顺势牵连出去，而2、4的"弓"形下面是牵连后又补写的横画，这也是和"弗"的又一个明显区别之处。

　　所以首先可以确定岳麓秦简原来被整理作"茀"的字形，都应

重新修订。Y形不从"弗",那么这些字形的下面形体如何解释呢?在秦简中"我"大多写作🔲①,但是也有例外如关沮秦简作🔲(关376),与Y形下部所从近同,但与秦简中的"弗"相比上部仍有比较明显的区别特征。我们认为这个例外的"我"形和Y形下部,是隶变过程中笔画俗化草写和形近相混讹变的结果。

　　隶变阶段局部草化的字形在秦汉简中比较常见,隶变在字形上的最大表现就是简化,目的是书写简便快速,而连写是提高笔画速度的重要方法。秦简中已经有大量的草化连写现象,如岳麓秦简(肆)中就不少:

受🔲1285、者🔲0680、言🔲0379、式🔲0379

　　这些连写笔画比其他较固定的习惯性写法更能显现出草化倾向。Y形下面的形体就是局部草化连写的结果。"我"字在隶变过程中部分笔画草化连写后才与"弗"形十分接近,而在书写过程中由于形近相混而逐渐产生讹变。这个讹变的大致过程如下:

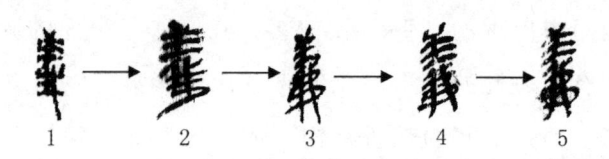

🔲→🔲→🔲→🔲→🔲
1　　2　　3　　4　　5

　　1形到2形只是局部笔画的牵连,与"弗"形开始接近。② 从2形到3形的变化有些跳跃,我们推测这个跳跃变化,应该是抄手转写产生的讹误,并不是文字渐进演变的结果。2形下部的"我"形

―――――――――
① 方勇:《秦简牍文字编》,福建人民出版社2013年版,第356页。
② 1形见方勇《秦简牍文字编》,第357页,2形为《岳麓书院藏秦简·肆》0990号简字形。

如果横画首尾粘连或者书写草率，就会与"弗"形更加接近。前面王引之所提到的晋姜鼎中的"我"原作✻、✻形，这本是后人的摹写字形，我们所找到的"我"古文字形中，还没有像这两个字形一样与"弗"接近。钟鼎铭文传世摹本讹误失真字形很多，这两个字形可能也是失真字形。但正可通过这两个字形说明，2 形这类字形如果书写草率，很容易被转写者误认从"弗"。一旦这种讹误约定俗成，就会产生连带的讹误，如"議"同样也讹写作 ✻（肆/0691）。

那么，这种讹误是从什么时候开始的呢？春秋战国时的鼎铭中弗写作✻（春秋《哀成叔鼎》）、✻（战国《十年弗官鼎》）①，与《说文》中小篆的"我"相似，但当时"我"字大多写作✻（春秋，秦公镈）②形，左侧兵器的齿形特征始终都非常明显。所以在那个时代这两字不太可能出现相混，只能是后人在转抄时将✻这种形误认作"我"。但目前所见秦代以前出土材料中的"义"，下部所从"我"都有很明显的齿形特征（如虢季子白盘中"我"作✻形③），不太可能误认作"弗"形。只有在字形隶变后，"我"形的原始特征逐渐减少才容易被误认，所以这种讹误很可能是出现在隶变高峰时期的秦汉时代。

至此我们可以清楚，岳麓秦简中所有 Y 形下部都不是"弗"形，而是"我"形的草化讹变，都可以直接整理作"義"。同时我们也可以说明，王引之对传世文献中的"羛"形意见是正确的，并不存在从"弗"的"羛"字，传世古籍中出现的"羛"和今天岳麓秦简整理出来的"羛"，只是后人在整理文献时出现的误认，以

---

① 高明：《古文字类编》，上海古籍出版社 2008 年版，第 285 页。
② 同上书，第 699 页。
③ 同上书，第 701 页。

二 释敦煌汉简中的"单"

敦煌马圈湾出土的一批简中有如下几枚草字简,《集成》释文作:

戍部乱,孚短食,货财尽,兵器败伤箭且众(敦 122)

□□□□□归,败矢,崇无以复战,从尉谷食孚尽,车师因为共奴所(敦 133)

粮食孚尽,吏士饥馁,马畜物故什五,人以食为命,兵(敦 135)

这是《始建国天凤四年上奏书》简册中的三支简。这几支简中"孚"甚难理解,而且字形并不像"孚",我们认为这里释字有问题。孚在汉简出现比较少,我们只找到如上三形。这三形上部都写作类似撇捺的笔画。"孚"上部从"爫",汉简中从"爫"字草写从未见过如上写法。如汉简中的"爱"草字作(敦 486)、(居 326·5)、(居新 EPT51·275)等形。与上举所谓的"孚"形完全不一致,所以这三形不应该是"孚"字。

汉简中的"单"草字写作(尹 YM6D7A)、(尹 YM6D8B)。单的传世章草作(宋克)、(赵孟頫),今草作(王羲之)。综合"单"的汉简草书与、两形对比,可知这两形应该是"单"而不是"孚"。尤其是尹湾简"单"形上部的两点,左右分开之势与上举敦煌简的三形,完全相同。其草字大体演变过程如下:

→→

厘清释字问题后再看简文内容。我们认为上举敦133、敦135简中的"单"应读作"殚"。《说文》："殚,殛尽也。"段玉裁注曰:"古多假'单'为之。"汉简中的"单"用作"殚",正与段玉裁所说相应。而且汉简中以音旁代本字的通假现象非常多,如莲作连（武医82A）、张写作长（肩73EJT1∶69）、沙写作少（肩73EJT2∶48）、蘭写作阑（额99ES16ST1∶20）等。上三简中的"殚"写作"单"也是同样的情况。

传世文献中就有"殚尽"一词,如《汉书》卷九九,列传第六九:"入钱献田,殚尽旧业,为众倡始。"殚尽即是完全空竭之义。敦133、敦135中的谷食单尽、粮食单尽,即为"谷食或粮食全尽"。敦122中"单䅵食"的"单"应与另外两简不同,应读作"惮",表示畏惧之义。《说文》:"惮,忌难也。"《论语》中有"过则无惮改",即为畏惧之义。只是"䅵"的释字稍有些麻烦,需要特殊说明下。

敦122简中的"䅵",原简作 ,《集成》注曰:"䅵,或秸字的异体。秸,青劼。《集韵》:短也。"说此形与秸异体,实在太牵强。此形甘肃本释作"短",短食字义很明了,但字形也有些差距。胡平生先生曾释作"粮",后来也有学者同意此意见,并作了字形文义分析,本人也赞同这种释读意见。①较之前人文章,还需要补充的是,这里校正释字后,标点也要相应改动。敦122中的标点应改作"单粮食、货财尽",意思是害怕粮食、货财短缺,与敦133、敦135中谷食单尽、粮食单尽可以呼应,只是敦122与敦133、敦135中叙述的粮食缺乏程度不一样。在简册中此简前后多支简都言及相关内容,如:

---

① 胡平生:《敦煌马圈湾木简中关于西域史料的辨证》,《胡平生简牍文物论稿》,中西书局2012年版,第206页。张丽萍、王丹:《〈敦煌马圈湾汉简集释〉未释疑难字考》,《古籍整理研究学刊》2016年第3期。

逋不以时到，吏士困饿，毋所假贷。（敦 102）

兵皇张，兵以马为本，马以食为命，马不得食。前郡（敦 123）

吏士饥餧，复处千里，艰水草，食死畜，因（敦 148）

这几支简尤其能反映当时军中缺粮的状况。简中说到兵士饥饿，军马无食物，甚至已经达到了吃死牲畜的程度，可见食物短缺的程度。这些也可与敦 122、敦 133、敦 135 中所说情况相应。

释汉简中的"脊"和"罝"①

一 释"脊"

居延汉简中有如下一枚简：

☒ 婺霿□摹妠竖奴绾勤眘蠢犭□□□都立其传辞（居307·3A）

此简中的"眘"，原简图如下A形，应从《甲乙编》录写作"眘"。《甲乙编》录写没问题，但是A形究竟是何字无人考证。我们认为这个字是"脊"字的俗写，严格录写应作"脅"。亦，《说文》小篆作"㑒"，隶变后，弯曲拉直就变成 大 形，同样的形体在秦简和汉简都可以看到，例如下B、C和敦2289形。

A 脅　　B 㑒　　C 㑒②　　 敦2289

那么这个A形，释写作"脅"完全没问题。而且，《集成》释文注释中说明，这是《仓颉篇》的残简，汉简中的字书简中，很多字还保留着篆书的痕迹，比如敦煌玉门花海出土的《仓颉篇》（敦1459—1463），就是这种情况。确定脅形后，A就可以看作从肉亦声的字。但还不能说明A就是"脊"字。向上追溯到秦简中，还

---

① 本文首发于《出土文献》第八辑，中西书局2016年版，第210—213页。
② A、B形参见方勇《秦简牍文字编》，福建人民出版社2013年版，第304页。

可以找到相近形体，如表1所示：

表1　　　　　　　　　秦汉简中的"脊"形对照表

B	C	D	E
睡虎地甲种80背	睡虎地法律答问75	武威仪礼有司69	武威仪礼特牲51

上列举B形基本上可以看作A形的来源。但是C形已经开始有讹变的倾向。汉简中继承了秦简的讹变写法，如表1中D、E形。可见A形是早期带有篆书写法的讹变。向下梳理我们在《急就章》的字形中找到几个仍然保留较早形体的"脊"字，如表2所示：

表2

《急就章》中的"脊"	宋克《急就章》	宋克《补皇象急就章》	赵孟頫《急就章》[1]
汉简草书"亦"	东37A	东44	敦238B

这些字形都是"脊"的章草写法。上面是"亦"的草书写法，同样的"亦"形在汉简中还有，字形如表2所示。可以明显看出，章草的"脊"就是从肉亦声。而且之后的字书中仍然可见这种形

---

[1] 余德泉、孟成英：《章草大典》，中州古籍出版社2011年版，第687页所选宋克《急就章》字形。

体，例如：

肉
迹音

《龙龛手镜》："肉音迹。"（见上图）①。《字汇补》："肉，子七切音迹。"肉形是比较常见肉字手写俗形，但在这里应该是保留了早期形体特点。脊与肉可以看作同一个字。这两部字书中收的"肉"字，应该是"脊"的早期写法残留。

将"脊"俗写作 A 形是容易理解的，但从辞例上无法说明。A 字所在的简，原简漫漶不清，释读比较困难，汉简中很多字书简，多是习字，所以错漏的可能也是有的。但是下面一支简上的字，或许能给我们一些间接证明。

胃百，候长王卿取。迹百卅，候长王卿取。肥五十，候长王卿取。（居 233·1A）

此简中所谓的"迹百"，原简图如下 B 形：

B 迹百

从字形上看，将 B 形释写作"迹百"两字不大合适，林素清在《〈居延汉简补编〉识小二则》中，将此字释写作"脊"，读作"脊"。② 我们认为林素清的释写是正确的。从字形看，B 形应该不是两字牵连。如果将其看作合文，汉简中也未见到 B 形中"百"

---

① （辽）释行均：《龙龛手镜》，续古逸丛书据上海涵芬楼叚江安傅氏双鉴楼藏本影印本，第 24 页 B 面。
② 林素清：《〈居延汉简补编〉识小二则》，"中研院"历史语言研究所 1998 年版，第 57 页。

字的草法，而这种写法的"肉"形，在偏旁中比较常见，例如：

肯 ![字] 敦 238A、肩 ![字] 居 284·8A、胡 ![字] 居新 EPT65·66

将其释写作"脊"，其书写关系与肯、肩是基本相同的。林素清的释写没问题，但其文将脊读作"脊"，当作通假关系，说明对这个字的认识和我们不同。我们认为这个字是"脊"的异体字。林素清文揭示了居 286·19B（如下）中，读作"脊"的"迹"，来证明脊是"脊"的通假字。

肺六十　　迹廿　　舌廿（居 286·19B）

居 286·19B 中的"迹"用作"脊"完全没问题。居 286·19B 中的"迹"，其实是汉简中常见的同音假借。同音偏旁假借是汉简中比较常见的现象，如汉简中"箱"常常写作"相"（肩 73EJT9：46、肩 73EJT8：76），隧常常写作隊（居 29·14、居 176·3）。同样道理，居 286·19B 中的"迹"是脊的同音偏旁假借。我们前面列举《龙龛手镜》和《字汇补》中脊的读音也作"迹"，即是说脊、脊、脊读音是完全相同的。

脊字所在简的内容简单，其意义林素清文中已经解说。这样一来，脊字的音、义与脊相同，脊字的音、形与脊字相同，综合来看，脊、脊、脊三者音义相同，即三者是一字异体。脊应该是脊的简化字。

清楚了"脊"的演变过程，我们可以说下《说文》中的脊。《说文》中的脊本作脊，从巠从肉，按前面提到的林素清文中解释，这是象形的巠加上表义的"肉"形。刘钊《古文字构形学》中，对"脊"字有过专门讨论，他认为睡虎地秦简中的"脊"，是从肉从束，认为并没有《说文》中巠形，巠形只是"束"字的变形。[①]

---

① 刘钊：《古文字构形学》，福建人民出版社 2006 年版，第 213—214 页。

董莲池《说文解字考正》的"脊"条下的观点与刘钊基本相同。[①]季旭昇《说文新证》中指出，𠂹字"本无其字，疑为《说文》从'脊'字人为分离出来的部件"[②]，没具体说明上部所从究竟何字。通过我们从上面的解析可知，这些说法都因为没有梳理"脊"字演变过程而略有误会。汉简中的"脊"其实是从肉迹声（或亦声）的形声字，《说文》中所谓会意的"𦟝"，可能是后人按照"脊"的本义附会的形体。

二 释"罝"

居延新简中有一原释作罥的字，原简内容如下：

　　索放所放马，夜罝，不能得。还骑放马行檄，取驹牢隧内中去。到吞北隧（居新 EPF22·197）

罥原简形作 ▨（行文用 A 代替），此字释写似乎没问题，但不知何字不明何义。我们认为此字当是"罝"。罝，本从网且声。A 形上从网可以确定，汉简中从"网"字，其形皆如此，如罪写作 ▨（居新 EPT51·322），置写作 ▨（居新 EPF22·12）。A 形下部为"且"，书写草率而与"目"形近同。这种草率导致形混的情况，在汉简中非常多，与此相同的如且写作 ▨（居新 EPF16·42），沮写作 ▨（居 555·13）等。

《说文·网部》："罝，兔网也。"《诗经》中有《兔罝》篇。罝，原本是捕捉兔子的网，后来也泛指捕捉其他兽类的网。名词用作动词，此简中的"夜罝"，可以解释为夜里捕捉。从整支简的内容看，这个人可能是去名为"放"的人那里捕捉放养的马，因为马

---

① 董莲池：《说文解字考正》，作家出版社 2005 年版，第 485 页。
② 季旭昇：《说文新证》，福建人民出版社 2010 年版，第 882 页。

的性情刚烈，未能捕得。南朝齐国王融《检覆三业篇颂》有："不图厥始。逸马难罝。"其义即是捕捉马之义，正与此简相同，《汉语大字典》仅举了此例。此外，《诸经要集》卷第三有："腾猨安可制，逸马本难罝。"词义与此相同，皆为捕捉义。在先秦和两汉的传世文献中，"罝"本来是专指捕兔子的网，又发展为泛指捕捉禽兽的网，用作动词或泛指捕捉其他兽类情况还比较少见。此简的"罝"说明，汉代在通俗表达中"罝"用作动词，也不一定专指捕捉野兽，可以泛指用网或围捕其他兽类。

谈谈五一广场东汉简的文字问题[①]

汉代文字是我们认识文字古今转变的关键。20世纪以前，汉代文字研究主要以碑刻为研究对象。但碑刻文字毕竟经过几重加工修饰，它并不是汉代文字书写的基本材料，所以它不能作为研究汉代文字的日常使用状态的最佳材料。大量汉简的出土，弥补了以往研究的缺憾。而且，汉简中大量的官府文书，为我们了解汉代官方文字的使用情况，提供了非常宝贵的材料。由于汉简的数量大、内容丰富、时代连续、形式多样，使我们能从各个角度进行深入研究，涌现出大量的研究成果。以文字研究角度而言，以书体、书风、构形分析之类为研究点的论著，成果丰富不胜枚举。但汉代文字仍有很多可待深入研究之处，本文就以《五一广场东汉简牍选释》[②]（以下简称《选释》）为例，谈谈汉简俗写异构字的整理与其所反映的汉代文字的正俗问题。

一 五一简中的俗写异构现象举例

汉简文字的俗写异构现象非常严重，特别是西陲汉简中，诸体

[①] 本文首发于《中国书法》2016年第5期，发文时因排版需要略有调整，此次发文据初稿做了修改。

[②] 长沙市文物考古所、清华大学出土文献研究与保护中心、中国文化遗产研究院、湖南大学岳麓书院编：《长沙五一广场东汉简牍选释》，中西书局2015年版。

间杂字很多字形书写随意不定。以往我们认为西陲汉简很多不是正式的官府文书，所以书写得比较随意，但五一广场东汉简（文中简作"五一简"）中同样也有很多的俗写异构字，比如：

表1　　　　　　　　五一简中书写不谨慎产生的异构字形举例

今	强	建	受
2.1	12.2	1.2	48.2
3.1	139.2	18.1	51.2
歸	敢	來	謹
17.2	4.2	17.2	52.2
18.1	19.1	6B.2	58.1

注：图片后数字以点隔开，前面是《选释》的简序号，后面是该字所在的行数，下文与此同例，不再说明。

从表1中每个字的两个字形对比可以明显看出，总有一个形体存在多笔或者少笔的情况。特别是出现并列重复笔画时，重复笔画的多少非常不固定，比如上面的建、谨并列的横画的多少就非常随意。这些字形可能是书吏不谨慎书写造成的，也可能是个人书写习惯造成的。此外，还有同一简牍同一个字出现不同写法的情况，比如：

9.1　　9.1　　9.2

上面三个"处"字是《选释》中第九枚简。简中同一个字不仅在取势布白上有区别，在字形也存在竖画的长短、点画的有无差别。这种差别应该不是偶然的，应是书吏为了避免重复，追求书法上的变化造成的。严格说，这也算书写不谨慎规范的表现。这种情况在五一简中还有不少，不再举例。

《选释》中公布的官文简牍几乎每一枚都可见异构的俗字。表1只是笔画多少、长短的差距，还有很多结字构形上的巨大变化，而且很多字形与本字相差悬殊，比如：

表 2　　　　　　　　五一简中的俗写举例

聽	復	近	數
2.2	5.2	16.1	17.2
64.1	51.1	7.2	53.1
溪	所	殺	遷
9.2	70.2	1.3	19B.1
141.1	5.1	12.2	48.1
報	种（種）	寶	占
17.2	20.1	18.2	29.2
103.2	70.2	4.2	2.1

表 2 中每个字只列举了两种字形，本来希望其中一个是以《说文》为依据的标准字形，但有些字虽然在五一简中出现多次，却没有一个字形是标准形体。比如"殺"，《说文》说："从殳杀声。""殺"在五一简中出现了三十多次，没有一个形体与《说文》字形完全相合，其他形体如：

139B.1、 158.2、 159.1、 162.1、

166.2

显然这五个字形都有区别，或者是所从"杀"讹变，或者所从"殳"俗写，很难说哪个是标准的正字。其实"杀"字相对符合隶变后的标准形体在汉代是有的，比如北大《老子》简中"杀"写作🔲（102）。这是西汉前期的字形，到了东汉已经是完全讹变的俗写字形了。但从五一简"杀"字的使用情况来看，俗写字形约定俗成反而取代了相对标准的字形，以至于后来又从162.1形演变出一个"杀"的异体字"煞"。

二　俗字带来的文字整理问题

上文列举五一简中的一些俗写现象，我们的目的不是想进一步去研究这些俗字的构形特征，因为这类问题已经有了很多文章总结，虽然材料各自不同，但是最终的结论都差不太多。我们重点讨论的是这种俗字给释文整理带来的问题。

（一）俗字的释读问题

以往我们对汉代文字有种偏见，认为经过隶变的汉代文字在释读上并无太大难度，但西陲汉简中草率字形给释文整理带来的困难，是学界所共知的。其实文字整理障碍不只是草字，隶书中的俗写讹变形体也给释读整理带来不少麻烦。以五一简为例，先看几个讹变的字：

表3　　　　　　　五一简中的讹变字形举例

🔲 1.1	🔲 1.2	🔲 2.1	🔲 3.1
🔲 5.1	🔲 12.1	🔲 15.2	🔲 16.1

表3中每个字都有种似是而非的感觉。如果一个没有经过汉代

文字训练的人，要想通行无阻地释读这些字，并不是一件十分容易的事情。而且，如果没有文例很多字根本无法确定，比如第一个是"潡"字，据我们调查，这种下部"参"讹变作类似俗写的"今"形，以往未曾出现过。还有 5.1 简中的字形是"还"字，"睘"形下部笔画变得十分复杂，这个字形也是首见。即使有文例，如果不了解汉代的用字习惯，也可能出现释读问题。比如最后一个 16.1 简中的字形，不了解这个字形的人第一眼望去大概要释读作"槁"，但了解汉代文字的人知道，汉代的"槁"一般写作"槀"，这个字是"桥"。当然这个字既可以说是音近偏旁替换产生的异体，也可以说是"乔"形讹变作"高"。这八个字按照从左到右的顺序依次是：潡、老、逌、艾、還、追、爰、橋。这些字是能够通过各种方法确定对应的异体关系。还有一些字形，既不见字书也不清楚是什么字，应该也是汉代的俗字写法，比如：

表4　　　　　　　五一广场东汉简未释字举例

12.1	160.1	54.1
67.1	127	158.1①

这些字《选释》按照原字形录写当然没问题，但这些字都是首次出现，在以往传世材料和出土材料中都未看到过完全一致的字形。这类字在汉代的文字资料中还有很多，不能排除这些字是新造字，但其中有不少是由于俗写因素造成的释读障碍。下面举几个五

---

① 按：此字可能是"户"的异体，《说文》中"户"之古文即从户从木，但汉简中"户"的写法皆不如此，且此字原简用作人名，不好确定释字，暂存疑。

一简中因为没有注意俗写字形差距造成的释读问题。

例一，《选释》第九简：

> 郭亭部，市不处姓名男子鲜鱼以作㲅（浆）。今年正月不处日，持随潦溪水上解丘徐舍，卖，得米卅四斛。……

以上是照录《选释》"释文注释"中的原文。其中"㲅"，红外线黑白图版录写作"浆"，彩色图版录写作"㲅"。① 该字原简图版如下 A 形：

A 㲅　水 水　泉 泉 89.1　秋 秋 150.2

从原简图版可以看出，此字下部所从并非"水"。《选释》注释说："㲅，或为'浆'省形。"从注释可以看出，整理者对这个字下部是否从"水"也存在疑惑。如果看作是"水"显然少了一撇，算是上举俗写现象中表 1 的情况。同简中出现的"水"和《选释》中从水、从火字原简图如上。从书写的笔顺、笔势关系来看，这个字的下部可能不是"水"，应该是"火"。特别是下部左右两点的呼应关系，应该是火字写法。我们认为这个字是"炙"的俗字。巧的是敦煌遗书中"炙"的俗字恰好有一形作 炙，与此字如出一辙。② "鲜鱼以作炙"，意思是用鲜鱼作烤鱼肉。《史记》卷八六，列传第二六，记专诸刺杀吴王僚："置匕首鱼炙之腹中。"《国语·楚语下》记："大夫食豕，士食鱼炙，庶人食菜。" "鱼炙"就是烤鱼。从字形上说，这个字本来是可以很容易释出，只是上部的"肉"形少写了一笔（这种情况与表 1 所举字类似），加之下部的"火"形写得像"水"，导致误释。所以这个字应该释作"炙"，严

---

① 长沙市文物考古所等编：《长沙五一广场东汉简牍选释》，第 129 页。
② 黄征：《敦煌俗字典》，上海教育出版社 2005 年版，第 557 页。

格录写当作"炙"。

例二，《选释》第三一简：

愿来，于小市卖枯鱼自给。

其中的"来"原简如图 B 形所示。仔细观察右上角有一点画，这应该不是无意而为的笔画。汉简中来、求字形十分接近，很多的"求"十分像"来"，或者说已经讹变作"来"，比如《选释》一四二简中的"赇"所从的"求"（见下图）就是如此。

B [图]　　　　赇[图] 142.1

求、来其实有区别特征，就是"求"的上部横画一般是多出一笔。列举《选释》中的求、来字形作一番对比会比较清楚，如表 5 所示：

表 5　　　　　　　　来、求字形对照表

五一简中的"求"	[图] 151.2	[图] 146.1	[图] 133.2
五一简中的"来"	[图] 91.1	[图] 105.2	[图] 106.2B
草书中的"求"	[图] 尹湾汉简 117	[图] 皇象·急就章	[图] 智永·千字文

通过对比可以看出，来的上部第一笔横画末尾一般顺势而出，不会出现类似"点"的笔画。而"求"字上部的横画末尾都有一个上扬的笔画，这个笔画是"求"字古文字形体遗留的痕迹。求，《说文》古文作[图]，银雀山汉简作[图]（2082），华山庙碑作[图]，可以看出上部的弯形笔画逐渐拉直。这种由弯笔演变而来的横画，在草书始终保留。如上举草书"求"的横画都是从右到左反向书写，直到后世草书基本保留这种反向横画。所以从字形上可以确定，所谓

的"来"应改释为"求"。遗憾的是,由于内容有限,无法从内容上推求释字。

例三,《选释》第五五简:

盛、关、值各病物故。……

其中的"盛"原简如图 C 形所示。《选释》中"盛"的写法还见于第七七简,原简字形如下,两者对比,虽然形体相近,但差距也较明显。我认为这个字是"岁"的异体。选取五一简中的几个"岁"字相对比就可一目了然(如下图)。《选释》注释说,此字在简中用作人名。

C

表6　　　　　　　　　　　盛、岁字形表

盛	70.2	70.2	144.2
歲	91.1	96.2	110.2

例四,《选释》第七一简:

附祉议解左。晓遣刘。充、凌惶恐叩头死罪死罪敢言之。
黍月。基非刘亲母,又非基衣,□□也。

整个简的第二行墨迹较淡,行草间杂与第一行工整隶书对比分

谈谈五一广场东汉简的文字问题　53

明。《选释》注释中已经说明这是"后书之案件批文"。① 简中末尾未释两字原简如图 D 形所示。需要特别注意的是，简中左侧有一条贯穿上下的墨痕，非常影响释字。未释的两个字因为这条墨痕无法辨识中间是否有竖画。消除这条墨痕，用电脑处理后黑白图如表 7 图片第一列所示。可以很清楚看出，第一个未释字是"夫"字，汉简中草书的"夫"基本都作此形。第二个字应该是"实"字，汉简中"实"字的草书写法不是很确定，从字形对比上看与敦煌简中的"实"字写法最接近。但是草书字形每个人的书写差异比较大，很难找到完全一致的字形。即使同一个书手也会存在差异，所以确定释字要靠文例内容求证。但这是一句批文，而且简牍前后的内容不连贯，很难从内容上确定，这里仅提出释字意见，只能等待五一简相同字形或相关内容公布后再做核实。

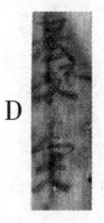

D

表 7　　　　　　　　　　夫、实字形表

夫		肩 73EJT5：35	肩 73EJT10：313A	肩 73EJT10：406	EPT57·69A
实		EPT4·6	武醫 83A	EPT51·416A	敦 1104A②

---

① 长沙市文物考古所等编：《长沙五一广场东汉简牍选释》，第 174 页。
② 李洪财：《汉简草字整理与研究·下编》，博士学位论文，吉林大学，2014 年，第 329 页。

（二）录写问题

古文字形体相对复杂，所以为了能反映古文字的结体特点，通常都严格隶定。但汉简文字大多是隶变后的隶书，很多文字形体与今天的文字可以大致对应，所以在整理汉简文字时很容易忽略形体上的细微差别，甚至差别较大字也都径直录写为对应的本字，不能从录写的文字上看出原字的书写情况。这种情况在近些年新出的汉简中都存在，五一简中也同样不例外。比如上面所列举五一简中的异体写法，在《选释》中就没有照原字严格录写。特别是表2、表3中的很多字，构形上已经与本字有很大区别，不严格录写无法反映汉简原字的抄写情况，比如表2中的"实"有从"尹"也有从"冊"的，《选释》全部都录写作"實"。比如表2中的"桥"《选释》径直录写作"橋"，但原字本从"高"不从"喬"。这种问题在《选释》中还有很多，下面再举几例。

例五，《选释》第一六六简：

永元十六年九月，靡亭部杀邓世……。

靡，原简图版作E形，下部"灬"形清晰。《选释》第十九简中也出现了该字形，整理作"廲"，是正确的。

E 廲

例六，《选释》第一二简：

等证。案：夜、斗、功共撡（操）兵擊顿尼。……

撡，原简图作F形，下部讹变形体与"今"俗写相同。同样录写的字，又见于《选释》第一三九简中，原简图作G形。《选释》两字录写相同，但原简中两字形体差距较大。

F [图] G [图]

从文例上看，这个字释读作"操"应该没问题，但似不应当录写作"搛"。操，西汉银雀山汉简中写作[图]（银二 1786），① 后来逐渐讹变，王舍人碑中变作[图]，袁博残碑变作[图]，最后讹变作"掺"形。从字形的讹变过程可以看出，这个字已经完全脱离本字，所以严格录写当作"掺"并扩注"操"以明示两字关系，避免与从"参"声的"掺"相混。另外，"搛"形见于《康熙字典》，段玉裁《说文解字注》在手部加从参声的"掺"字。②

例七，《选释》第二九简：

入书事，具簿。掾棠书言：作徒济阴成武髡钳庞绥等百六十八人刑竟，……。

其中"济"原简图作 H 形，可以明显看出"齐"下还有"贝"形。《选释》第一五二简中有"齎"，原图如下，与 H 形右部所从同形，故 H 形应该录写作"瀸"。另外简中"阴"字原简作 I 形，右部本写作"会"形。

H [图] 齎 [图] 152.1 I [图]

像上面这种俗写字的录写问题还有很多，比如《选释》中所有的"刺"按照字形应该录写作"刾"；"珍"（如 74、95）按原字形应该录写作"珎"；"诊"应该按字形录写作"診"（如 15.1）；"肯"应该全部录写作"肎"（如 54.1）；第七二简中的"劾"按

---

① 于淼：《汉代隶书异体字表与相关问题研究》，博士学位论文，吉林大学，2015 年，第 537 页。

② 段玉裁：《说文解字注》，上海古籍出版社 2008 年版，第 611 页。

原字形应录写作"刻"。另外还有录写不一的情况，比如《选释》第二四简和第一三六简中同样的"渡"，在两处录写不一样；还有第四九简和第八九简中的"讼"，一个录写为从"公"，另一个录写为从"谷"，至少应该统一录写方法。

汉简的录写问题在过去手抄释文中出现得少一些，在用电脑录入释文后，可能是碍于电脑造字和检索的不便，释文的录写问题越来越严重。当然，无论是古文字还是汉简文字整理，很难做到完全符合原字形的隶定或录写。尤其是汉简中如表1那种情况，仅仅是笔画上的少许差距，而且写法不固定，似乎没必要完全严格录写。但是很多已经完全定型而且构形与本字差距较大的字形，还是应该严格录写为好。

三　五一简与汉代文献中俗字相关的记载

五一简内容主要是当时使用的公文，而且大多为官文正本，是研究汉代文字规范与实际使用情况的绝好材料。文本的性质决定书写者的态度。一封私信和一封上奏文书相比，书写后者要比前者谨慎小心。而且，官文必须用字准确，尤其是五一简中有很多法律案件，一字之差可能决定生死。所以按照常理，官文书本该书写工整而且用字标准。但通过以上对五一简俗字使用情况的考察来看，东汉时实际的用字情况比较复杂，并不是我们想象的那么简单。五一简中不仅俗字异体横行，而且书写上并不十分谨慎规范，与我们想象中的公文用字情况有不少差距。

我们用俗字或俗写来称五一简中不符合书写规范和异构字形，主要是因为很多字形是手抄状态形成的，用"俗"来称呼更符合这些字的特点。俗字在汉代或称别字。《后汉书》卷七九上，列传第六九上曰："谶书非圣人所作，其中多近鄙别字，颇类世俗之辞，恐疑误后生。"这里所提到的"别字"应该就是相对于"正字"而言的俗字。同时也说明汉代士人思想中有明显的正俗观念。

《汉书·艺文志》记："太史试学童，能讽书九千字以上，乃得为史。又以六体试之，课最者以为尚书御史史书令史。吏民上书，字或不正，辄举劾。"通过这条记载来看，书吏要在识字数量和书体上达到一定程度，而且上书必须"正"，否则将会被"举劾"。其中"字不正"，应该包含书写不工整和字形不标准两个含义。从出土汉简中的公文书写情况看，似乎都不太符合这两个"正"的标准。五一简文字虽然达到了书法标准，但是在用字的规范上似乎都不"合格"。《选释》所见的公文简牍几乎每件中都有俗写的情况。不唯五一简，西陲汉简同样如此。西陲汉简中有不少公文书写工整精美，但其中也掺杂了不少俗写异构字形。《汉书·艺文志》这段话在许慎《说文解字》叙中也有大致相同的记载：

> 尉律：学童十七以上始试，讽籀书九千字乃得为吏；又以八体试之。郡移太史并课，最者以为尚书史。书或不正，辄举劾之。今虽有尉律，不课，小学不修，莫达其说久矣。

这里许慎记述说"尉律不课，小学不修"，从出土东汉简的书写情况看，其中可能包含文字俗化严重的问题。《史记》卷一〇三，列传第四三记载：

> 建为郎中令，书奏事，事下，建读之，曰："误书！'馬'字与尾当五，今乃四，不足一。上谴死矣！"甚惶恐。

这里记述的是汉代石建做郎中令时的一件事，本来是反映石建做事谨慎的描述，但也反映了汉代当时的用字情况。石建的上书批复回来后，发现自己上奏文中的"马"少写了一笔。服虔注：

"作'馬'字下曲而五，建时上事书误作四。"颜师古注："'馬'字下曲者尾，并四点为四足，凡五。"按照《汉书·艺文志》中"字或不正，辄举劾"的记述，这种情况可以被举劾了。但从今天所见的汉简来看，无论公文还是私人文书，这种一笔之差的情况都十分常见，表1字形就属于这类情况。这段描述是为了突出人物的谨慎，石建表现出的"惶恐"，可能是怕被"举劾"，但这里面也或多或少地说明了当时公文中这种多一笔少一笔的情况应该不是什么罕见之事，否则这段为突出石建谨慎的描述就显得无太大意义了。

汉代应该有一个政府规定的文字书写标准，否则就无从谈正或不正。但我们在文献中，完全看不到汉末以前官方公布的作为文字规范的字书。直到汉末才出现了有正字作用的《熹平石经》。在此之前不应该没有正字标准的字书，否则在政府文书传达过程中会因为文字产生很多问题。我们曾据此推测典籍类汉简可能有正字标准的功能。因为出土的各类汉简中，典籍类汉简书写得最工整，字形最标准。段玉裁《说文解字注》中就是把经书用字作为正字标准之一。但典籍类汉简同样存在字形俗写讹变现象。[①] 所以，汉代的正字标准究竟是什么，值得深入研究。

在文字手写时代，特别是有了书法上的艺术追求后，多种因素造成字形或书写上的差异。如果国家不以行政手段加强控制，很难不出现偏差。当然，并不是说手抄的公文就一定不存在俗写错讹的情况，因为手写文字多少都会存在书手抄写习惯的差异，但如果有政府严格统一的规范，这种差异必然会大大缩小。因此，文字的规范程度也是政府文化统治的一个反映。从五一简中的文书用字情况来看，到了东汉时政府对文字的规范程度可能逐渐松懈，这应该也

[①] 此类问题可参见李红薇《北京大学藏西汉竹书集释及字表》，硕士学位论文，吉林大学，2015年。

是许慎所说"小学不修"的一个表现。这种情况必然日久成疾,到了东汉后期已经出现了"文字多谬,俗儒穿凿"现象,于是有了蔡邕上书奏请正六经文字,立石经于太学门外。①

---

① (南朝)范晔:《后汉书·蔡邕传》,中华书局 1965 年标点本。

汉简中音形相近字的
混用现象探析

  汉简中音形相近草书相混，有些情况与同形现象相似，两者的区别是，汉简草书的同形现象，多数是由于书写不规范造成的，另外一些则是由于文字发展中没有形成固定的区别特征造成。汉简中音形相近草字相混现象，有很多是相混字之间本有明显的区别特征，只是音形相近常常混用不别。混用的两个字关系与文献中的通假关系十分相似。但通假是音近或音同关系，不一定是字形相近的关系，所以本文统称这些字为音形相近字。而且其中很多字还是一字分化的关系，由于分化期各自的表义不确定，产生混用不别。音形相近字混用现象在汉简中比较常见，如何看待音形相近两字之间的关系，关系到释文的整理。还有一些虽然没有产生混用情况，但由于音形相近，出现了不少误释，也一同放在本文讨论。

一 汉简中音形相近字的混用现象举例
（一）簿、薄相混
【例】

  功曹史相簿㊂责橐他塞尉奉亲肩水士吏敢橐他尉史则二月
☐（肩73EJT10：179）

☑六月簿▨余楮楄六具（居乙附19）

愿且借长棹椴，欲用治簿▨。事已（敦238B）

薄▨壁　　具（居新EPT6·97）

☐☐☐出相见始春不节适薄▨合强湌食往可便来者赐记（居新EPT43·56）

子真佳君足下册

薄▨恕自怜忍=非者（肩73EJT10：220A）

薄▨以涂其雍者上。（武医60）

按照《集成》和最新的释文，汉简中簿、薄草写如上。对比很容易看出，两字没有任何区别。《说文》中有"薄"而无"簿"字。《说文·艸部》："薄，林薄也。一曰蚕薄。从艸溥声。"薄，战国玺印中写作▨[1]，秦简中俗写作▨。薄音并纽铎部，簿音并纽鱼部，两字声母相同，韵母极近，两字应是一字分化而来。"簿"应是由"薄"分化出来的。秦简中还没见到从"竹"的"簿"，到了汉简中出现了簿、薄混用不别的情况。从薄、簿在出土文献中的使用情况来看，汉简中簿、薄不别的现象，并不仅仅是竹、艸混用造成的，它也是文字分化初期形义不固定状态的表现。

（二）第、弟相混

【例】

邯会卒王武第▨六（居35·7）

捐之字子文私男弟▨偃居主马市里弟▨捐之姊子（肩73EJT1：1）

---

[1] 高明、涂白奎：《古文字类编》，上海古籍出版社2008年版，第934页。

从上举简文和字形可以看出，第、弟互相混用，不加区别。《说文》本无"第"字，段玉裁据《毛诗正义》孔颖达疏引《说文》而补"第"于"竹"部末，认为"弟"是"第"的俗省。我们认为第、弟本一字分化非俗省关系。《说文新证》中已经梳理得非常明晰，先有"弟"，后讹变分化出"第"字。① 汉简中第、弟有很多混用不别的情况，正是两字尚未明确分工的表现。

（三）母、毋相混

【例】

持毋■呼☐（居新 EPT43·146）

巳月六日到，人马毋■它，立奉书，人见史候（敦 233A）主名，须课报府，会月廿五日。毋■忽，如律令。（居新 EPT52·324）

●书毋■白已去之，为欲使子知寻起居耳。（敦 227）

窃闻循母■、循弟家尽病在田，田在敦德鱼离邑东，循不及候，母病笃。（敦 230A）

汉简中"毋"的形体大致如上。汉简中"母"多写作■（尹 127）、■（居新 EPF22·212）等形。母、毋两字正字形体就比较接近，在草形中必然出现混同的情况。如上敦 227、敦 230A 中的"母"都草写作"毋"形。因为母、毋两字形近，在汉简释文整理中也遇到过问题，如：

【误释例】

天田上，毋■费填人马远☐（敦 2162）

---

① 季旭昇：《说文新证》，福建人民出版社 2010 年版，第 490 页。

这支简中的"毋"《集成》释文作"母",《敦煌汉简释文》作"毋"。单从字形上看确实是"母",但从简文内容上看,这里作"母"文义不通。所以这应该是形近造成的讹混。母、毋讹混在传世文献中也有例子,如《汉书·儒林传》中记有"胡母生"[1],其他典籍中常作"胡毋生",这种差异应该就是形近讹混所致。汉简与传世典籍上母、毋使用的情况正可相应。

(四)董、童相混

【例】

莫当隧长童去疾妻昭武安汉里董 第卿(肩 73EJT5：78)

肠八十董 子恩取(居补 233·1B)

养童 (凤一六九·8)

《说文》中的"董"从童声作"董"。汉简中的"董"形如上举金关简形,汉简中的"童"如上凤凰山简形。可见两形虽相似,但上部有一定的差距。由于不注意区分,汉简释文中出现一些董、童相混情况。如：

【误释例】

临泽候长董 贤　　马一匹(敦 1044)

不难看出,此简所谓的"董",无疑是"童"字,用作姓氏。此字在新出的《敦煌马圈湾汉简集释》中仍释作"董"。

---

[1] (汉)班固：《汉书》,中华书局 1962 年版,第 3615 页。

【误释例】

☐董▨谊☐（居新 EPT40·129）

此简上部断残，其中所谓的"董"可能是"童"字。但不敢确定最上面的横画是不是残去字的笔画，如果不是，就可以确定是"童"字。

【误释例】

庸同县童▨光里☐（肩 73EJT5：36）

此简所谓的"童"，应是"董"字。只是"重"形上面的艹形缺了一点，这种缺笔情况汉简非常常见，我们还会有专门讨论。

从以上的误释情况可以看出，童、董形近是导致误释的次要因素，释读者没有注意区分文字特征应该是主要原因。

（五）韩、幹相混

【例】

  ☐卒阳　里年　姓韩▨氏　验（居 181·5）
  就屠与匈奴呼韩▨单于谋☐（居 562·4）
  韩▨子山（肩 73EJT10：314 第四栏第五行）
  千秋隧戍卒韩▨步昌（敦 687）
  葆觻得安国里大夫韩▨禹年廿☐（肩 73EJT10：288）
  隧长鲦▨歆（敦 512）
  敦煌对宛里幹▨宝，年十八。（敦 1144）
  敦煌对宛里幹▨宝，年十八☐（敦 1143）
  第十一隧幹▨永（居新 EPT59·212）

韩、幹两字隶书右边的写法差距比较大，但在草写中两形比较接近。上面是按照《集成》释文找到的一些"韩"和"幹"形。可以看出两字找不到任何差别。而且这些"韩"形完全不像"韩"而更像"榦（幹）"。韩，睡虎地秦简作 ①、马王堆帛书作 ②，汉印作 ③，后世章草作 （赵孟頫），从这些字形看，与上举汉简中的"韩"十分不合，但是从上举汉简的文例看确实不是"幹"，尤其是居 562·4 中的"呼韩单于"典籍有载，释字应该不会错。而且这些像"幹"的"韩"全部都用作姓氏。不仅是汉简有此种写法，铜器上也如此，如：

【例】

右库曹掾朱音、史韩▨鸿造（大司农权）④

如果这些像"幹"形的"韩"字都是"幹"，那么整个汉代就出现太多"幹"姓，而无"韩"姓了。不太合常理。所以说这是汉代"韩"字的特殊写法，上举汉简释文全部都是"韩"。《集成》释文所谓的"榦（幹）"都应改释作"韩"，或者将上举的"韩"形全都释写作"榦"，并后用"（韩）"的形式标注清楚。

（六）梁、粱相混

【例】

☒戍卒济阴郡吕都邑梁▨（居 126·27A 第二行）

---

① 方勇：《秦简牍文字编》，福建人民出版社 2013 年版，第 159 页。
② 陈松长：《马王堆简帛文字编》，文物出版社 2001 年版，第 221 页。
③ 汉语大字典字形组：《秦汉魏晋篆隶字形表》，四川辞书出版社 1985 年版，第 357 页。
④ 徐正考：《汉代铜器铭文综合研究》，作家出版社 2007 年版，释文见第 394 页，字形见第 587 页。

☐二具皆曲梁▨　　元凤六年六月壬寅朔己巳仓石候长（居216·3）*

戍卒梁▨睢阳宜☐☐（肩73EJT1：161）*

戍卒梁▨国睢阳曲阳里不更李终人年廿四☐（肩73EJT2：43）*

戍卒梁▨国睢阳新☐里公乘孙☐年廿六（居140·3）

糴梁▨粟二石（居55·3+55·15）

梁▨粟一石五斗☐（居新EPT44·8A）

观察上面所举汉简，不难看出，其中粱米的"粱"写成了木梁的"梁"，木梁的"梁"写成了粱米的"粱"。尤其是同样的"粱国"，又写成"梁国"。可见，在汉简中粱、梁是混用不别。这种混用情况非常普遍，再如：

【例】

里梁▨如孤一高土瓦里（敦1024）*

戍卒梁▨国己氏官里陈可置☐（肩73EJT1：75）*

戍卒梁▨国睢阳华里士五袁豺年廿四☐（肩73EJT5：14）*

戍卒魏郡梁▨期来赵里王相年☐（肩73EJT1：157）*

固始梁▨里何捐（居213·26）*

戍卒梁▨国睢阳▨里张竖☐（居511·12）*

☐☐济阴郡吕都梁▨安里（居126·27A第一行）*

☐☐七寸贾钱四千四百毋中梁▨为取广（天长M19：40－2，第二行）*

这些简中的"梁"全都被写成了"粱"。如果从释文整理来说，以上所举的 12 个带 * 号的例子，都应算是误释，都应重新整理作"粱"而不能随文义改字作"梁"。

（七）齐、斋相混

斋，《说文·示部》："从示，齐省声。"可知齐、斋读音本是近同的，可以通假。在汉简中齐、斋两字的形体虽然比较接近，但还是有比较大的区分。斋写作 ▨（居新 EPF22·155），齐写作 ▨（居 325·12）。两字的主要区分在于下面的三点。汉简中齐、斋相混使用，很难说清是借用还是误写，但形体并不难辨析，比如：

李君房记告成君，斋▨效卒持葛橐来，须成急=，必毋亡也。（敦 1135）

☐酉卒夏同予药二斋▨少俞（居新 EPT52·228）

这两支简中的"斋"，《敦煌汉简释文》和《居延新简》中都释作"齐"。实际两字确实是"斋"，下面的三点非常清楚。同样的问题在比较新的汉简材料中也可以见到，如：

第十七隧长朱齐▨　圭错一下竹折☐（额 99ES17SH1：32）

☐谨饮药五齐▨不愈唯治所请医诊治☐（额 2000ES9SF4：14）

这两支简我们核对了原整理者和《额济纳汉简校本》中的释文，两者基本一致，都整理作"齐"。但从上列字形看，其中所谓的"齐"，显然也是"斋"。上面这些误释问题，当然都可以说是通假字的整理问题。从上面几支简出现错误的情况来看，导致错误的原因可能就是整理者对通假字的释写态度。但更多原因可能是整理者根本就没注意到斋、齐的区别，导致误释。

齐、斋两字比较规整的写法可以用下部的三点区分，但是在草化比较严重的字中，三点会草作一横，例如"斋"草作 ■（居新 EPF22·161），比较容易与"齐"混淆。有些特殊情况很难定夺，例如：

箕山隧卒臁得安成里范齐■（居新 EPT51·209）
元凤六年六月壬寅朔己巳仓石候长婴齐■受守城尉毋害（居216·3）

按照简文，这两支简中的"齐"都用作人名。但看字形这两个字却是"斋"的草字写法。从简文内容看，似乎释作"齐"比较合理，但这里究竟是误写还是假借就不好判断了。

二 汉简文字混用所反映的文字分化与规范问题

以上的七例，如果按照《说文》的收录情况可分为两大类。第一、二两例，其中每一例中都有一个字《说文》未收，属于后起字；其他例中每个字都见于《说文》。如果从形体区别上分，一、二、三例中的两个字找不到任何区别特征，这三组例字恰好在汉简中使用频率非常高。混用情况不仅在汉简中，在整个汉代的文字体系中，这两个字常常混用不别，没有完全区别开。比如汉代的《河东鼎》铭文中"第廿五"中的"第"，原器上作"弟"；《安成家鼎》铭文中的"第十五"中的"第"，原器上也作"弟"。[①] 但这两字同时也在汉代逐渐分工明确，比如汉《三老赵宽碑》中同时出

---

① 徐正考：《汉代铜器铭文综合研究》，作家出版社2007年版，第587页。

现弟、第，如该碑文中"第五"和"弟次卿"，字形都书写明确，没有出现字形混用的情况。我们认为，在汉代造成这类文字的混用，书写的规范因素是其次，分化初期文字表义的不确定性才是最重要原因。

第四、五、六、七例，每组的两字之间实际是有明显的形体区别，但这类字仍然是经常混用。这类字很早就已经分工明确，所以造成这类字混用的原因，书写因素应该是主要的。我们知道，相对秦简、楚简等其他简牍材料而言，汉简文字的书写规范与严谨程度可谓相形见绌。即使在抄写工整的典籍文献，汉简也要比以前的简牍差得多。由于汉简文字的这个特点，我们在整理汉简文字时就要谨慎对待。我们看上面所举的童、董，梁、粱，齐、斋这类文字，所出现的释文错误完全只是看文例，而没有细审字形。这类情况在过去的释文整理中很普遍，在现在的释文整理中仍然有很多。所以说汉简中这类音形相近文字的总结和归纳，对文字的分化演变研究及汉简释文的整理有重要作用。

说"刹"及其相关问题[①]

刹，传世字书中最早见于宋本《玉篇》。宋本《玉篇·刀部》云："刹，柱也。"大徐本《说文解字·刀部》卷四新附云："刹，柱也。从刀，未详。杀省声。初辖切。"《玉篇》成书早于《说文解字》新附，《说文》新附"刹"字当是据《玉篇》所补。

现今所见对"刹"的解释主要如下：

1. 玄应《一切经音义》：

切**刹**，又作擦，同。音察。梵言差多罗，此译云土田。经中或言国，或云土者，同其义也。或作**刹**土者，存二音也。即**刹**帝力名守田主者亦是也。案**刹**，书无此字，即刹字略也。刹音初一反。浮图名。**刹**者讹也。应言剌瑟胝。剌音力割反。此译云竿，人以柱代之，名为**刹**柱，以安佛骨，义同土田，故名**刹**也。以彼西国塔竿头安舍利故也。[②]

2. 慧琳《一切经音义》关于"刹"的解释如下：

[①] 本文首发于《华夏文化论坛》第十二辑，吉林文史出版社2014年版，第202—207页。
[②] 徐时仪校注：《一切经音义三种校本合刊》，上海古籍出版社2008年版，第7页。

说"刹"及其相关问题　　71

十方刹，初辖反。《切韵》作刹。差多罗云田，土田也。或云国土，义译之耳。案刹，字书所无，《说文》作刹字，略为刹。刹，楚乙反，伤也。字从㭣，音七。①

3. 唐代窥基法师《妙法莲华经玄赞》云：

刹，梵云刹多罗，此云田，田土也。有云国，亦云土，义译之耳。字书无此字。《说文》作刹，楚乙反，刀割物声。黍（引者按：黍乃㭣之误）音七声也。②

4. 郑珍《说文新附考》：

字出梵书，《众经音义》云："按，刹，（字）书无此字。即刹字略也。""大徐附此等讹谬俗书，以古篆偏旁作之，亦太不伦矣。"③

5. 《汉语大字典》中"刹"条解释有：

（一）梵语刹多罗（ksetra）的省称。（1）指土田；国土。（2）指幡柱；塔顶上相轮等矗立部分。（二）姓。

6. 《佛光大辞典》"刹"的解释是：

刹，（1）梵语 ksetra 之略译。又作纥差呾罗、刹多罗、差

---

① 徐时仪校注：《一切经音义三种校本合刊》，第974页。
② 《大正藏》第34册，第1723号，第705页，第3栏。
③ 徐中舒主编：《汉语大字典》，湖北辞书出版社、四川辞书出版社1992年版，第336页。

多罗、刹摩。意译为土田、土、国、处，即指国土，或合梵汉称为"刹土"。一般所熟知之"佛刹"即佛土之意。（2）梵语laksata之略译。全称剌瑟胝。意谓标志、记号。指旗杆或塔之心柱。一般称寺院谓寺刹、梵刹、金刹或名刹等，盖佛堂前自古有建幡竿（即刹）之风，故得此名。僧人对语时，称对方之寺为宝刹。①

7. 徐时仪《一切经音义三种校本合刊》对上引文1"切刹"作了如下注释：

> 据玄应所说，梵言差多罗（ksetia）译为"土田"，剌瑟胝（laksata）译为"竿"，"刹"为后出新造字。刹柱为塔顶的相轮。据《翻译名义集寺塔坛幢》云："佛造迦叶佛塔，上施盘盖，长表轮相，经众多云相轮，以人仰望而瞻相也。"相轮是佛塔的主要部分，而印度古代的佛塔本是安放佛舍利的覆钵形的土坟冢，于是"剌瑟胝"就与"土田"相关，从而由塔顶之"刹"进而指整个的塔，由寺院中的幡柱进而指整个寺庙，亦即玄应所说，由于"塔以安佛骨"与"土田"相关而讹名浮图为刹，故梵言差多罗（ksetra）与剌瑟胝（laksata）在汉语中共为"刹"这个词。辛嶋静志《妙法莲花经词典》认为"刹"是chattra（旛）的音译。②

上面引文所说的"刹"无论从字形来源还是从意义上，都颇难理解，尤其是引文1中的按语令人费解，其中似有问题。上引文中，引文7是徐时仪先生2008年的研究结论，并且徐先生在该书

---

① 慈怡编：《佛光大辞典》，北京图书馆出版社2005年版，第3731页。
② 徐时仪校注：《一切经音义三种校本合刊》，第27页。

的绪论中也用相同观点说了关于"刹"的问题，徐先生的解释基本上可以代表"刹"字的最新论断。从所列引文可以看出，现今所见对"刹"字的解释，基本承袭以往字书说法，其源头是引文1，因此引文1中原始说法的准确性就显得至关重要。

首先说"刹"的字形来源。张涌泉在新修订的《汉语俗字研究》中引用上引文1内容说："据此可知'刹'实即'刹'字讹省。徐铉不达于此，以为从刀，殺省声，而以篆文偏旁书之，实属大谬。"① 也说刹是"刹"字讹略。引文1之"刹"，南北朝时期的《魏敬使君碑》文中也写作**刹**②，皆为"刹"之异体。除了佛经资料外，"刹"字在较早的出土资料和传世文献中很少见，刹与殺左部相同，我们可以用殺的字形演变作比照，来说明其字形来源。"殺"，秦简中写作**殺**③，《说文》小篆作"**殺**"，马王堆帛书写作"**殺**"，可以看出帛书字形是减省秦简和小篆而来。"殺"的草书，皇象《急就章》写作**殺**，可以看出这种草书字形当是帛书字形的草写。"刹"字敦煌草书写**刹**④，这种形体左部就应该是从**殺**字左部这种形体演变过来的。**刹**形楷化就变成了**刹**形，其演变过程完全看不出上引文1所说"刹字略"的痕迹，而且无论是"刹"形还是"**刹**"形都与"刹"形相差很大。所以刹与刹至少在形体上没有什么直接关系。

刹的形体来源应该是从"杀"声的后起形声字。《说文·殺部》："殺，戮也。从殳杀声。……**殺**，古文殺。"大徐本注曰：

---

① 张涌泉：《汉语俗字研究》，商务印书馆2010年版，第268页。郑珍《说文新附考》亦同此说，见《汉语大字典》，第336页。
② 秦公：《碑别字新编》，文物出版社1985年版，第51页。
③ 高明：《古文字类编》，上海古籍出版社2008年版，第447页。
④ P2063《因明入正理论后疏》，《法国国家图书馆藏敦煌西域文献》，上海古籍出版社1995年版，第4册，第108行"诸佛种智刹那觉照"，以往"刹那"二字阙释。

"《说文》无杀字。相传云音察。① 未知所出。"徐铉说《说文》没有"杀"字,但张参《五经文字》曰:"杀,古殺字。"《说文》古文"㭉",应该就是杀。段玉裁认同张参之说,认为"殺"就是由"杀"加"殳"衍生而来。② 出土的古文字证明,"杀"实即"殺"省,不应独立为偏旁。③ 但到了汉代简省的"杀"形开始多见,如银雀山汉简《王法》:"外弗能杀,中弗能禁","杀之则死,生之则生"均有"杀"形。④ 徐铉说"杀"音"察",上引文1说"刹"音"察",说明"刹"是从"杀"声的形声字。佛典中像"刹"这种新造形声字很多,如梵、僧、塔、魔、忏等。⑤

接着说"刹"字在早期文献中的用义。刹,在文献中最早可追溯到东汉时。东汉时王符《潜夫论·志氏姓》第三十五:"偃姓舒庸、舒鸠、舒龙、舒共、止龙、郦、淫、参、会、六、院、築、高国……嵬姓饶、攘、刹,隗姓赤狄、姮姓白狄,此皆大吉之姓。"刹为刹的异体,这里用为姓氏。刹姓又见于宋罗泌《路史·循蜚纪》:"鬼騩氏后有嵬氏、饶氏、攘氏、刹氏。"但汉以前典籍中未见有"刹"姓。西晋以前出现"刹"之典籍,仅知《潜夫论》一例。西晋以后,"刹"在佛经中频繁出现。例如:西晋法炬译《恒水经》:"佛言:诸弟子,有婆罗门种,有刹利种,有工师种,有田家种。"⑥ 刹利,即引文1中的"刹帝力",印度四种姓之一,汉译为田主或王种,这里的"刹"与字书中的"刹多罗"之"刹",都

---

① 徐时仪:《一切经音义三种校本合刊》,第11页道宣《一切经音义》和智骞等所撰的《佛经音义》今皆失传,然此后所撰的佛经音义中往往提到"旧""旧音""相承""相传"等,可能有的是指道宣或智骞等所撰的佛经音义。
② 段玉裁:《说文解字注》,上海古籍出版社2008年版,第120页。
③ 季旭昇:《说文新证》,福建人民出版社2010年版,第233页。
④ 陆锡兴:《段注补疑》,《急就集——陆锡兴文字论集》,中国社会科学出版社2002年版,第212页。
⑤ 郝恩美:《汉译佛经中新造字的启示》,《中国文化研究》1997年秋之卷。
⑥ (西晋)法炬译:《恒水经》,《大正藏》第1册,第0033号,第817页,第3栏。

是音借字，与字书中所说的"刹柱"义没什么关系。"刹柱"所见最早文献也在西晋。西晋竺法护译《佛五百弟子自说本起经》："昔波罗奈城，迦叶佛泥洹，机惟王起塔，七宝造甚大，尔时王所作，有最大太子，我时为佛尊，第一建刹柱，以是功德故，世世所生处。"①"建刹柱"是建塔时所立之柱。

8. 刹柱，《佛光大辞典》中的解释是：

> 刹柱，又作刹竿、刹竿檫。即木造层塔之中心柱，或指支撑塔上伞盖之竿。其形式因时而异，古代于地下深掘，或于础石上开一空穴，使檫深植其中，上部突出，高耸云天。立柱之时，通常以四周之四天柱为吊曳之着力点。檫原系由下层直通九轮之顶，但也有从顶部直达下部者，未必仅用一根木材，通常由多根衔接而成。檫之基底尚有一穴，或为二、三层，多用以安奉舍利者。檫柱上偶亦有刻檫铭者。刹而兼柱，故称刹柱；至后世，建造塔寺每以"立刹"代之，又以刹而代塔，即由此缘由。又禅宗寺院为示说法或法会所揭之旗竿亦称刹竿。旧时，丛林亦有立长竿于寺前之作法，长竿上饰以金铜所制之宝珠焰形，以表示寺院之所在。我国六朝之时，寺塔建筑即盛行立檫，然因系木质所造，迄今多半毁废。今日本最古之木塔，法隆寺之五重塔，其中心柱之建构，或即传自我国六朝之刹柱。[覆艾克教授：《论六朝之塔》（刘敦桢，现代佛教学术丛刊第五十九册）]②

这里所说的"刹柱"即是上文"建刹柱"之"刹柱"。西晋沙门白

---

① （西晋）竺法护译：《佛五百弟子自说本起经》，《大正藏》第 4 册，第 0199 号，第 194 页，第 1 栏。
② 转引自慈怡编《佛光大辞典》，第 3732 页。

法祖所译《佛般泥洹经》："于四交道，起塔立刹。"① 此经中的"立刹"即是引文 8 中所说的"立刹"。由引文 8 可知，所谓的"刹柱"应该是建塔时的中心"橖柱"，最早本是一根"橖木"。上引文 1 说："刹又作檫，音察。"可知，用译经常用的"刹"字替代同音的檫或橖，才有了后来的"刹柱"。所以在记录"刹柱"这个词时，也可以写作"檫柱"或"橖柱"。在记录"刹多罗"这个词时，也可以写作"差多罗""掣多罗"②。可见，"刹"只是佛经翻译中造出的形声字，音译中的"刹"字仅是符号代写，只是在"刹多罗""剌瑟胝"两词汉译时共用"刹"代表。《中华佛教百科全书》"刹"条下说："梵语 ksetra 及 laksata 二词共音译为'刹'，故古来此二词即多被混同。"因此，引文 1 和引文 7 中，用"刹"字把差多罗的"土田"义和剌瑟胝的"竿、柱"义硬连在一起，略显牵强附会，没有充分根据。即使从词语的角度说，梵文"刹多罗"与"剌瑟胝"，也不应该有什么直接联系。"剌瑟胝"一词较"刹柱"出现的时间要晚得多，"剌瑟胝"在唐以前佛经中从未出现过，唐以后也只是在引文 1 和明代焦竑《楞严经精解评林》中可见，而经文中未查到有此词，其来源很可能是用梵文音译的"剌瑟胝"注解汉语词"刹柱"。玄应音义中多有"以今释古"现象，③"剌瑟胝"一词也应该是先有"竿柱"义，后来附会到"刹"字身上。④ 所以，"刹"的两个意义绝不会在一开始就有什么直接联系。

再说《一切经音义》中的"切刹"条按语问题。引文 1 中："案剎，书无此字，即刹字略也。剎音初一反。"这条按语十分难懂。

---

① 《大正藏》第 1 册，第 0005 号，第 169 页，第 2 栏。
② （唐）窥基法师：《妙法莲华经玄赞》，《大正藏》第 34 册，第 1723 号，第 789 页，第 2 栏："长表金刹以金为刹。梵云掣多罗。"法云：《翻译名义集》，《大正藏》第 54 册，第 2131 号，第 1167 页，第 1 栏："刹摩，正音掣多罗，此云土田。"
③ 徐时仪：《一切经音义三种校本合刊》，第 51 页。
④ 很可能"刹"在造字之初只是单纯记音，并没有固定表示某个词，固定表示"刹柱"后，因为共有"竿柱"义，才将后出的汉译词"剌瑟胝"附会到"刹"字身上。

上文说"刹"与"剎"在形体源流上并没有关系，那么按语中的"剎字略也"一句令人费解。这里肯定有问题。引文1说"刹""应言刺瑟胝"，引文6中说"刹"是"梵言刺瑟胝之略译"，"刺瑟胝"略译当是"剌"，那么"剎"就应该是"剌"的讹误。可是剎、剌两字形体差距也较大。"刹"不应该是"剌"字略写。我们认为这句话很可能是后人据"剎"的俗字形"剌"所加。丁福保《佛学大辞典》"金刹"条中，引玄应音义"切刹"条时，删去了"案剎，书无此字，即剎字略也。剎音初一反"。不知是丁福保编撰"金刹"时所参考的玄应音义没有这句话，还是丁福保也认为这句按语是后人妄加。我们认为这句按语是后人妄加主要有以下几个原因。

1.《集韵·质韵》："剌俗作剎。"剌字形与"剎"十分接近。刹的草书写作 ①，与剌也非常接近。剌俗作剎，剎、刹形近，后人误以为"刹"是由"剌"变化而来，错误地追根溯源，遂将"剎"误作"刹"的字形来源。所以，玄应字书中说"刹"是"剎字略也"，应该是从"剌"字来的。② 但刹与"剎"只是在俗写字形上混同，两者完全没形体上的继承演变关系，这只是后人以当时字形释古字形而已。

2. 敦煌遗书中保存了三件九、十世纪《一切经音义》的《点勘录》，其形制很像按语的签条。③ 引文1中的按语很可能本来是这种签条，后来加到正文中。尤其是引文1按语中的反切用字就是一个疑点。据徐时仪先生考证，玄应音义是尚未完成的初稿。④ 慧琳

---

① 洪钧陶：《草字编》，文物出版社2006年版，第158页。
② 此处承蒙林沄老师提示。
③ 方广锠：《敦煌佛经录辑校》，《点勘录》十四，《一切经音义点勘录题解》，江苏古籍出版社1997年版，下册第四部分，第639—641页。三号分别为：s5895，二行；p4788，二行；北临631，二行。三号的形制都似签条，字体完全相同。
④ 徐时仪：《一切经音义三种校本合刊·绪论》，第14页。

音义是在玄应音义的基础上补充编撰而成，那么同一个"刹"的反切用字，在慧琳音义和玄应音义中应该是相同的。但"刹"的反切用字，玄应作"初一反"，慧琳音义作"楚乙反"，两者所用反切用字完全不同。《玉篇》和引文 3 唐窥基法师所用反切用字与慧琳音义相同，都是"楚乙反"。并且引文 1 按语所用反切用字，与《切韵》的反切用字也不同，唯独与宋辽时《龙龛手镜》的反切用字完全一致，这或可说明此按语可能是在宋辽时期后加。

3. 敦煌遗书中发现了几十号玄应音义残卷[①]，各残卷的字条详略不同，差距较大，说明玄应音义形成后，传抄过程中增减变化较大。我们今天所见的"刻本"，翻刻过程中又几多增减讹误，更难以知晓。据徐时仪先生通过几种不同刻本对比研究，现今所见的各个刻本之间差距也比较大，各刻本之间并不一定是同一刻本的相承关系，可能是用不同种底本发展而来。[②] 我们现在所见到的刻本有此按语，但玄应撰书之初有没有这句话，实在值得怀疑，甚至包括"刺瑟胝"之义，是成书之初即有还是后人所加也是个问题。

4. "刹"早期字形多作"刹"，在敦煌遗书中依然写作此形，还没有省作"刹"形，省作"刹"形比较晚。刹、㸂等字形到宋代才见到，如果作此按语时，是以当时俗字形"刹"解释"刹"字来源，那么这句按语出现也应该在宋代前后，而不是唐代。并且"刹"的反切字同于宋辽时的《龙龛手镜》，我们现在见到玄应音义的几种版本最早追溯到宋代，"刹字略"之说最先起于玄应音义，这些都不应该只是巧合，说明引文 1 中的按语应该是宋代所加，被后世字书所袭，贻误至今。去掉这句按语"切刹"整条非常通顺。

综上所述：（1）"刹"之字形来源是从"杀声"的后造形声字，并非"刹"字简写，而是时人误以"刹"之俗形"刹"作

---

① 徐时仪:《一切经音义三种校本合刊·绪论》，第 15 页。
② 同上书，第 74—75 页。

"刹"的来源，两者实际并没有继承关系；（2）"刹"本是为了佛经翻译而后造的借音字，"刹"字本身在造字初并无"土、田"与"竿、柱"义，两义之间并无必然联系，只是"刹"作为"刹多罗""剌瑟胝"两词的汉译字后，使"土、田"和"柱也"义牵连附会在一起；（3）先有"刹柱"一词后有"剌瑟胝"，"剌瑟胝"可能是后来附会到"刹"字身上。（4）《一切经音义》"切刹"中的按语是后人所加，应如丁福保《佛学大辞典》所引，去掉这句按语。

通过以上我们的梳理，既纠正了以往"刹"及其相关的一些错误解释，也比以往的解释更容易理解，同时，我们在解决问题的过程中，发现一些值得注意的问题。

首先，字书的流传要与其他传世文献区别看待。字书不同于其他文献，字书往往初由一人撰写，而流传过程中后人不断增补窜改，导致"积非成是"。这个问题对于熟悉段玉裁《说文解字注》的人来说，马上就会想到段玉裁在书中屡次所说的"浅人所增""后人所改"等，就是说的这个问题。所以字书中很多文献无正字，其中很多是后世讹误和以讹传讹产生的。

其次，注意区分字与词的关系。以本文的"刹"为例，从词语的角度说，"刹"代表刹多罗、剌瑟胝两词，但从文字的角度说"刹"只是个后造借音字，"刹"字本身与刹多罗、剌瑟胝两词完全无关。所以不能因为后世的"刹"有两个意思，把"刹"的"土、田"和"竿、柱"义牵连附会到一起。佛经中外来词语较多，在整理佛经音义时要充分考虑到字与词的关系。否则就会出现字义与词义混淆的问题。

最后，佛教字书和佛经注疏值得进一步深入研究。佛教经义精微宏大，说其精微，一字一句不得增减，说其宏大，无所不包。佛经对后世的影响十分巨大，从词汇角度说，后世所用的很多词汇溯源便是在佛经当中，比如我们很熟悉的"刹那""世界""平等""地狱"等，其源头都来自佛教。如果对佛经音义再进一步地深入研究，必然能解决很多词语的本源和发展问题，这对语言学的发展是非常有意义的。但是历来我们重视儒家典籍研究，而缺少了对佛经音义的关注。所以，佛经音义有待更多人进一步深入研究。

越南文字现代化进程及反思[①]

10世纪以前的越南曾是中国的郡县，早自秦汉时就在此设官统辖，故受中国文化的影响较深。独立后的越南，直至13世纪[②]，才以汉字为基础，用形声、假借、会意等方法创制出越南文字——喃字。15世纪时，喃字通行越南全国，完全取代汉字。越南无疑是汉字文化圈[③]的一员，汉字是中越两国的沟通桥梁，为了更好地了解越南文化，对越南文字的研究是极为必要的。通过对中国周边汉字文化圈中的越南文字研究和对比，对重新认识和补充我国汉字自身的研究，也是极为有意义的。

近些年越南有复兴汉字（喃语）之风。关于越南文字的材料很少，在国内也鲜有研究。[④] 已有文章基本上是在围绕汉字与喃字的

[①] 本文首发于加拿大学术季刊《文化中国》2009年第3期。

[②] 本文出现越南时间界定皆以［越］陈重金《越南通史》，戴可来译，商务印书馆1992年版为准。

[③] 本文的"汉字文化圈"是指历史上曾经使用过汉字，借鉴汉字造字，受中国影响较大的一些国家，如越南、日本、韩国等。参见冯天瑜《汉字文化圈刍议》，《吉首大学学报》（社会科学版）2004年第2期。

[④] 王小盾等主编：《越南汉喃文献目录提要》，"中研院"中国文哲研究所2002年版。王功：《越南拉丁文字的形成》，《安徽文学》2008年第2期。祁广谋：《越南喃字发展演变及文化阐释》，《解放军外国语学报》2003年第1期。［越］邓成忠：《汉语和越南语的三称差别》，《柳州职业学院学报》2004年第2期。谭志词：《汉语汉字对越南语言文字影响至深的原因初探》，《东南亚》1998年第2期。孙超：《汉字——越南文字的始祖》，《民俗研究》2002年第2期。凌纯生：《东南亚古代文化研究发凡》，《民族学研究专刊》1950年第3期。顾海编：《东南亚古代史中文文献提要》，厦门大学出版社1992年版。梁志明等编：《古代东南亚历史与文化研究》，昆仑出版社2006年版。

对比中展开，对两国的文字变化在国家现代化进程中所反映的问题尚未见详细论述。本文重在以越南史为纲，对越南文字的演变进行梳理，将其划分为几个阶段，通过对各个阶段的文字变化分析，总结越南文字所反映的时代差异，继而将越南文字与中国文字的变化进行对比，反思中国汉字简化、统一等问题，并对中国当今现代化发展中文字应选择的取向提出一些意见。

一 越南文字发展概述

目前关于越南原始社会的研究，材料较缺乏。越南出土的早期铜鼓与中国西南地区出土的铜鼓形制非常相似，这说明越南很早就受中国影响。并且，在出土的铜鼓中已经可以看到文字的迹象。[1]到西汉末年，汉字开始传入越南地区。三国时期交州太守士燮进一步传播汉文化，唐朝在交州地区设立安南都护府，地方官振兴文教，则使汉文化影响在越南地区不断增强。

939年，越南趁唐朝末年大乱之时脱离中国的直接统治而独立，但仍必须定期向中国朝贡并承认中国的"宗主国"地位。968年安南王朝正式开始学习、使用、推行汉字。到李朝时期，正规的儒学教育得以正式确立。大约13世纪，在越南上层社会提倡以汉字记载的汉文学同时，出现了越南文字——喃字。喃字在胡朝（1400—1407年）和西山阮朝（1788—1802年）作为国家正式文字，但实际上，汉字在越南一直沿用到法国统治越南的整个时期。在法国统治时期，外国传教士创造了一种注音读物，这就是现在越南通行拼音文字的源头，不过现行拼音文字与传教士的拼音读物，已经有很大的不同了。但直到1945年之前，汉字还是跟拼音文字并行的，二者同时合法存在。1945年8月革命胜利后，汉字才最后

---

[1] 刘玉珺：《越南古籍刊刻述论》，《域外汉籍研究集刊》第1辑，中华书局2005年版。

退出历史舞台,代之以完全的拼音文字。越南语中称这种新的拼音文字为"国语字"。

纵观越南历史,我们可将越南文字历史分为五阶段:(1)汉字的传播与使用阶段。(2)汉字改造成喃字并正式使用,喃字和汉字并存的阶段。(3)汉字、喃字、拼音文字并存阶段。(4)以国语字为主的阶段。(5)汉字争议与复兴阶段。下面就对应每个阶段来分析,越南文字在各阶段与时代的细微关系。

二 越南文字在各阶段的演变进程

第一阶段,汉字的传播与使用阶段(11—13世纪)。蜀安阳王时期,安阳玉简上的秦篆问题现在尚有争议,这里不做引用材料①。从同时期越南出土的器物,对比中国所出土的同时期的器物来看,大多体现出对中国西南出土器物的模仿,反映出当时接受先进文明的朦胧期。② 至少通过相似出土器物可证明,在此时中国文化的影响已开始。

其后,大量的汉字典籍传入,汉字影响不断深入,到李朝和陈朝时期汉字成为国家的正式语言文字。1086年,李仁宗设科举,以汉字作为书写文字来选拔人才。此后各朝皆把科举制度作为选拔官吏的制度,直到1919年才废除科举。并且,此时开始出现大量的私塾教授汉语,出现大量的汉语著作。还模仿中国修文庙、祭祀孔子等活动,可见越南当时汉语和汉文化的繁荣。

越南已故近代的历史学者陈重金在《越南通史》里感叹说:"人人安于什么东西是中国的就好,就比自己的强,从思想到做事情什么都以中国为榜样。"③ 说明当时汉文化已经渗入越南社会的方

---

① [越]陶维英:《越南古代史》,刘统文译,科学出版社1959年版,第146—150页。
② 凌纯生:《东南亚古代文化研究发凡》,《民族学研究专刊》1950年第3期。
③ [越]陈重金:《越南通史》,戴可来译,商务印书馆1992年版,第56页。

方方面面。汉字在此期间确立了较牢固的地位。在这一过程，科举中使用汉字，对汉文化在越南传播的影响具有举足轻重的作用。文字本身所具有的特殊书写习惯、读音、字形、字义等影响，可以渗透到一个民族的最精微的地方，因此汉字在此时确立的地位，对越南民族的影响直到今天。

第二阶段，喃字正式使用和汉字并存的阶段（13—19世纪）。对汉字文化圈的其他国家来说，汉字毕竟是外来引进的文字，无法完整表达本民族的语言，并且出于民族文化自主的需要，于是利用汉字做训读、音读或造新汉字，来应付这个问题，由此慢慢发展出新的文字系统，如越南的喃字、韩国的谚文和日本的假名。[1] 喃字是以汉字为基础，运用形声、会意、假借等造字方法，创造出的一种新型文字，它主要是借用一个同越南语音相近的汉字和一个同越南语义相近的字，把二者结合起来成为一个新字。由于喃字与汉字结合而生，所以长期借用的汉语、汉字大量保留下来（这正是研究中国汉字需要重视的）。[2] 虽然本民族极力发展自己的文字系统，然而这些新文字在汉文化的强势下和国内封建朝廷的双重压迫下，在初期均很难与正统的汉字相对抗。

越南的封建王朝将汉字和四书、五经等古典，列入科举制度。久之，精通汉字、科举出身的封建官僚为维持本身利益，必然附和汉字的正统地位压制国内的喃字发展。所以，喃字产生初期，推广与发展举步维艰。直到胡朝和西山阮朝时期，喃字才作为国家正式文字确定下来[3]。但汉字仍处于优势地位，很多官方文件仍有大部分是汉字书写，例如《阮朝实录》。虽然国家把喃字作为正式文字，但是在实际应用中，汉字的巨大影响已经使得人们在书写时不自觉

---

[1] 这里要特别说明的是，日本未出现大量造字，其使用的汉字源自我国古代字书或我国古代使用的俗字。参见何华珍《日本简体字探源》，《语言研究》2003年第4期。

[2] 由于喃字由音义两部分组成，对中国古代汉语中音义的研究有重要的借鉴意义。

[3] 有关喃字的最早史料是11世纪李代1076年的云板钟铭文。

地使用汉字。一方面，其可以说明汉字的自身魅力；另一方面，说明汉字的影响已深入骨髓，不是一朝一夕可以改掉的。喃字作为国家正式文字，可以说明越南民族对外来文化开始反思，或者说这是越南争取文化自主的开始。

第三阶段，汉字、喃字、拼音文字并存阶段（19—20 世纪中）。越南的古代典籍基本上是用汉字和喃字记载的。但是法国的侵入使得走向文字自主的越南文字开始复杂起来。1920 年，法国殖民政府禁止在当地使用喃字，并代之以法国传教士在 17 世纪发明的一种基于罗马字母创造的文字。从此，汉字、喃字、拼音文字并行在越南使用。作为越南本身来说，汉字和喃字不会对交流、书写造成任何阻碍，但是在急于将"上帝的声音"传给越南人民的外国传教士看来，这些难懂的喃字是最大的障碍。一方面是本土民族对自我文字亲切自然感，另一方面则是感到交流的阻碍，并且开始试图用自己的拼音字母去改造。这样，必然会出现国内保守者与改革者、殖民国与被殖民国、宗主国中国与殖民国法国等错综复杂的矛盾。法国占领越南以后，出于两个目的强制性推行拼音文字：一个目的是消除语言交际的困难以便于殖民统治，另一个目的是割断与中越两国文化联系的纽带。[①] 可以看出，法国已经意识到了汉字在中越之间的重要性。也可以说明法国推行拼音文字的目的。此时的中国正处在帝国主义瓜分之中，法国以越南为跳板觊觎中国已是昭昭可见。对待法国文化压制，越南有志之士以汉字、喃字、拼音文字印行爱国主义精神的书刊作为抵抗方式。与此同时，一部分人开始注意拼音文字的易学、易懂、较易普及的优点。于是拼音文字随着爱国进步文章并行发展起来。

总之，在没有以政府名义将拼音文字作为正式的通行文字前，

---

① 贺圣达：《东南亚文化发展史》，云南人民出版社 1996 年版，第 352 页。

文字的使用上是十分混乱的。因为当时的政治混乱，国家处在被殖民状态，各种矛盾交集，很难有统一的文字。再加上越南本身的喃字也是吸收外来文化的产物，法国的侵入使越南文化更趋复杂，即使在1920年法国殖民者禁止使用喃字后的很长时间里，三种文字依然并行存在，直到现在。

第四阶段，以国语字为主的阶段（19世纪中—20世纪末）。1945年8月革命胜利后，汉字以政府名义正式退出历史舞台，代之以完全的拼音文字，越南语中称这种新的拼音文字为"国语字"。虽然越南人民敬仰的胡志明主席是位深受汉字汉学影响的领导人，但还是以较易通行、易识的拼音文字取代了原有的汉字和喃字。在正式的教材、书刊、国家文件等文字材料中，全部以国语字为准。文字的统一，结束了书写的混乱，这对文化的发展是非常有利的。从某种意义上说这也是越南国家重新开始稳定和现代化发展的征兆。

越南虽然统一使用了拼音化文字，但是在中国文化长期深远的影响下，汉字和汉语表达习惯的影响，已经成为越南语中最重要的因素，大量的汉语词成了越南语的词汇基础。现在越南语中，"汉语借词约占越南语全部词汇的70%"[①]，甚至一些人名、地名写法，也是根据汉字的译法转写成越南语的音节。这一特点与汉字文化圈中的其他国家基本类似。

1962年越南组织"保持越南语纯洁问题"会议，结论是越南语中的外来因素不能在短时间清除。接着是1979—1980年开始越南语标准化运动，并下发文件对一些词语进行严格规定。1980年将保护越南少数民族文字的规定写入宪法，1992年宪法再次重申。

---

① 祁广谋：《越南喃字发展演变及文化阐释》，《解放军外国语学院学报》2003年第1期。

1993年颁布保护民族文化遗产的相关文件①。可以看出越南国家对待文字的使用上，已经开始以民族利益为准绳。这种变化过程既体现了本民族文字本体的脆弱性，同时也表现出越南民族文化的复杂多样性。

第五阶段，汉字争议与复兴阶段（21世纪以来）。2004年9月初，以越南著名法学家、留德法学博士、河内国家大学法律系教授范维义为首的十多位有影响的专家学者联名向越南教育部上书，建议从2005年起在全国小学和中学实行必修汉语的制度，并建议教育部制定教育大纲，规定学生小学中学毕业时必须达到的汉语程度标准。范维义教授在谈到研究古代法律和乡俗习惯的困难时，有这样的感叹："自从以拼音文字取代汉字之后，除了人们已经赞美过的那些好处之外，越南人似乎也自我筑起了一道将后人与先辈隔离开来的语言和文化的围墙。一些词汇如律、例、契约、判官等等，现在只在书本上才偶尔见到，现代的越南人大多数已很少能感受到其背后所隐含的文化的哲理的和精神的价值。"② 实际上这种忧虑，近代越南学者陈重金早有此感触："令人担心的是，我国的历史都是用汉字写成的，而汉字的地位从今以后必然是日益减弱。现在能阅读汉文的还多，而国内知道祖国历史的却寥寥无几，加之今后不再学汉字，那么祖国的历史不知要困难多少！"③ 2006年5月5日，越南教育部签发《普及中学汉语课程的决定》④，越南开始正式复兴汉字。越南汉字复兴的现象，一方面与近年来中国的经济和文化对越南产生越来越重要的影响有关，另一方面则是越南人民对本民族历史和文化传统的传承问题，长期的反省和抉择。越南拼音文字

---

① 罗文清：《越南语言文字使用的历史回溯》，《广西民族大学学报》（哲学社会科学版）2007年第1期。
② 吴远富：《越南开始普及中学汉语课程》，《广西日报》2006年12月21日第6版。
③ ［越］陈重金：《越南通史》，戴可来译，商务印书馆1992年版，第2页。
④ 吴远富：《越南开始普及中学汉语课程》，《广西日报》2006年12月21日第6版。

虽然已问世一百多年，但全面实行拼音文字不过几十年，这种复兴正是越南民族发展进程中，对自身文化困惑的重新认识。当书写符号具备时代特点时，只有掌握这种时代符号才能了解这个时代。越南学者对汉字的忧虑，实际上是对越南传统文化的忧虑。

三　从越南文字发展中反思及中国汉字发展中应有的取向

纵观越南文字的发展，不难看出其中对文字态度的复杂、反复、选择等问题。从中也可看出越南对外来文化的吸收借鉴（创造喃字）、本民族的自主和与世界同步的意识（使用拼音文字）、对原有文化的重新认识（复兴汉字）。在整个过程中我们始终都能感到汉字和汉文化对越南的现代化发展的影响。如果将越南汉字发展与日本对比，可以发现，日本对汉字始终保持着谨慎的态度，没有出现像越南文字这样大的波动变化。而日本的国家现代化道路，也如同对待文字一样始终能够在借鉴和保持民族特色中前进。越南复兴汉字不排除中国在世界舞台的影响，但也是越南在世界政治经济挑战下寻找文化定位，寻求新发展的征兆。从这点来说，文字变化可能会成为越南政治经济变化的信号。对比反观中国文字问题，有以下两点值得我们反思。

（一）以越南为鉴，重视汉字的历史文化连接作用

中国的汉字虽然是自主的发展，在 19 世纪前没有受到外来因素的影响，但是进入 20 世纪后，汉字经历了几次重大变化，特别是在 1949 年后进行的三次文字改革，也曾提出过汉字符号化、拼音化改革。例如厂（厦）、尸（展）等符号化的文字，在一些现存的旧物品上还有保留。即便是我们现在通行的简化字中也仍然存留一些，例如赵（趙）、邓（鄧）、观（觀）等字。汉字简化是历史趋势，但简化要慎重、要科学。特别是当字形已经处于相对稳定的状态，如果用强制手段改变汉字通行状态，必然会带来许多负面影

响。裘锡圭先生曾说："在古文字演变为隶书过程里，为了书写的方便，破坏或削弱了很多字形的表意表音作用。这是合理的，因为古文字实在太难写了。在楷书早已成熟的时代还这样做，是否很有必要，就需要认真考虑了。"[1] 汉字符号化、拼音化的想法，初衷即是为了降低汉字的识读难度，同时也是想把中国汉字与世界拉丁文同步。这恰恰体现出当时中国对文化的短视性和盲目性，说明我们没有认清中国文化应该怎样定位。

不过我们还是在谨慎的态度中进行汉字改革，没有实行汉字拼音化或符号化，但是我们现行的汉字与传统汉字（繁体字）也有一段距离。我们虽没有像越南那样，与一脉相承的历史文化越走越远，但是以现在对繁体字的识读和使用来看，如果我们不注意对传统汉字保护利用的话，几十年后仍然有拼音化、符号化的可能。现在从事古代历史、古典文献、书法研究等相关专业的人还在使用繁体字，但这些专业较冷淡，从事的人员也不多。在这些少数人的群体中，对文字非常敏感的人少之又少。再加上我们现在对古典文献的整理上，简体字、白话文、横排版的文献更受欢迎，汉字在古籍中的原始状态也就慢慢消失，很多词义的差别渐渐模糊，这对古汉语和古代文化的解读都十分不利。以这种态势发展，越南学者陈重金对汉字的忧虑（见上文）也会在我国将来发生。

近几年，复兴传统之风似有蔓延之势，反映汉字本源的繁体字也得到更多人重视。在 2009 年两会上，政协委员潘庆林提出"建议全国用 10 年时间，分批废除简化汉字，恢复使用繁体字"的倡议，在社会上引起了强烈的反响。对此提议社会上有赞成也有反对的声音。笔者认为废除简体字代价太大，简化字多是合理的。虽然不可能全面恢复繁体字，但需要考虑恢复一些字形问题较大的繁体

---

[1] 裘锡圭：《从纯文字学角度看简化字》，《裘锡圭学术文集·语言文字与古文献卷》，复旦大学出版社 2012 年版，第 192 页。

字,并且应该认识繁体字。① 曾经有个台湾的同学问我"仅"字读什么,我起初只是以为他不知道"仅"与"僅"的简繁对应,可仔细想一想就不简单了。既然偏旁"堇"简化对应为"又",那么谨、瑾、馑、槿是不是都要简化呢?像"仅"这样的字就应该恢复繁体,以减少汉字系统的复杂性。再比如同音替代的"斗"字,本来战斗(鬥)与星斗的"斗"字并不相同,但在现行简化字中变成同一字了。与此类似的还有干、后、几等字。实际上这样的简化使汉字系统更复杂了。但并不是说重视繁体字,就是要废除简体字恢复繁体字。我们的目的是要以越南为鉴,不要到了全民不识繁体字时再来重视繁体字,现在就应该知道它的重要性。

(二)从越南普及汉语看汉字的"软实力"作用

中国现在汉字的问题还很多。在中国大陆(内地)、中国台湾、中国香港、日本等使用汉字的地区,还有汉字印刷字体不统一、字形不统一、繁简对应错误等问题。如印刷体上,如果常看中国大陆(内地)、香港、台湾的书籍,我们很容易看得出印刷体的差异。现在这种差距虽然逐渐减少,但还未达到汉字文化圈中的大统一。好在我们现在已经有了这种文字统一的意识,在 2008 年的国家语言文字会议上,已经把进一步规范文字、统一文字作为一项重要工作,这是我国现代化发展的重要部分。② 我们还可以把文字的统一放眼到整个汉字文化圈,建立汉字文化圈统一的文字字形对应表,并尽量使用统一字形。例如越南的汉字既保留自身喃字的发展,同时喃字的笔形、字形也尽量与汉字统一,使用统一的字形。这一点上,日本的文字做得比较好。日本的汉字在几次改革中似乎在不自

---

① 《专家称恢复繁体字不可取——王宁:简化汉字很成功》,《北京晚报》2009 年 4 月 8 日,文章中提出"识繁写简",笔者很赞同,也认同王宁先生所说简化汉字很成功的看法,更不赞成全面恢复繁体字的说法。

② 赵沁平:《深入贯彻落实党的十七大精神,开创语言文字工作新局面,为提升国家文化软实力做出积极贡献》,在 2008 年度语言文字工作会议上的讲话,2008 年 2 月 28 日。

觉地与中国统一。现在日本的当用汉字就是以中国《康熙字典》中的较简便的字形为准,做出的汉字改革。并且日本现在也有使用简化汉字,字形与中国简化字形相同。建立统一字形的好处,可以促进文化的交流,促使优势文化的积极影响,减少因文化壁垒导致的摩擦。越南在中学普及汉语教育,给了我们一个启示,汉字有可能如同"欧元"那样在汉字文化圈通行。如果说欧盟的欧元使欧洲的经济发展走向一个新台阶,那么东亚的文字统一,必然也会加快各国经济文化的交流,加快东亚一体化的步伐。当然,这种"共识文字"的统一现在还是一种设想,并且涉及用哪个字形、如何统一等复杂问题,也需要很长的时间,有很多的困难,但统一的可能不是没有,越南开始恢复汉字,并且在汉字文化圈的很多国家已经有了自主恢复汉字的呼声,这些都是走向统一融合的良好表现。

复旦知名学者沈丁立先生曾发表过《传统汉字是一种软实力》的短文,他认为,作为久远的民族历史文化的承载物,传统汉字(繁体字)在中国"和平崛起"的进程中,将会成为一种重要的"软实力"。沈先生为此呼吁:"在我国经济和文化日益发展的今天,我们理应逐步考虑允许简体字和传统汉字获得学习和使用的同等地位。"[①] 中国周边的国家多数都深受汉文化的影响,而这种文化的影响要继续下去,汉字的"软实力"作用绝不可忽视。而且不仅要重视汉字在继承传统文化中的重要作用,也要重视汉字在汉字文化圈乃至世界的联系作用。2000年韩国政府宣布恢复汉字教育;2006年越南教育部开始在中学普及汉语;自2004年至今中国相继在韩国、德国、瑞典、美国、非洲等64个国家设立200多所孔子学院;中国政府已将当初预计2010年前在世界建立100所孔子学院的目标增至500所;很多国家以"中国周""中国年"等形式来

---

① 沈丁立:《传统汉字是一种软实力》,2006年7月15日,人民网(http://theory.people.com.cn/GB/49157/49165/4594147.html)。

了解中国,2007年2月,英国《泰晤士报》开展"中国周"行动,教读者如何掌握汉语,连续两天的报纸头版和内页上,演示"人""木"等汉字如何从象形图画演变成现代汉字。[①] 一系列数据表明中国的文化正走向世界,我们在世界的影响也在不断加深,中国文化也必将成为沟通世界各国与中国最好的桥梁。假如对文字选择的变化是越南人民在世界舞台上寻求新发展的反映,那么在不远的将来,在文字上的变化和影响,也将会是中国在世界舞台上新发展的反映。

[①] 资料来源于吴远富《越南开始普及中学汉语课程》,《广西日报》2006年12月21日第6版;《外刊关注中国"软实力":"魅力攻势"影响世界》,2008年4月8日,中国新闻网(http://www.chinanews.com/gn/news/2008/04－08/1213944.shtml)。

秦简牍"从人"考[①]

秦灭六国，每征服一地，故国的顽固势力很难在短时间消失。睡虎地秦简《编年记》所记的"南郡备警"和《语书》中的相关文告，正反映了秦占楚地后与顽固势力的斗争情况。[②] 秦统一后，六国的残余力量将成为秦巩固统治的一大问题。这在传世文献中也可见一些记载，《史记·秦始皇本纪》"徙天下豪富于咸阳"，[③] 正反映了秦政府对故六国势力的管控措施。但传世文献的记载有限，且较零散，很难有更深入的认识。我们在出土文献中发现一些相关材料，有助于对这一问题进行深入研究。

一 岳麓秦简中关于"从人"的新材料

岳麓秦简中有两组关于"从人"的内容，释文如下：

第一组：

·叚正夫言：得近〈从〉人故赵将军乐突弟凵、舍人诏等廿四人皆当完为城旦，输巴县盐。请：论轮〈输〉[④] 诏等

[①] 本文首发于《文物》2016年第12期。
[②] 睡虎地秦墓竹简整理小组：《睡虎地秦墓竹简》，文物出版社1990年版，第13页。
[③] （汉）司马迁：《史记》卷六《秦始皇本纪》第六，中华书局1959年版，第239页。
[④] 论输：定罪而罚作劳役。《文选·任昉〈天监三年策秀才文〉之三》："睚眦有违，论输左校。"李善注："论输，谓论其罪而输作也。"

（1029）廿四人故代、齐从人之妻子、同产、舍人及其子已傅嫁者①比故魏、荆从人。·御史言：巴县盐多人，请：（1028）令夫轮〈输〉诏等廿四人故代、齐从人之妻子、同产、舍人及其子已傅嫁不当收者②，比故魏、荆从人之（0960）妻子、同产、舍人及已傅嫁者㇄。已论轮〈输〉其完城旦舂洞庭，洞庭守处难亡所苦作，谨将司，令终身（0921）毋得免赦，皆盗戒（械）胶致桎传之。其为士五（伍）庶人者，处苍梧，苍梧守均处少人所。疑亡者，戒（械）胶致桎传（0898）之。其夫妻子欲与，皆许之㇄。有等比。·十五（1111）

第二组：

·诸治从人者，具书③未得者名族、年、长、物色、疵瑕，移谳④县道，县道官谨以谳穷求，得辄以智巧谮（潜）（1021）讯。其所智从人、从人属舍人，未得而不在谳中者，以益谳求，皆捕论之㇄。敢有挟舍匿者，皆与同辠。（1019）同居室人、典老、伍人见其挟舍匿之，及虽弗见㇄，人或告之弗捕告，皆与挟舍匿者同辠；其弗（1016）见及人莫告同居室人，辠减焉一等㇄。典老、伍人皆赎耐㇄，挟舍匿者，人奴婢殹（也），其主坐之如典老。（1122）……□□从人家吏、舍人可

---

① 傅嫁者：傅指傅籍，此处用作动词。政府法定成年男子必须为政府从事力役和兵役，服役的年龄即为傅籍年龄。嫁指出嫁。
② 不当收者：《说文》："收，捕也。"不当收者即不当拘捕之人。
③ 具书：详细记录。
④ 物色：形状、形貌。《后汉书·严光传》："乃令以物色访之。"疵瑕：传世文献指缺点、毛病之意，如汉王符《潜夫论·实贡》："虚张高誉，强蔽疵瑕，以相诳耀。"此处应指所搜捕通缉从人之特征。谳：参见欧扬《张家山奏谳书案例二二之谦、谳制小考》，《出土文献与法律史研究》（第二辑），上海人民出版社 2013 年版。

以☐三族从人者·议：令县治三族从人者，必（0901）

以上简文同属一个简册，除了简0901编连位置不完全确定外，其他简都有背画线、反印文等编连依据，而且简文内容连读较顺畅。

(一) 从人的来源与身份

第一组简中出现了代、齐、魏、荆四个已经被秦消灭的国家。赵国被秦灭后，赵悼襄王之子赵嘉逃入代郡，自封为代王，建立代国。简中的"代"即指此代国。公元前222年，秦将王贲灭代国，俘获赵嘉。秦在此设"代郡"。齐、魏，指故东方六国之齐国、魏国。荆即楚国。睡虎地秦简《编年记》中有"廿三年，兴，攻荆"（30贰），整理小组注释曰："荆，即楚。"①

简中出现的代、齐、魏、荆皆为已灭亡的反秦国家，可知从人的来源皆为反秦的故六国。齐国是秦最后灭掉的国家，简中出现了齐国从人，说明这些律文颁布时间应该在秦统一后。从简0901来看，有些"从人"有自己的舍人或家吏（0901）。《汉书·外戚传下·孝成许皇后》："家吏不晓，今壹受诏如此，且使妾摇手不得。"颜师古注："家吏，皇后之官属。"②《汉书·戾太子刘据传》："且上疾在甘泉，皇后及家吏请问皆不报，上存亡未可知，而奸臣如此，太子将不念秦扶苏事耶？"颜师古注引臣瓒曰："太子称家，家吏是太子吏也。"③可见，"家吏"为皇后或太子的官属，那么岳麓简中的从人或许还包括皇后或太子。当然岳麓简中的家吏也可能是泛指一般贵族的官属。简1029的"从人"中有故赵将军乐突的弟弟，说明大多数从人身份较高贵。因此，从人不是指一般的随从之人，这些人都来自赵、齐、魏、楚等已经灭亡的反秦国家，而且

---

① 睡虎地秦墓竹简整理小组：《睡虎地秦墓竹简》，文物出版社1990年版，第7页。
② （汉）班固：《汉书》卷九七下《外戚传》第六七下，中华书局1962年标点本，第3975页。
③ （汉）班固：《汉书》卷六三《武五子传》第三三，中华书局1962年标点本，第2743页。

大多身份比较高贵。

(二) 从人的划分与治理

简1028、0960说"代、齐从人之妻子、同产、舍人",这里的从人与妻子、子女、同产、舍人为从属关系。妻子、儿女本为最亲近的随从者,此处将这些人单独说明,而且其中还有"不当收者(不需要收捕的人)"(简0960)。依此来看,不是所有的随从者都判定为从人犯[1]。简1019中有"从人属舍人",简1029中的从人中也有舍人。舍人指官名或古代贵族家里的门客,如蔺相如曾为赵宦者令缪贤舍人。简1028、0960中的舍人,有些属于"不当收"的情况,说明同样为舍人但不一定都被划分为从人。因此从人的判定并不是按照随从关系划分。

第二组简1021出现了"诸治从人者",说明对从人相关案件的治理,是有专门官员专议,各地有专门管理的官吏。不仅如此,第二组简文中,对从人犯的搜捕、收留藏匿、告发等都有具体的规定。第一组简0898中还说这些人终身不得赦免,而且脚上戴上密封桎具押送,可见这种特殊的从人犯不是普通的随从伙同犯,他们是"级别较高"的重点犯人,是秦政府搜捕捉拿的重要对象。

综合以上分析,我们可以确定,岳麓秦简中的从人是一种"级别较高"的特殊犯人,他们都出自故六国,身份特殊,有专门的管理,而且他们不是普通的伙同从犯,是秦政府重点捉拿和管理的对

---

[1] 关于从犯、共犯、主犯的问题,参见周沙骑《秦代共同犯罪问题研究》,《法制与社会》2010年第14期;[日] 水间大辅《〈岳麓书院藏秦简(叁)〉所见的共犯处罚》,《出土文献与法律史研究》(第三辑),上海人民出版社2014年版。据两文和笔者的搜索,在秦汉出土文献律法中,随从犯有用佐者、与谋者、谋者、随从者等词来描述,而未见用"从人"来描述,也可说明从人是一种非常特殊的从犯专称。另外,两篇文章都认为秦汉律法"处罚共犯的原则是将全体共犯者处以同一刑罚"(第42页)。笔者不完全赞同这个观点。彭浩对水间大辅文章作评议时说:"在秦律汉律里面没有主犯和从犯的用词,但是在实际法律操作过程里边是有区别的。"(见《出土文献与法律史研究》(第三辑),第260页)笔者赞同彭浩的观点,本文所用"从人"相关资料中显示,秦政府对待从人的相关人员处罚实际是有区别的,正应彭浩的观点。

象。既然不是普通的随从犯，而且身份特殊，有些还是六国贵族，那么这里的从人很可能就是传世文献中所说主张合纵反秦的人。

从人在传世典籍中经常出现，文意较简单，比如《尚书·大禹谟》有"舍己从人"，① 此"从人"是一种动作行为，指服从别人。《墨子·备城门》有"从人非其故人及其填章也"，② 此"从人"是一类人，指随从、仆从。上举岳麓秦简中的"从人"在身份、划分关系上都与这两类人不合，因此岳麓简中的从人与这两类人完全不同。从人在先秦传世文献中还特指"合纵"之人。例如《战国策》卷八："夫从人朋党比周，莫不以从为可。"③ 战国时期，众弱相合以攻一强的"合纵"，是七雄争霸过程中重要外交军事政策。传世文献记载，在七雄对抗过程中，齐、楚、燕、韩、赵、魏六国曾合纵抗秦。上举岳麓简中出现的赵、齐、魏、楚都是传世文献所说的合纵国，岳麓简中所说的从人也全部出自这些合纵国，两者显然有密切的关系。而且，岳麓秦简中从人不是以随从关系划分，他们的身份又比较特殊高贵。那么，岳麓简中所说的从人应该就是传世文献中所说的"合纵"之人。当然，传世文献和出土文献的从人含义可能有广狭差别，因为并不是所有六国贵族都主张合纵反秦，也不一定所有反秦从人都是贵族，但秦统一后，这种差别对于统治者来说没有太大意义，因为统治者关心的是这些人是否反秦。所以岳麓简中的从人所指的范围应该更加宽泛。

二　里耶秦简中的"从人"

确定了从人的含义和与传世文献的关系，我们可以解决一些以往被忽视的问题。其实岳麓秦简中所说的"从人"，在已公布的出

---

① 《十三经注疏·尚书·大禹谟》，中华书局1979年标点本，第134页。
② 《诸子集成·墨子间诂》，中华书局1954年版，第316页。
③ 诸祖耿：《战国策集注汇考》，凤凰出版社2008年版，第529页。

土材料中早有出现。《里耶秦简（壹）》（以下简称"里耶简"）中有一枚可缀合简，缀合后校补释文如下（行首数字为行序）：

1 制诏御史：闻代人多坐从以毄，其御史往行，☐其名☐所坐以毄☐

2 县官☐秦军初☐桊到使者至，其当于秦下令毄者，衡（率）书其所坐☐

3 令且解盗戒。卅五年七月戊戌，御史大夫绾下将军下令叚御史警往行☐

4 ☐下书都吏治从人者，☐大☐☐☐下校尉主军☐都吏治从人者☐

5 ☐书从事各二牒，故何邦人爵死越令从及有以当制秦☐（8-532+8-674+8-528）正

1 ☐书亟言求代盗书都吏治从人者所毋当令者☐

2 ☐☐留日骑行书留。／☐手。☐（8-532+8-674+8-528）背①

正面第一行简首两字残缺，根据简首行文常例看，应该是"制诏"二字。"制诏御史"文献常见，如《史记·孝文本纪》"制诏御史：盖闻……"②。正面第二行"官"，《校释》阙释，原整理者作"官"可从。"官"后一字，原整理者与《校释》皆脱漏。"秦"原整理者与《校释》皆释作"奏"，该字处理后作 ，其字下部的

---

① 原整理者未拼合，《里耶秦简牍校释》一书将三枚简拼合，但简号顺序有误。湖南省文物考古研究所：《里耶秦简（壹）》，文物出版社2012年版，第78、79、95页；陈伟主编：《里耶秦简牍校释》，武汉大学出版社2012年版，第173—174页。

② （汉）司马迁：《史记》卷一〇《孝文本纪》第一〇，中华书局1959年标点本，第436页。

"禾"形较清晰，显然是"秦"字。同简"秦"作■，可作对比。"秦军"比"奏军"文义更通顺。第三行"下令"的"令"字，原整理者和《校释》皆阙释。此字墨迹虽淡，但与同简第二行"下令"之"令"对照，可知此字也是"令"。第四行"人"，原整理者未释，《校释》作"入"。背面第一行"人"，原整理者和《校释》皆释作"入"。"从入"不通，当作"从人"，此处"都吏治从人者"可与上举岳麓简1021"诸治从人者"对照。"大"前一未释字原简作■，单就字形而言此形似"丙"。"大"后原整理者与《校释》皆作"□□见"四字，实际是三个字。核对图版可知，第二个未释字作■，与"垂"形相似；第三个未释字与所谓的"见"其实是一个字的两个部分，该字原简作■，可能是"宽"字。但因文义难通，两处释字不确定，仅提出作日后参考。此处应谨慎整理作"□□□"三个未释字。此行末尾断残，但依据简文中两次出现的"都吏治从人者"推知，行末也应该是"都吏治从人者"，故补"人者"二字。第五行的"令"字原简■，原整理者和《校释》阙释，可与同简多次出现的"令"相对，形体相合。越令应该是逾越法令之义。

这枚简通过补释和校正，虽然还有些地方语义难解，但简文的大致内容可以明了。对照上举岳麓简来看，两个材料中的"从人"含义应该相同，只不过里耶缀合简特指代地从人。或者更准确地说是指赵代政权中遗留的反秦之人。从整体内容看，里耶缀合简是下达释放代地从人的重要诏令。简文说听闻代地有很多人因随从某人某事而被拘系。命令是从御史大夫下达到将军，然后命令代理御史警前往。下书给都吏治从人的官吏，并下达给校尉、主军。以此来看，命令既下达到军政系统也下达到了地方的"都吏治从人者"，那么这些从人与秦军有密切关系。简中出现了三次"从人"，出现两次"代"。代为代郡,这里的"从人"应该属于"代地"。这支简的主要内容就是围绕着代地"从人"展开的。简中"盗戒(械)",《校释》注释作"戴刑具"义①。依据文义可以更准确地说是因犯罪而戴上刑具。"解盗械"意在解开囚犯之刑具。"故何邦人爵死越令从",大意应该是说故东方六国的哪国人违法而随从。其义正可与从人随从六国反秦的性质相应。对照岳麓秦简,里耶简中的从人之所以身份特殊,与其故六国反秦贵族身份有关。"毋当令者",指不应当承受法令者。可见这枚简是关于释放代地从人中"毋当令者"的诏令。之所以单独为代地从人下发诏令,这里面透露出在代地的六国从人中可能发生了重大事件。

里耶简中还有一枚签牌上也有"从人",内容如下:

1 从人论报,/2 择免归,致/3 书具此/4 中 (8-777)

此简中的从人也应与上面所说的从人同义。"从人论报"是指对从人的论罪定刑。这里可以看出,从人是一种犯人。"择免归",《校释》说是"免职归乡"②。这种解释用在此简中,文义似不妥。犯人的判决不该和免职归乡人的文件放在一起。犯人判决书是刑事案件,官吏免职属于官员任免,两者有明显区别。上举里耶缀合简是下达释放代地从人的诏令,与此命令相对来看,这里的"择免归"应指免刑归乡,而不是指官员免职归乡。

当然,这枚签牌的字数有限,又无更多内容可对照,不排除其文字还有其他含义,但如果将里耶缀合简与这枚签牌对照,两者所记"从人"应该有密切关系。这枚签牌上部涂黑并有两孔,按照常规的简牍形制来说,这两孔本有绳,并系在分类归档用的笥上。里

---

① 陈伟主编:《里耶秦简牍校释》,武汉大学出版社 2012 年版,第 174 页。
② 同上书,第 225 页。

耶缀合简中说"代人多坐从",意思是说代地人多因随从某事或某人而坐罪。但这里的某人某事不是普通人普通事,因为这是自中央下达的诏令,有专门的治理官吏,与秦军还有密切关联。这类重要的人应该有专门的存档,这枚签牌可能就是这类存档笥的标牌。上举里耶缀合简中还说,"从人"中有"毋当令者",岳麓简中的从人有"不当收者"。这类不当承受法令者,应该包含在签牌所说的"择免归"之中。综合岳麓简、里耶缀合简与这枚签牌来看,此签牌所在的笥内应该就是专门存放"从人的判决和免刑归乡"的相关文件。这种专门存放从人免刑文件的笥,也与我们上面所说从人有专管、专议相应。

三 "从人"的管理措施

上面说到,从人是秦政府的重点管理对象,下面就通过出土材料和传世文献中的相关材料,看看秦政府对从人的管理措施。

(一)刑为城旦、完城旦,远迁罚作,终身不得赦免

第一组岳麓简1029简记到,故赵国的二十四名从人被处罚为城旦,0921中还说从人有"完城旦舂"的情况。城旦舂是一种刑徒,这类刑徒一般还要在身体上施刑,"完"就是指在身体上施刑的程度。在秦代,城旦终身服役,而且刑罚最重。一般都是终身不得赦免[①]。简0921、0898明确记述有"令终身毋得免赦",正是从人终身服役的明证。

秦统一后,秦政府如何处理故六国的遗留人员,文献中直接的记载并不多。《史记》卷六中说秦始皇:"徙天下豪富于咸阳十二万户。"[②] 这里所说的"豪富",主要是指故六国遗留的贵族,迁往咸阳是便于监管。史书的记载仅说明迁到咸阳,未具体说明如何迁

[①] 高恒:《秦汉简牍中法律文书辑考》,社会科学文献出版社2008年版,第88页。
[②] (汉)司马迁:《史记》卷六《秦始皇本纪》第六,中华书局1959年标点本,第239页。

移。从岳麓简所记情况看，这些从人并不是简单迁往异地。简0898："皆盗戒（械）胶致桎传之。"盗械是因为犯罪而戴上刑具。胶致犹同密封。《史记·张耳陈馀列传》："乃轞车胶致，与王诣长安。"张守节正义："谓其车上著板，四周如槛形，胶密不得开，送致京师也。"① 可见，这些从人是戴着刑具而且被封锁起来迁往异地。足见秦政府对这些犯人的重视程度。

简1029"输巴县盐"。《张家山汉简·奏谳书》简181也有"输巴县盐"。整理者注："盐，盐官。"《汉书·地理志》："巴郡朐忍有盐官。"② 输巴县盐，指到巴县运输盐，这是一种劳作。简0921说"洞庭守处难亡所苦作"。这里所说"苦作"也是一种罚作方式，但未说具体的苦作内容。可知，从人迁往异地后还要从事各种苦役。

（二）从人中的特殊情况

秦法规定，一人有罪家人连坐。《史记·孝文本纪》："请奉诏书，除收帑诸相坐律令。"应劭曰："秦法一人有罪，并坐其家室。"③ 连坐的最直接对象就是其"三族"。《史记·秦本纪》卷五："法初有三族之罪。"其中"三族"，张晏注曰："父母、兄弟、妻子也。"④ 但从上举岳麓简来看，秦法中的连坐对不同人不同情况有特别规定，并非一概而论，里耶缀合简对代地"毋当令者"之从人解除刑罚，而且里耶简中还有免除刑罚归乡的签牌，就是特殊情况特殊对待的反映。更具体的是岳麓简第一组简中对从人的妻子、儿女、同产、舍人的处罚，要根据傅籍服役和出嫁的情况作特殊处

---

① （汉）司马迁：《史记》卷八九《张耳陈馀列传》第二九，中华书局1959年标点本，第2584—2885页。

② 张家山汉简二四七号汉墓竹简整理小组：《张家山汉简［二四七号墓］（释文修订本）》，文物出版社2006年版，第108—109页。

③ （汉）司马迁：《史记》卷十《孝文本纪》第十，中华书局1959年标点本，第419页。

④ （汉）司马迁：《史记》卷五《秦本纪》第五，第179页。

理。简0960中还出现了"不当收者",这些"不当收者"应该就是里耶缀合简所说的"毋当令者",或里耶简签牌上所说"择免归"的对象。说明有些人属于赦免不用受处罚的情况。简0898"其为士五(伍)庶人者,处苍梧",说明对待"士五(伍)庶人"也有特殊安排。这都是特殊情况特殊对待的体现。传世文献中也可见相关内容,《史记·刺客列传》记载高渐离为燕国太子丹和荆轲之客,按照上文分析可知,他也属于故燕国从人,本为秦国通缉的政治犯,但秦始皇因为他善击筑而赦免了他,也算是对从人特赦的一种情况。① 因此,综合出土材料与传世文献而言,秦政府对从人及相关人是否拘系、是否定为从人犯,都有详细规定,对待特殊从人按照不同情况有相应的处罚规定,并不是全部连坐,特殊情况特殊对待。

(三)高度警惕,专门管理,大力搜捕

高渐离事件后,秦始皇终身不敢靠近故六国人,可见他对故六国人高度警惕。但警惕应该有多种因素,不仅仅是因为高渐离刺杀事件。秦始皇以武力平定六国,故六国臣民对故国多少会有怀念。这在传世文献中也有体现。《史记·留侯世家》载张良为故韩国反秦贵族,属于韩国从人。张良悉家财求客杀秦王,目的是"为韩报仇",正是从人怀念故国的一种反映。②

上面说到里耶缀合简中反复出现"都吏治从人者",岳麓简中出现"诸治从人者"和"治三族从人",可见秦政府对从人及其相关者指定官吏专门管理。岳麓简第二组1021简文中出现了"讂"。讂,《广雅·释诂三》:"讂,求也。"睡虎地秦简《封诊式》有"以书讂求(36)"。岳麓简中的"讂"应指记录搜捕从人之姓名、族氏、年龄、身高、形貌、特征的一种通缉文书。从简1021、1019

---

① (汉)司马迁:《史记》卷八六《刺客列传》第二六,第2536—2537页。
② (汉)司马迁:《史记》卷五五《留侯世家》第二十五,第2033—2034页。

的"以譖穷求""以益譖求"可以看出,官府对从人的搜索相当重视。在审讯上加以"智巧潜讯",足见秦政府在搜捕从人上费尽心思。张良刺杀事件后,秦始皇"大索天下,求贼甚急",紧急搜索刺杀者。从人为特殊政治犯,除了加大力度查访,重金悬赏也是加速搜捕的重要办法,《史记·张耳陈馀列传》张耳曾是魏国的地方官,与陈馀是好友。张耳、陈馀都应当算是故魏国从人。秦灭魏国后几年,由于两人的名气较大,秦以重金悬赏搜捕。[①] 如果按照岳麓简1021、1019中所说,对张良、张耳、陈馀这类从人的搜索,要先到犯人所在地向年长者询问形状相貌、巧言询问知情者,如果搜索而未得就要加大力度搜捕。传世文献与出土文献可互相参照。

四 秦统一后"从人"的反秦斗争

秦始皇公元前221年平定六国,至此大规模的军事对抗已成历史。但敌对反抗隐患很难短时间马上消除,故六国中的一些爱国义士不会甘于国灭。上举高渐离、张良、张耳、陈馀的例子就是很好说明。应该还有一些个人的反秦行动或小规模抵抗斗争。个人行动如上面所说的燕国高渐离刺杀事件、韩国张良击杀行动、魏国张耳和陈馀潜伏里中伺机反秦。但小规模的反抗斗争在传世文献中始终未见,我们认为上举里耶缀合简中所记内容反映了一次小规模反抗斗争。

正如《校释》所说,里耶缀合简所述确实是秦灭代后的形势,但是不应该因此说"卅五年"是"廿五年"[②]。我们仔细核对原简图,"卅"的释字没有问题,没必要为了说明代郡的反秦形势,而将时间提前。本文开篇就说到,睡虎地秦简中记有秦占楚之故地南郡半个世纪后,仍然有复杂的政治军事斗争。这说明,无论所占时间长短,故民与新政之间都会存在一定的摩擦。如果

---

① (汉)司马迁:《史记》卷八九《张耳陈馀列传》第二九,第2572页。
② 陈伟主编:《里耶秦简牍校释》,第174页。

对照以上的分析来看里耶缀合简内容，代地可能在"卅五年"时出现了一场小规模从人反秦斗争。"卅五年"，即公元前212年，此时距秦统一六国仅十年，代地应该还有潜伏民间的故赵从人。里耶缀合简起首就说到代郡有很多人因为伙同随从犯罪而被拘系。这里所说的随从，指的应该就是随从故六国反秦、抗秦。而且此诏令下达到了军政系统，说明代地从人可能与秦军发生了摩擦。既然代地很多人因为反秦抗秦被拘系，而且可能与军队发生了摩擦，那么诏令所反映的事件不该是个人行动。尤其简文说"代人多坐从"，点明这是一个群体事件。里耶缀合简中还说"故何邦人爵死越令从"，故何邦主要指故六国，这里没有具体说哪国，意指不止一国从人参与其中。

岳麓秦简中有专门针对反秦从人的详细规定，还有详细搜捕规定，说明还有不少故六国贵族潜藏民间伺机反抗。"卅五年"后三年（前209年）陈胜吴广在楚地揭竿反秦，各地纷纷响应，自此开始了轰轰烈烈的秦末农民战争。陈胜吴广起义后，赵、魏、楚、韩等六国贵族很快就复国。很多反秦义士怀念故国，所以各地起义军很多也是打着复辟国的旗号，比如在巨鹿之战中就有楚、赵、韩等复辟国军队出战。六国贵族能在短时间内纷纷复国，甚至能集结大量军队，可见很多反秦的六国贵族仍潜藏民间寻找反秦机会。里耶缀合简所记从人应该就有潜伏在代地的故六国贵族。

秦统一后，政府法治严酷、大兴土木、广征徭役，在秦政府的暴政下，人民哀怨四起。统治者与被统治者之间的摩擦日渐加剧，社会矛盾逐渐激化。陈胜吴广之举虽然是秦末农民战争的导火索，但也是长时间矛盾激化的结果，在此前或多或少会有些冲突表现。若里耶缀合简所记内容确实涉及反秦斗争，那么代郡从人的小规模反抗可算是秦末农民战争的前奏。也就是说，在陈胜吴广揭竿前，六国从人就已经有了小规模的反秦抵抗。可能是因为规模小力量较弱，所以很快被镇压下去，故传世史籍未载。

　　附记：本文初稿蒙邢义田教授、于振波教授指正，岳麓秦简整理小组成员亦对本文提出宝贵意见，谨致谢忱。

岳麓秦简(肆)中的纪年问题[①]

秦时历法向来难解,前贤作了诸多探索,解决了不少疑惑。随着出土材料日益更新,尤其是一些有明确朔日的出土文字材料,为我们研究秦时历法提供了新的切入点,但仍有诸多疑问未解。我们在整理岳麓书院藏秦简(肆)(以下简作"岳麓简肆")中的纪年简时,[②] 对照目前的各种月朔推算表,发现一些问题,提出来向各位专家请教。

岳麓简肆中出现了数枚记有"某年某月干支"的简(见表1),这些简的内容基本属于律令类。其中"廿年后九月戊戌"共出现了三次,除了1985简出现外,还出现在2010、2089两简中,本文只选1985作讨论。

表1　　　　　　岳麓秦简肆中所见的纪年与干支

0443	0630	1985	1612	2088	1859
廿年二月辛酉	十三年六月辛丑	廿年后九月戊戌	廿一年十二月己丑	廿五年五月戊戌	廿九年四月甲戌

[①] 本文初成于2014年10月,本为讨论岳麓简中的干支纪年释文问题而草拟的札记,首发在《出土文献研究》第十四辑,但因本人疏忽导致很多信息错乱,发刊前未能仔细校稿及时改正,此次发文对原稿做了较大修订。

[②] 陈松长编:《岳麓书院藏秦简(肆)》,上海辞书出版社2015年版。

我们将所讨论的简，对照了张培瑜《三千五百年历日天象》[①]中"战国朔闰表"、李忠林根据秦简历谱等相关出土材料制定的"朔闰表（前246—前203）"[②]。一般来说，当写明月大小，或直接标明"朔"时，才可以认定为朔干支，而形如"某月干支"的表述往往不全是朔干支，作为历日数据需要进一步讨论认定。之所以如此，归根结底是因为它并非历谱。[③] 比如表1的1859简中"廿九年四月"下接"甲戌"，里耶秦简中记廿九年四月朔为甲子[④]，所以表1中的岳麓简中的干支肯定不是朔日干支。照常理而言，既然表1这些简月下所记干支非朔日，那就应该是当月某一日的干支。于是我们将表1的干支与张培瑜《三千五百年历日天象》对照，推算表1月下干支所对应的日期，得到的结果如表2所示。

表2　　　　　　　　岳麓秦简月下干支所在日期对照表

	0443	0630	1985	1612	2088	1859
	廿年二月辛酉	十三年六月辛丑	廿年后九月戊戌	廿一年十二月己丑	廿五年五月戊戌	廿九年四月甲戌
周	廿年的二月并无辛酉日	六月乙未朔，辛丑在六月初七	戊戌在九月十五	十二月辛巳朔，己丑在十二月初九	五月丁亥朔，戊戌在五月十二	
殷	廿年的二月并无辛酉日	六月丙申朔，辛丑在六月初六	戊戌在九月十四	十二月壬午朔，己丑在十二月初八	五月丁亥朔，戊戌在五月十二	

---

① 张培瑜：《三千五百年历日天象》，大象出版社1997年版。
② 李忠林：《周家台历谱系年与秦时期历法》，《历史研究》2010年第6期。
③ 李忠林：《岳麓书院藏秦简〈质日〉历朔检讨——兼论竹简日志类记事簿册与历谱之区别》，《历史研究》2012年第1期。
④ 张培瑜、张春龙：《秦代历法和颛顼历》，载湖南省文物考古研究所编《里耶发掘报告》，岳麓书社2007年版，第743页。

续表

	0443	0630	1985	1612	2088	1859
夏	廿年的二月并无辛酉日	六月乙未朔,辛丑在六月初七	戊戌在九月十五	十二月辛巳朔,己丑在十二月初九	五月丁亥朔,戊戌在五月十三	
颛	廿年的二月并无辛酉日	六月丙申朔,辛丑在六月初六	戊戌在九月十五	十二月壬午朔,己丑在十二月初八	五月丁亥朔,戊戌在五月十二	四月甲子朔,甲戌在四月十一
	不合	合	合	合	合	合

其中0443简中有"廿年二月辛酉"（见图1），我们对照历谱后，发现廿年的二月并无辛酉日。这支简右半残缺，或者"廿"当是"卅"，但卅年二月也无辛酉日。所以无论廿年或卅年二月都没有辛酉日，这支简的月朔干支可能有问题。当然我们也考虑"二"释读有问题。但是依照所见墨迹与秦简中的数字核对，除了"二"外，没有哪个数字可以与所见墨迹相合。0443简干支问题，文字残缺带来一定的不确定因素，但历谱不合的现象并不是个例和偶然。岳麓秦简中还有不合历谱干支的情况。

岳麓秦简中还有一枚干支有问题的简，简文作"［廿］五年十一月戊寅"。这支简除了第一字外，其他字都非常清晰，但问题就出在第一字上。按照现有纪年表，十五、廿五、卅五年十一月都没有戊寅日。唯独五年庚戌朔，二十九日戊寅。这支简的首部虽有些残损，但按照长度对比，简首仅损一字，而且残缺的部分有墨迹，说明"五"前应该还有一字。此处缺字整理小组原释作"廿"。之所以出现干支不合的情况，我们推测有两种可能：第一种，简首的字是起首墨点；第二种，这支简所记的干支纪年也

图1

有问题。如果是第一种情况,这支简应该是岳麓秦简中有明确干支纪年最早的一枚简。如果是第二种情况,就要对秦历作更深入的思考了。

张培瑜推演古六历的朔闰序列,主要是根据《开元占经》而得,在置闰上主要采取的是"无中置闰法"。这种方法和"固定冬至月闰法",在颛顼历和夏历上推演的结果是有一定差距的。李忠林根据较新的出土秦简推测的朔闰表与张培瑜的推演结果大致相同,但在置闰、大小月、改历等问题上还有不少难以确定的因素。我本人不懂历法研究,对岳麓简中出现的历法问题还没有一个准确的解决办法,但通过整理这两支干支纪年简所遇到的问题,让我们对秦历产生了不少想法。斗胆提出来,供大家批评。

第一,多种历谱共享,或实行另一种目前尚不明确的特殊历法。秦时历法无论是从传世文献还是从出土文献推演,都存在一些问题。我们通过对比出土材料历法研究的相关文章可知,不少出土材料中的历法排序也存在一些矛盾的地方,只能通过人为调整,才勉强得到顺应目前所见的某一种历谱排序。比如周家台秦简历谱,黄一农[1]与张培瑜[2]的排法就不一样,但各自又能对应某种历谱自圆其说。再如岳麓简《质日》历谱的排序李忠林[3]、陈松长[4]、曲安京、肖灿[5]等先生意见皆不一致。虽然都能找到各自的解决办法,但毕竟没有一个统一的结果。有学者认为,目前可以肯定秦末行用

---

[1] 黄一农:《周家台30号秦墓历谱新探》《文物》2009年第10期;黄一农:《秦王政时期历法新考》,《华学》第五辑,中山大学出版社2001年版。

[2] 张培瑜、彭锦华:《周家台三〇号秦墓历谱竹简与秦、汉初的历法》,《关沮秦汉墓简牍》,中华书局2001年版。

[3] 李忠林:《岳麓书院藏秦简〈质日〉历朔检讨——兼论竹简日志类记事簿册与历谱之区别》,《历史研究》2012年第1期。

[4] 陈松长:《岳麓书院所藏秦简综述》,《文物》2009年第3期。

[5] 曲安京、肖灿:《岳麓书院藏秦简〈质日〉历谱考订》,2012年2月25日,复旦大学出土文献与古文字研究中心网站(http://www.gwz.fudan.edu.cn/Web/Show/1788)。

的历法既非汉传古六历中之殷历，也不是颛顼历。① 如果出现越来越多与现行推算历法不合的材料，那就要考虑秦历法中是不是确实有多种历法相混共享的情况。我们不能排除秦时还有除了古六历外的另一种历法，至少我们现在用已知的历谱排法在出土材料和传世材料中不能完全贯穿统一，始终有一些简的干支内容与现有历谱不合。

我们今天所使用的历法是农历与公历并行使用，应对不同需要使用不同的历法，例如农村生产仍以农历来确定农事的时间，而在学校机关一般都是使用公历（或公历），少数民族中还有苗族古历、藏历、傣历等。所以，料想在嬴政统一六国之前，各国历法可能就不完全一致，在使用历法时偶尔混用其他历法也不是没有可能。

第二，不确定秦时改历的时间。在推算历谱时，需要特别注意改历问题。因为改历涉及如何对待新历与旧历转换的时间差问题。如果不清楚这个问题，推算的结果必然与实际相差甚远。秦时究竟改过几次历法，什么时间改历，改历后旧历法是否立刻停止使用，这些都是问题，而目前所见的史料对这些问题并没有非常清楚的记载。比如学界有认为嬴政九年四月（公元前238年）亲政有改历，秦始皇二十六年（公元前221年）统一六国也有历改。② 但这两个改历时间只是推测，以往并没有明确史料证明这两年有改历。

第三，置闰年月不准确导致推算误差。秦时的置闰又是十分复杂的问题。表1中的"后九月"是闰九月记法，这是学界早已明确的，但何时是闰年，几年一闰，如果没有可靠记载，只能通过推算才能知道。李忠林在《试论秦汉初历法的置闰规则》一文解析了秦

---

① 张培瑜、彭锦华：《周家台三〇号秦墓历谱竹简与秦、汉初的历法》，《关沮秦汉墓简牍》，中华书局2001年版，第237页。

② 这个问题在李忠林《周家台历谱系年与秦时期历法》（《历史研究》2010年第6期）有讨论。李忠林只是从所列材料间接推测，认为这两年有历改。

时置闰的各种因素，得出了3-3-3-2-3-3-2的闰年出现规律，我们觉得这个规律是基本可信的，但闰月放在哪一个月却很难准确定位。所以说即使我们通过这个规律确定闰年，仍然无法确定闰月置于何月。如果是置闰于岁末，确定秦时以九月为岁末，那么确定是闰年，就可用"后九月"为闰，但我们不能确定秦时是否还有其他置闰方法，因为我们从出土材料研究可知，有些朔闰是符合颛顼历，有些是符合殷历。

历法研究本身就是比较难的领域，加之我们对历法的研究并不在行，所以很多问题考虑得不够周全，一定会导致不少疏漏，希望以上所揭示的几支纪年内容的岳麓秦简，能对学界研究秦历有一定帮助。同时也希望在有问题的两支岳麓简整理上，得到历法研究专家的指教。

释简牍中的"莫食"[1]

秦汉简中时称词十分常见,名称和数量各异,与传世文献记载有不小的差距。郝树声、张德芳《悬泉汉简研究》中,对西陲汉简作了详细统计,共统计出52个不同时称[2],基本概括了目前出土材料中的时称,但也有疏漏,比如居延旧简482·8和224·23+188·3中的"免食"就不见于《悬泉汉简研究》统计表。关于这个"免食",以前曾误释作"蚤食",后来裘锡圭、任攀有文章指出了释读问题,将"免食"读为"晚食"。[3]

《说文》晚字下曰:"晚,莫也。"从这个解释看,"免(晚)食"很像是简牍材料中常见的"莫食"。在以往的出土文献整理中,基本是将"莫食"读作"暮食"[4]。如果仅从词义而言,免(晚)食与莫(暮)食时间段都在下午,都是"晚饭"之意,作为同一时称的不同别称也算合适。这是按照以往从词义解释上的理解,而从我们实际考察到的出土材料看,以往的解释可能有些问

---

[1] 本文首发于《敦煌研究》2016年第6期。
[2] 张德芳、郝树声:《悬泉汉简研究》,甘肃文化出版社2009年版,第101—102页。
[3] 裘锡圭:《〈居延汉简甲乙编〉释文商榷》,《裘锡圭学术文集》,复旦大学出版社2012年版,第137页;任攀:《居延汉简释文校订及相关问题》,硕士学位论文,复旦大学,2012年,第157、211页。
[4] 曾宪通:《秦汉时制刍议》,《中山大学学报》1992年第4期;刘乐贤:《睡虎地秦简日书研究》,文津出版社1994年版,第365页;李零:《中国方术考》(修订本),东方出版社2000年版,第144页。

题，因为我们在目前的出土材料中，并没发现一个完全确定属于下午时间段的"莫食"。也就是说，以往将出土材料中的"莫食"读作"暮食"应该存在问题。

"莫食"在出土材料中作为时称十分常见，为了避免出土材料中零散时称带来的排序混乱，我们选取几种相对连续完整的时称材料如表1所示：

表1

1	2	3	4	5	6	7
程少轩整理放马滩《日书》	放马滩《日书》甲（16、17、19）	放马滩《日书》乙（179—191）	周家台秦简（156—181）	睡虎地秦简《日书》乙种156	悬泉三十二时称木牍	水泉子汉简中的时称
1 大晨	平旦	大晨	毚旦	鸡鸣	平旦	平旦
2 平旦	日出	平旦	平旦	平旦	日出	日出
3 日出	夙食	日出	日出	日出	二干	蚤食
4 蚤食	莫食	蚤食	日出时	食时	蚤食	莫食
5 食时	日中	食时	蚤食	莫食	食时	日中
6 安食	日过中	安食	食时	日中	食坐	日失（昳）
7 莫食〈廷食〉	旦（日）则	莫食	晏食	日失	日未中	餔时
8 东中	日下则	东中	廷食	下市	日中	莫餔
9 日中	日未入	日中	日未中	舂日	日失	夜（夕）食
10 西中	日入	日中入	日中	牛羊入	蚤餔	日入
11 日失	昏	西中	日过中	黄昏	餔时	夕时
12 昏市	夜莫	日失	日失（昳）	人定	餔坐	黄昏
13 莫中	夜未中	昏市	餔时		下餔	晦食
14 夕中	夜中	莫中	下餔		夕时	人定
15 市日	夜过中	夕中	夕时		日未入	过人定
16 日入	鸡鸣	市日	日毚入		日入	夜半

续表

1	2	3	4	5	6	7
17 莫食		日入	日入		昏时	夜过半
18 昏时		昏时	黄昏		定昏	鸡刚鸣
19 夕时		夕时	定昏		夜食	中鸣
20 人奠		入寞	夕食		人定	后鸣
21 夜半		夜半	人郑（定）		几少半	
22 过中		过中	夜三分之一		夜少半	
23 中鸣		中鸣	夜未半		夜过少半	
24 后鸣		后鸣	夜半		夜几半	
		?	夜过半		夜半	
			鸡未鸣		过半	
			前鸣		夜大半	
			鸡后鸣		大晨	
					鸡前鸣	
					中鸣	
					后鸣	
					几旦	

表1诸简中有一些问题需要交代一下。除了第1列是程少轩整理出来的外，[1] 其他几列是本文根据原材料整理出来的，主要选取排序比较明确的材料。[2] 由于这些材料中的文字大多较易识别，所以释读上不会出现问题。而且我们选取的简牍时称都比较连续，所以排列上也不会有什么问题。但因时称制不同，各列之间虽然有很多相同时称，但并不能互相对应，列成表格是为了方便对比，目的

---

[1] 程少轩、蒋文：《放马滩简〈式图〉初探》（稿），2009年11月6日，复旦大学出土文献与古文字研究中心网站（http://www.gwz.fudan.edu.cn/SrcShow.asp？Src_ID=964）。

[2] 甘肃省文物考古研究所：《天水放马滩秦简》，中华书局2009年版。湖北省荆州市周梁玉桥遗址博物馆编：《关沮秦汉墓简牍》，中华书局2001年版。整理小组：《睡虎地秦墓竹简》，文物出版社1990年版。

在于明确"莫食"在各种材料中的位置。其中第 2 列中的"旦则",我们认为就是"日昃",与秦简中的"日失"同意。第 3 列中所谓的"安食"即是"晏食","入寞"原简字迹比较模糊,程少轩释作"人奠"是正确的。① "人奠"读作"人定",应与第 4 列中的"人定"同意。第 3 列末尾的"?"是因为原简有一处残断,无法辨识,可以参见下录文。第 4、6 列,没有出现"莫食",但是这两种材料中的时称排列连续,尤其是第 6 列悬泉三十二时称木牍,整个木牍中只有时称,而且排列顺序十分规整。② 第 7 列水泉子汉简中的时称,排列也十分整齐,方便与其他时称对比。③ 从表 1 可以看出,除了第 1 列外,其他列表中的"莫食"全部出现在上午。第 1 列是程少轩整理放马滩秦简所得的名称和顺序,原简中出现两个"莫食"(见下录文),上午出现的"莫食(182)",程少轩以为是误写而改作"廷食",我们认为这个改动未必正确。为了对比直观清楚,现将放马滩秦简《日书》乙种 179—191 原简释文第四栏和第五栏照录如下:

第四栏　　　　　　　　　　　第五栏

179：☐平旦九征水　　　　　安食大辰八

180：日出八宫水　　　　　　蚤食☐☐七

181：蚤食七栩　　　　　　　入寞中鸣六

182：莫食六角火　　　　　　夜半后鸣五

183：东中五土　　　　　　　日出日失八

184：日中五宫土　　　　　　食时市日七

185：西中九征土　　　　　　过中夕时六

---

① 程少轩、蒋文:《放马滩简〈式图〉初探》(稿),2009 年 11 月 6 日,复旦大学出土文献与古文字研究中心网站(http://www.gwz.fudan.edu.cn/SrcShow.asp? Src_ ID =964)。
② 张德芳、郝树声:《悬泉汉简研究》,甘肃文化出版社 2009 年版,第 69、71 页。
③ 张存良、吴荭:《水泉子汉简初识》,《文物》2009 年第 10 期。

186：昏市八商金　　　　日中入五
187：☐莫中七羽金　　　☐☐☐☐☐☐
188：夕中六角水　　　　安食大晨八
189：日入五☐　　　　　夜半后鸣五
190：莫食后鸣七
191：昏时九征☐

简 190 录文中"莫食"与"后鸣"是两个时称。多数情况下，日书中像这种相继出现的时称，通常是按照时间早晚顺序。但此处稍有例外，简 190 书写的顺序不能代表时间早晚顺序，因为 179、188 简文中出现的"安食大辰（晨）八"就是相同情况，"安食"要比"大晨"晚很多，很明显 179、188、190 三支简中的时称排列有些错乱。程少轩文中也注意到了这种错乱现象。而且这两栏释文中，重复出现的时称不只是"莫食"，还有蚤食、夜半、后鸣。所以从上录释文分析，完全不能确定"莫食"一定属于下午。

从表 1 可以看出，除了程少轩误整理的"莫食"外，其他"莫食"全部出现在"日中"之前，所以程少轩对"莫食"的整理值得商榷。不仅上列时称材料，在我们所见其他出土材料中，也未发现属于下午时间段用作"暮食"的"莫食"。包括《悬泉汉简研究》对整个西北汉简的统计中，也未发现属于下午的"莫食"。还有孔家坡汉简中也出现了不少"莫食"，再举几个例子作说明，例如：

戊寅莫食至日中，女子取其夫，男子伤其家。（《孔家坡》[①] 97 页 330）

[①] 湖北省考古文物研究所、随州市考古队：《随州孔家坡汉墓简牍》，文物出版社 2006 年版。文中简作《孔家坡》。

丁丑莫食至日中死……（《孔家坡》97页329）

  这两个"莫食"很明显属于"日中"之前时称，也可以确定是在上午。充分的材料说明，将"莫食"读为"暮食"是值得商榷。孔家坡汉简中出现的"莫食"，整理者在释文中全部读作"暮食"，说明这种错误认识已在出土材料整理中根深蒂固了。

  程少轩认为放马滩中出现在日中之前的"莫食"是"廷食"或与"廷食"相近时称的误抄。[①] 苏建洲不同意这种观点，他认为在睡虎地秦简和放马滩秦简中，"莫食"都有相对较固定的位置的例子，不是误抄；并列举悬泉三十二时称简，说明"食坐"与"莫食""廷食"关系密切，赞同曾宪通将"食坐"解释为"食止"，理解为不吃东西的意思；认为"廷食"就是"停食"之意；认为睡虎地和放马滩秦简中的"莫食"可以理解为"不食"。[②] 从本文上面的列表可看出，苏建洲的观点是可信的，"莫食"所处的位置都在早饭后，确实可以理解为表示否定的"不食"。廷食、食坐、莫食所处时间范围比较接近，这几个名称的大义也非常接近，所以无论是从时间范围还是词义比较上，将"莫食"读作"暮食"都非常不合适。

  苏建洲认为"莫食"确定是上午时称，但是苏建洲对"莫食"与"暮食"关系没有明确说明，只就以往曾宪通、李零、刘乐贤将"莫食"读作"暮食"的说法提出怀疑，没作深入追究。通过上面的论述可知，苏建洲的怀疑是有道理的，在出土材料整理中，不能简单地将"莫食"读为"暮食"，"莫"的破读需要重新审视，表1第7列的"铺时"是"吃下午饭的时候"，之后的"莫铺"的

---

  ① 参见程少轩、蒋文《放马滩简〈式图〉初探》（稿），2009年11月6日，复旦大学出土文献与古文字研究中心网站（http：//www.gwz.fudan.edu.cn/SrcShow.asp? Src_ ID = 964）。

  ② 参见苏建洲《试论〈放马滩秦简〉的"莫食"时称》，《中国文字》2011年第36期。

"莫"也不能读作"暮",也应该作否定义解释,意为"不餔"。我们在整理文献时常受惯性思维影响,所以"莫食"的问题虽然苏建洲早已经发现可疑,但并没有得到学界的重视。通过本文的梳理可知,目前简牍中所见"莫食"的"莫"皆应作"否定"之意,莫食是上午的时称不能读作暮食。

接着我们顺便略带说一下秦汉的用餐次数问题。通常说古代一日两餐,早饭在日出之后日中之前,晚饭在日昃之后日入之前。① 不过文献中还可以看到关于三餐的记录,如《战国策·齐策四》有"士三食不得餍,而君鹅鹜有余食",《庄子·内篇》有"适莽苍者,三飡而反,腹犹果然",这两条文献中的"三食""三飡(餐)"一般用来作出现一日三餐的证据。不过有学者认为这是贵族的用餐制度②,还有学者认为这两个词不能理解为现代意义的一日早中晚三餐,上古没有"中餐"这个词语。③ 先秦文献中确实没有看到普遍实行三餐制的明确记载,三餐制究竟起于何时很难确定,有文章说"秦末汉初一日三餐才开始出现",④ 从我们上举材料看,这个结论未必准确。从表1所列的时称看,蚤食、食时、夙食都在日出之后日中之前,餔时在日中后日入之前,这基本符合"一日两餐"的时间段。在我们所见的众多时称中,仍没有找到对应"中餐"的时称。但是从表1中我们还可以看到,日入之后仍有几个与饮食相关的时称。第4列周家台秦简中出现的"夕食",第6列悬泉汉简中出现的"夜食",第7列水泉子汉简中出现的"晦食",这几个时称都在日入之后。本文开头还说到居延旧简中的"晚食",但是无法确定其时段,单从词义所示应该也是日入之后的

---

① 王力:《古代汉语》,中华书局1999年版,第849页。
② 倪方六:《中国人"一日三餐"的由来》,《百科知识》2015年第10期,同样内容又以《古人一天吃几顿饭》为题,见于《北京晚报》2015年3月20日文史版。
③ 黄金贵:《三食·三餐》,《中国社会科学报》2015年10月13日第3版。
④ 专栏编辑:《文史精粹》专栏,《文史博览》2013年第12期。

时称。这几个时称既然在日入之后，严格来讲这几个时称所说的"食"只能算是"夜宵"，并未改变一日两顿正餐的制度。这或者也可说明上面所引传世文献中的"三食""三飧（餐）"确实不能用作三餐制的例证，而且也不是所谓贵族的用餐制度，只不过是正餐之外的加餐。我们知道居延旧简、悬泉汉简、水泉子汉简所属年代跨度较大，但最早不过武帝时期，晚者已经到东汉时期。大多数西陲汉简属于西汉末到东汉初的材料，也就说秦汉出土文字材料证明至少在西汉中期时还没有出现普遍的早、中、晚三餐制。此外，从表1所列时称还可以看出，描述早餐的时称较多，描述晚餐的时称较少，这或许是早餐比晚餐更受重视的体现。早餐后的"食坐、廷食、晏食"，晚餐后的"下餔、餔坐、莫餔"等描述正餐后状态的时称，也突出了秦汉时人对早晚两顿正餐的重视程度，夕食、夜食、晦食前后都没有这种命名方式的时称，这也从另一个角度说明，这些时称所反映的只是加餐，与一日三餐制无关。

说汉简中的符号

——以"√"号为主兼谈其他符号①

居延汉简中常出现"√"号，如：

1. ☑□一√二，分别为爱书，移官。其初假时折伤毋举□（居14·20）

2. □见不一√二叩（居76·43A）

3. ●第廿六√廿五仓，五凤五年正月谷出入簿。（居101·1）

4. 候史齐√昌遂（居20·12B）

5. □如律令。　令史熹√光√博，尉史贤。（居29·7）

6. 令史博、尉史昌√严。（居35·22B）

7. ☑诣愿褒　霸√则√昌√忘得√幼√圣√□宪□（居506·8）

8. 之●　书√檄以即下餔时起诚北。（居30·7）

9. 第十二燧长√长诣官自言，五月戊子餔坐入。（居52·50+52·18）

---

① 本文首发于《长沙简帛研究国际学术研讨会论文集》，中西书局2017年版，第526—533页。

不难看出上举 9 例汉简中的"√"号，都表示停顿间隔作用。20·12B 中"√"，《集成》注云："犹今顿号。间隔前后人名，以免误二人为一人。"关于汉简中"√"号的意义，管锡华《古代标点符号理论初探》①，蒋莉《楚秦汉简标点符号初探》②，李正宇《敦煌古代标点符号及其价值意义》③ 等文章中都有论及，认为"√"作句读符号。蒋莉《楚秦汉简标点符号初探》专对汉简中的"√"号作用作了简短概述，认为"√"号是从更早"⌐"或"乚"演变而来，在汉简中表示分隔，常用于列举的多个人和事物之间，以免发生混淆，表示该处并列的词语不能连读。④ 这些文章观点大致没什么问题，只是这些文章对"√"号的作用、形体、发展变化等问题都比较概括，寥寥数语无法说明问题，而且我们在翻阅汉简时，发现不少因为"√"号产生的问题。说明现今学界对"√"的认识并不是十分明确，而清楚这些问题对汉简的整理和古代汉语中标点符号的研究非常有意义。

一　误释举例

我们读汉简时发现不少因为"√"产生的错误。所谓的"√"其实都写作小"乙"形，释录作"√"是有些问题的，这里暂时还用"√"号，下文详细说形体问题。下面以《集成》释文为底本，指出一些因为不明确"√"的作用而误释的情况。

---

① 管锡华:《古代标点符号理论初探》,《古籍整理研究学刊》1995 年第 5 期。
② 蒋莉:《楚秦汉简标点符号初探》,硕士学位论文,四川师范大学,2004 年,第 78 页。
③ 李正宇:《敦煌古代标点符号及其价值意义》,《百年敦煌文献整理研究国际学术讨论会论文集》(上册),浙江杭州,2010 年 4 月 9 日。
④ 蒋莉:《楚秦汉简标点符号初探》,硕士学位论文,四川师范大学,2004 年,第 78 页。

说汉简中的符号　　123

图 1

10. 仓卒为记不一二二志传谢张次叔□☒（居延新简 EPT65·200A）

按：此简中"不一二二"原简图如图 1 所示。其中所谓的"二"应当是表示间隔作用的"√"号。上文已经说明"√"号的形状本作"乙"形，此简中所谓的"二"形状正是"乙"形。只是这个"乙"形的写法稍显怪异，可能是误写作了"二"后，发现与上面的"一"容易混成"三"，而在"二"的基础上改作了"√"号。

11. 候普白：具记之，它所欲，力所任，愿闻之。迫不及一二一二，致自恩自恩一。
左子渊，顷起居得毋有它？子渊舍中皆毋它急。普属从酒泉来，到会左曼卿，当
西候仓卒为记不及一二一二。前普所寄弓及鞏，幸为付左曼卿。来弓鞏皆（敦 7A）

按：以上简中出现的两处"一二一二"，原简中并不是重文号，两处"一"字右下角分别有▨、▨符号，与其他所见的重文号完全不同。此处也是常见的"√"，起区别作用。相同的错误情况还有如下，不一一说明：

12. 毋以邑邑非意，忽于至计，　　　愿＿＿二知起居唯为，（敦 237）

13. □君舍拜言，常□求，仓卒＿二二，君长前幸言，（敦 714A）

14. 叩头叩头叩头＿＿二叩头（敦 1006B）

15. 可往就送囚效谷故君□□□□□命到府立归部不及＿＿二甚幸过起居□（敦 1118A）

二　"√"号的作用、形体、发展、变化

以上例 10—15 标线处，除了例 10 稍有点例外，不能完全确定，其他《集成》全部误释，而且比较新的相关论文中也没注意到这个问题。《集成》除了在例 4 下注"√"表示人物间隔外，在其他处未见注释。从《集成》出现的众多错误看，整理者可能只是注意到了"√"的人物间隔作用。我们只是翻阅了部分汉简释文数据，估计在汉简中还有不少类似上述的错误。下面对"√"的具体作用和形体问题作简单论述。

（一）作用

通过本文所收集的材料看，可以非常清楚"√"的作用有：

第一，数字分割，避免数字相混。如上举例 1、2、3 即是这种情况。

第二，人物分隔，避免误会。如上举例 4、5、6、7。

第三，表示停顿不连读。如上举例 8、9。

通过这些作用，可以暂时将"√"定名为"间隔号"。不过汉简中"√"不仅仅只是有间隔作用，还有一些特殊情况。

16. ☐书七月乙酉下。√一事，丞相所奏临淮海贼√乐浪、辽东

☐得渠率一人，购钱卅万。诏书八月乙亥下。√一事，大起首作用。（居 33·8）

例 16 简中的三个"√"，其形体与其他简情况大致相同，原简都写作小"乙 "形。从此简来看，两个"一事"前的"√"号，不是应作间隔作用分析，应该表示起首提醒作用。

17. 稾矢铜鍭，三百。　　√（居 267·14）甲 1404

18. 卒史淖并，　　○八月奉千二百，√　以偿其☐（居新 ESC·82）

汉简中像 17、18 这类简还有很多，这两支简中"√"的作用，很明显不是间隔作用，本应有所区别。上录例 17 中的"√"原本作 ，例 18 中的"√"原本作 ，两处应和后世签到核对时的钩挑相似，应表示钩校之意，不属于标点符号。其实汉简中就有关于"钩校"的相关内容，例如：

☐书到拘校处实牒别言遣尉史弘赍☐（居 317·6）

此简中"拘校"说的应该就是上面例 17、18 中的"√"情况。所以例 17、18 中的"√"号并不能等同间隔号看待。虽然这种钩校符号和间隔号形状上很相似，但毕竟不一样，从文献整理角度说，应该加以区别。《集成》的释文整理中，没有区分间隔号与钩校符号，一并整理作"√"号，这似乎不太合理。

"√"号在汉简中的写法本作小"乙"形，如上举例 1 居 14·

20（甲124）中"一√二"中间的"√"，原简作▬。还有上举例3居101·1（甲573）中的"√"号原简写作"▬"。▬、▬形与汉简中的"乙"之草字是完全一致的。例如居177·4中的"乙"写作▬，居491·10A中的"乙"写作▬等。如果向前追溯，秦简中也有不少这种符号。秦代睡虎地秦简《日书》甲种119背："十一月丁酉材衣，终身衣丝；十月丁酉。"其中"丝"后原简有▬号。《日书》甲种4背1："囊妇以出，夫先死，不出二岁。"其中"出"后原简有▬号。这两个符号，和汉简中的"√"号实际都是相同的，都写作"乙"形。从文献整理角度说，表示句读的"√"号和表示钩校的"√"是完全不同的两种符号，在释文中应该有所区分。李均明《秦汉简牍文书分类辑解》① 中将表示句读的"√"号，整理为"∠"，例如书中329页《从器志》中："比疎二∠，一笥，缯缘。""∠"这种释写形体明显要比"√"合理。所以应该将汉简中所有表示间隔句读的"√"号全部改作"∠"，而把表示钩校的符号整理作"√"。

在汉简以后的文献中，这个"乙"形号作用稍有所变化，后来多用圈号或点号表示句读，而很少出现"乙"形号表示句读。敦煌遗书中出现不少"乙正号"，例如P2081《敬僧法功德行法》"出家德功法第六"②，其中"德功"之间，原卷书写一个小"乙"，其作用就是将抄倒的"德功"转过来。这个"乙正号"后来也发展成"√"号。③ 为了和敦煌遗书中的"乙正号"相区别，也应该将汉简中以往释作"√"表示句读的符号修改作"∠"。

三 汉简中其他符号问题

汉简中的符号还有很多，以往在整理汉简时对符号的整理，不

---

① 李均明：《秦汉简牍文书分类辑解》，文物出版社2009年版。
② 《法国国家图书馆藏敦煌西域文献》第4册，上海古籍出版社1995年版，第290页。
③ 曾良：《俗字及古籍文字通例研究》，百花洲文艺出版社2006年版，第344页。

如对待释文一样重视。所以在汉简中仍能看到一些符号释录问题。除了上面的问题外还有不少。

汉简中有些符号曾引起不少学者讨论，比如汉简中"卩"号，出现频率非常高，比较容易引起学者注意，陆锡兴：《释"卩"》[①]，陈公柔、徐苹芳《大湾出土的西汉田卒簿籍》[②]，陈直《敦煌汉简释文平议》[③]，裘锡圭《湖北江陵凤凰山十号汉墓出土简牍考释》[④]，何双全《敦煌汉简释文补正》[⑤]，黄盛璋《江陵凤凰山汉墓简牍及其在历史地理研究上的价值》[⑥]，都有讨论，但结论不是很一致。这种比较常见的符号容易引起注意，但汉简中还有不少符号，其使用的数量较少，不容易引起注意，其表达的意义以前并不是很清楚。例如：

☐卒，故道市阳里，杨崔，年三十三。上。●富昌，今凌胡—杨崔代刑杖。⊢（敦268）

戍卒，河池上里，期毋伯，年三十八。上。广武。卩期毋伯代唐歆⊢（敦272）

当屯—（敦82B）

敦268简中的⊢，《集成》当文字整理作"丁"，不知是误释还是排版编辑错误。这个形不是文字，但这个符号究竟是代表什么，也没看到过明确的文字说明。上举268、272两支简，格式、内容类型十分相似，⊢号应该表示相同意思。这个符号出现在末

---

① 陆锡兴：《释"卩"》，《考古》1987年第12期。
② 陈公柔、徐苹芳：《大湾出土的西汉田卒簿籍》，《考古》1963年第3期。
③ 陈直：《敦煌汉简释文平议》，载《摹庐丛著七种》，齐鲁书社1981年版，第285页。
④ 裘锡圭：《湖北江陵凤凰山十号汉墓出土简牍考释》，《文物》1974年第7期。
⑤ 何双全：《敦煌汉简释文补正》，载甘肃省文物考古工作队等编《汉简研究文集》，甘肃人民出版社1984年版，第467页。
⑥ 黄盛璋：《江陵凤凰山汉墓简牍及其在历史地理研究上的价值》，《文物》1974年第6期。

尾，笔画一直拖拉至简末。其作用应该是为了填满简末的空白。敦82B 中末尾的长线拖得更长，基本贯穿至简末尾。这种情况与今天票据上为了避免在空白处补填内容，而勾划掉空白处非常相似（如图 2 所示）。

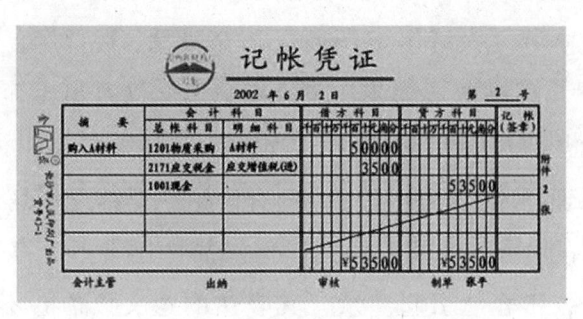

图 2

我们暂且把┕号称为"补空号"。上面所见的补空号是为了防止在简末空白处补写其他内容。还有不同情况的补空现象，如：

候普白：具记之，它所欲，力所任，愿闻之。迫不及一二，致自恶自恶。（敦 7A）

上简中所谓的"自恶自恶"原简如图 3 所示。可以看出，"恶"后所谓的重文号 ▮ 与同简中和汉简中其他重文号都完全不同。我们认为 ▮ 不应该只是重文号。应该是重文号和补空号连在了一起。只是这个补空处是顺着重文号拖拉下来，既不像上面的┕形，也不像正常的重文号。

图 3

这种补空形式在后世敦煌文献中仍然可以看到，曾良《俗字及古籍文字通例研究》中有专章论述后世刻版书中，为了排版的美观，用字补空的现象，如：

多贡反　刘良曰言不复
见旧居也旷犹无也 反①

其中的"反"字就是为了格式的美观，多写了一字。敦 7A 简中的补空现象，和这种补空现象，其性质应该是一样的。

再有，汉简符号有时也成为文字俗化的因素。比如"凡"字后世常俗写作"凡"，为什么上部多出一撇画呢？我们先看看"凡"字从秦简到后世字形的演变过程：

1 里耶秦简/2 敦2157/3 敦2160/4 居561·15/5 敦1464B/6 居445·5/7 王羲之

从这个演变过程中可以看出，从秦简②到汉简的演变过程比较容易明白。到第 6 形，上部无端多出一笔。这一笔从哪里来的呢？其实这一笔本来是符号。汉简中的"凡"常和"·"号联合使用，例如：

·凡凡用谷五石。（居 161·1）
·凡凡少千六百卅四 （居新 EPT52·360）

整个汉简中，"凡"字大多数出现在像上面这种"·+凡"的行文格式中。并且表示最后的汇总统计之义。从汉简的释文整理来看，

---

① 曾良：《俗字及古籍文字通例研究》，百花洲文艺出版社 2006 年版，第 344 页。
② 方勇：《秦简牍文字编》，福建人民出版社 2013 年版，第 376 页，简号：里 J1（16）1 正。

多数整理者是像上面一样，把"·"作为符号，将"凡"和"·"分开整理。这两个字形与符号简比较明确，比较好判断，下面的两个字形有点麻烦，比如：

·凡[图]四人（居新 EPT56·11）

☐·凡[图]五通☐（肩 73EJT7：163）

我们看这两个字形，符号与文字有了呼应之势，尤其是[图]形上的"点"，很难判断是笔画还是符号。若按释文整理情况看，都是作符号处理的。但后世上部加笔画的俗形"[图]"由此始见端倪。也正是由于难以判断是笔画还是符号，所以俗变过渡期间字形的释文整理就会出些问题，例如：

☐凡[图]直钱万一百（居 29·12）

这支简的释文整理就很难办，现行的释文整理中都没有把"凡"上的点当成符号，没有"·"号。但如果"凡"出现在这种行文内容，作最后的统计汇总之义，这样的"凡"前最好还是加上"·"号。因为从整个汉简看，"凡"前点形作符号处理的情况，要远多于作笔画的情况。而且像上举这支简符号与文字之间还是比较分明的。发展到下面这个字形，符号才正式成为俗写"凡"字的笔画：

凡[图]六物冶合和丸，以白密，大如樱桃。（武医 4）

这个形可以确定符号与文字正式融合在一起，形成了"凡"的俗形。从"凡"字的俗变过程可知，行文符号也可以影响文字的演变过程。清楚这个演变过程既能明白俗字来源，也能很好地指导释文整理。

另外，在汉简中还有一些符号意义不是很清楚，例如：

穀簿，出百三石五斗给□☑（居新 EPT27·42）
府叩㘅头死罪死罪敢言之（居新 EPF16·52）

居新 EPT27·42 简所谓"□"其实就是"⊥"，并非文字，应是符号。但这种符号究竟什么意思，不是很确定。居新 EPF16·52 简"叩"旁边的"卜"。敦煌文献中类似的情况是表示此字多余，表示删除。但此简似乎并没有多字的可能，不知何意。

综上所述，汉简释文中符号整理还存在很多问题，重视程度不够。对一些符号意义的认识，以及汉简符号与行文格式、文字变化、简牍性形制等关系，都有待深入研究。

汉简缀合三例和一支特殊纪年简考释[①]

一 汉简缀合三则

（一）《敦煌汉简》敦 423 + 敦 430B 缀合

《敦煌汉简》中有两枚汉简，释文如下：

☐☐
☒☒☒　（敦 423）
　　　使　使　使
☐☐☐　使 使　使 到
使　　　　使 ☐　（敦 430B）

这两枚简的原始编号，敦 423 是 79.D.M.T5：385，敦 430B 是 79.D.M.T5：393。两枚汉简都是 1979 年在马圈湾探方 5 中出土的。敦 430 简图版只见 B 面有字，而且有对剖裂纹。敦 423 仅见一行字迹，但左侧边缘还能看到一些字迹。从两简整体看，两简木质纹理、字体、书写特点皆相同，明显出自一人之手，应该是比较宽的简或牍，对剖了三次。但在初期整理时漏掉敦 423 残片。将两支

[①] 本文首发于《金塔居延遗址与丝绸之路历史文化研究》，甘肃教育出版社 2014 年版，第 287 页。

缀合后，在缀合边缘处还可看到一点相连笔画（缀合图见图1）。缀合后可以明显看出，这是练习同一个字的习字简，所以两简的释文中应该有一个是错误的。我们认为简上的字应该是"伏"。以下是敦煌汉简中的使、伏的字形：

图1　敦423＋敦430B

表1　　　　　　敦煌汉简中的"使""伏"字形

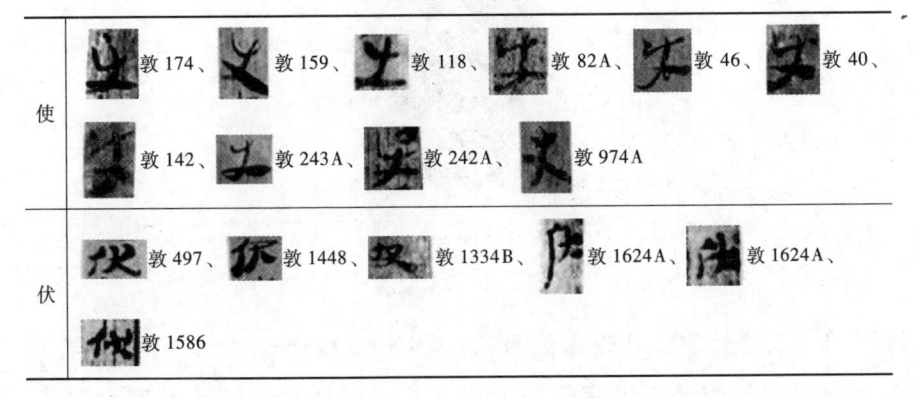

使	敦174、敦159、敦118、敦82A、敦46、敦40、敦142、敦243A、敦242A、敦974A
伏	敦497、敦1448、敦1334B、敦1624A、敦1624A、敦1586

通过字形对比，可以明显看出，所有的"使"无论怎样简省草写，最后两笔撇、捺肯定都是交叉的，这是汉简草字"使"字的最主要特征。而且缀合后的字形特点和风格与表格中"敦497"的基本相同。所以这支缀合简其实是"伏"字的习字练习，敦423的释文非常正确，应该将敦430B的释文都纠正作"伏"。

（二）《额济纳汉简》2000ES7SF2：18＋2000ES7S：1缀合

《额济纳汉简》2000ES7SF2：18，是2000年第七烽燧房舍内出土的一枚汉简。整理者注云："有字迹未能辨识。"在同烽燧内还出土一枚大签牌，释文编号2000ES7S：1，释文为："☒望大积薪。"如果细心留意，或者对"积"字小篆写法有印象，就会注意到，这两支简可以缀合（缀合后见图2）。其中大、积两字截面都非常吻合，"积"的左部保留了小篆的书写特点，这是比较容易发现的缀合特征。这两支简虽然都是同时在第七烽燧发现，但采集地点稍有些不同，按照编号2000ES7SF2：18在房舍内，2000ES7S：1则不在房舍内，不知什么原因。这种大签牌在额济纳汉简中数量相对较多，其性质作用值得深究。

图2

（三）《长沙东牌楼东汉简牍》79＋80缀合

《长沙东牌楼东汉简牍》七九、八〇简释文如下（图3）：

1. 建宁四年 益 成里户人公乘某卅九筭卒笃夆子 公 乘
石 ……

2. □□ …… 卅 七 筭 卒 笃 夆 【七九】
区 益   子 公 乘 朱 年卅□ 筭 卒九十复【八〇】

这是两支户籍内容的简，从书写内容和字迹风格看，可能是一支简，缀合后见图3。必须强调，这支简的缀合不排除巧合，因为我们主要是看到简中上部的"益"笔画可以接合，但是其他的地方的字，拼接还不是很好，这里我们只是将其作为一种缀合可能供大家参考。简中记述到筭卒问题，是研究汉代赋役制度非常重要的信息。而且简79右侧有较大的刻缺，怀疑是刻齿。但刻齿一般不会出现在户籍简上，如果是刻齿，那么这支简的性质和内容更值得深入研究了。

二　额济纳简中特殊纪年简考释
【179 页 2000ES7SF2：2A】

元延元年九月乙未朔戊辰之□

图3

这是一支草字简，除了"朔"字不是特别清楚外，其他字迹都比较清楚。按照《二十史朔闰表》（以下简作陈

表），"元延元年九月"朔是"乙丑",而不是"乙未"。①徐锡祺《西周（共和）至西汉历谱》（以下简作"徐谱"），"元延元年九月"朔也是"乙丑",与陈表同。有意见认为此简不合历法,推测"未"为"丑"之误。②按："未"非误,不合日历不只是字误原因,还与西陲汉简中特殊的纪年现象有关。此简释字确实有问题,简中所谓"乙"原简图作"█",汉简中"乙"皆一笔写成（如居284·8A"╯"）,此字中间明显有停顿,乃是两笔之形,汉简中"乙"尚未见到有此形,此字应是"己"字。但此简作"己未"仍与陈表、徐谱不合。《悬泉汉简研究》③中专门论述了汉简中一年出现两个年号与改元不符的情况,书中 38 页纪年简统计表中,查找到很多一年出现两个年号,与传世文献相差一年的纪年简。其中有 2 支"元延五年"纪年简,而西汉成帝"元延"年号只用了四年,陈表、徐谱中也只到元延四年。所谓"元延五年"实际上已经是下个年号"绥和元年",这与传世文献纪年相差一年。这绝不是陈表、徐谱有问题,《汉书》中"元延"年号也只有四年④。而且,据《悬泉汉简研究》统计表,汉简纪年与传世文献纪年还有相差两年的情况,例如悬泉汉简中有 3 枚"建平六年"的纪年简（第 66 页）。建平年号只用了四年,却出现"建平六年"。所谓"建平六年"实际上已经是"元寿二年"。看来西陲边塞地区的纪年是比较混乱的。知道了汉简的这种特殊纪年现象,按照这个思路查找陈表、徐谱,将"元延元年"的前后各十年的九月通查一遍,发现只有"元延二年九月"是"己未"。这不应该是巧合,如果要此简干支与月份相符,"元延元年九月乙未朔",实际应作"元延二年九

---

① 陈垣：《二十史朔闰表》,北京古籍出版社 1956 年版,第 21 页。
② 罗见今、关守义：《〈额济纳汉简〉年代考释》,《敦煌研究》2012 年第 2 期。雷长巍：《额济纳汉简注释》,硕士学位论文,西南大学,2008 年,第 48 页。
③ 张德芳、郝树声：《悬泉汉简研究》,甘肃文化出版社 2009 年版。
④ 参见（汉）班固《汉书》,中华书局 1962 年标点本,第 321 页。

月己未朔",这样一来年份就相差一年。

必须强调的是,这支简年号差一年的情况与前面所说的"元延五年"相差一年的情况不一样。前面所说汉简中年号相混,通常是沿用前一年或两年未改元的年号,比如上面说的本是绥和元年还在用元延年号,本是元寿年间还在用建平年号。而本文所说的这支简是已经知道改元了,简上虽写的是"元延元年",但所记的月日实际是"元延二年"的月日。我们所说这支简的情况与其他年号混用的情况是完全不同的,导致纪年误差的原因也不太好解释。这是在其他不合历谱的纪年简中仅有的情况。《悬泉汉简研究》通过统计年号混用的汉简,认为西陲汉简纪年混乱的情况比较普遍,文章最后总结说:"过去凡遇此类情况即认为地处边地,书手尚不知改元所致。通过对悬泉汉简的全面统计分析,可见并不尽如此。"(第68页)以往认为西陲边塞与中央相距较远,信息传达较慢,造成西陲汉简中纪年混乱,本文所说的这支简再次说明以往观点存在问题。从这支汉简来看,西陲边塞纪年确实很混乱,其混乱的情况也很复杂,这种混乱情况有必要进一步深入研究,不应简单停留在书手误写、不知改元等推测中。

汉简草书不能称作章草[①]

按照以往的书体分类，草书可分为章草、今草、狂草。其中狂草的个性特征最明显，在书体分类时不容易出现混淆的问题。章草和今草也有一些区别特征，但不像狂草那样明显。有不少字的章草、今草结体和波磔笔法非常相似，如果不是专业人士未必能准确地区分开，所以在文献中出现了很多关于草书的概念。

近些年出现了不少专门研究草书的论著，虽然取得了很多成果，但还有不少问题仍含混不清，没有确定。草书的区分不是一篇文章就能说得清楚的，本文重点是讨论汉简草书和章草的关系。这个问题本来在笔者的博士学位论文中有论及，由于在拙文书写过程中，看到很多文章将汉简草书与章草混淆使用的情况，拙文曾提出不要用章草来称呼汉简草书。[②] 但拙文研究中心在汉简草字分析与考释上，所以书法问题并没有展开论述。近来发现一些较新的文章中，仍将汉简草书笼统地称作章草。鉴于此，有必要把这个问题拿出来做一番深入讨论，纠正目前对汉简草书的一些错误认识。这里还要强调的是，笔者书法理论方面的基础实在薄弱，无意深究章草、今草等相关书法理论问题，本文重在分析汉简草书的状态，希

[①] 本文首发于《书法研究》2016 年第 4 期。
[②] 李洪财：《汉简草字整理与研究》，博士学位论文，吉林大学，2014 年，第 57 页。

望通过分析能更清楚汉简草书与相关书体的关系。

一　汉简草书的状况

（一）以夹杂出现

1991年裘锡圭在中国简牍学国际学术研讨会上发表《谈谈辨释汉简文字应该注意的问题》中说道："汉简中有不少草书简，夹杂草体字的隶书简更是十分常见。汉简里也有一些不必看作草体的简体字，不过它们跟草体的界线并不是很清晰的。"[①] 这里非常准确地说出了汉简草字的特殊状况。汉简草书主要夹杂出现，而且很多字形处在草书隶书之间，很难区分。如图1所示（居新EPT59·319），全简主要是用比较规整的隶书书写的，但其中的"穀"则是草书的写法。笔者曾经对汉简中的草书出现情况作过粗略统计，结果表明，有30%的汉简中都夹杂着这类草书字形。[②] 除了敦煌马圈湾汉简、尹湾汉简《神乌赋》之外，通简成熟草书的情况比较少。即使是《神乌赋》，其字形的波磔、结体和整体面貌仍然与传世章草有不少区别。比如《神乌赋》开篇"惟此三月"（114简，图2之1）四字连写；故（117简，图2之2）、但（118简，图2之3）、女（123简，图2之4）等字笔画的大幅度夸张拉伸；这些情况在传世章草中都不可能看到。以前曾有不少文章说《神乌赋》是比较成熟的章草，而且还对应传世章草的欣赏方法对其大肆评论。[③] 显然没有注意到两者的区别。

图1

[①] 裘锡圭:《裘锡圭学术文集·简牍帛书卷》，复旦大学出版社2012年版，第207页。
[②] 李洪财:《汉简草字整理与研究》，第63页。
[③] 刘洪:《章草起源探述——简论尹湾汉墓新出土简牍的章草文字》；蔡显良:《谈尹湾汉墓中的章草书法》，《尹湾汉墓简牍综论》，科学出版社1999年版，第190—195页。

惟此三月　　故　　但　　女

1　　　　2　　　3　　4

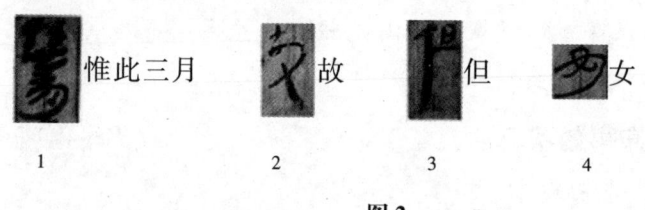

图 2

（二）书体混杂

目前所见出土汉简，从西汉初到东汉末，跨度300多年，不同时期书体相差较大。一般认为汉简草书是草书的早期形态，所以会把汉简草书与章草对应，或直接称汉简草书是章草。但实际上汉简草书中诸体混杂，不仅有章草的身影，还有不少今草的痕迹，甚至还有狂草。汉简中的章草、今草字形在不少论文中都有论及，此处不再赘述。[①] 下面直接用狂草的例子来说明汉简草书中书体混杂的情况。

表 1　　　　　　　　　　汉简中"狂草"字形举例

居	儿	过	行	枚
居新 EPT65·332	居新 EPF22·448A	肩 73EJT9:99	敦 2395	
敬	杨	赐	非	
敦 2010	居新 EPT59·340B	居新 EPT51·203B	居新 EPT59·187B	居 89·13B

表 1 中的字形无论在简省程度，还是用笔圈转缠绕程度，都远

---

① 刘涛：《长沙东牌楼东汉简牍所见书体及书法史料价值》，《文物》2005年第12期。文章用东牌楼汉简草书证明了，"今草"的雏形在东汉后期已经出现。

远超过了传世章草的特点。甚至在东晋二王年代的今草中，这种书写开张、缠绕程度也不多见，而在后世的狂草中才比较多见。如果这些单字不能说明"狂草"的程度的话，举两个比较完整简牍例子，见图2（肩73EJT6：44A）和图3（居新EPT52·385B）。从图2可以看到书写者有意安排了穿插、避让、笔画的粗细变化。图3笔画缠绕、开张大气。这些绝不是偶然能做到的，也不是传世章草、今草所能见到的。这种"狂草"的情况在汉简中虽然不多见，但是绝不是个别一两例而已，这些汉简堪称开后世"狂草"之先。所以汉简草书中诸体混杂，不能笼统地用某一种书体来概括。

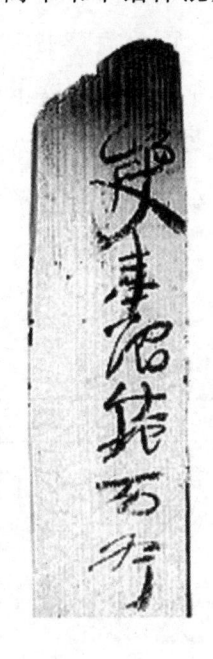

图3　　　　　　图4

二　汉简草书与传世章草的区别

汉简草书中确实有不少结构与传世章草相同的字形，这在目前所见的学位论文中有比较详细的论述。[①] 但这种与传世章草相同的

---

① 寻鹏：《章草书形体演变研究》，博士学位论文，山东大学，2010年。

汉简草书字形，并不能完全等于章草，两者还是有很大的区别。

（一）点画用笔的区别：隶书用笔与楷书用笔

目前所能见到最早的传世章草是明拓皇象本《急就章》。如果将这本《急就章》中的字迹与汉简草书对比，第一感觉是皇象本《急就章》字形非常规范，楷书取势远大于隶书，其中很多字形与楷书几乎没有区别（见表2）。将皇象字形与汉简草书作对比就可以发现，皇象字形的起笔基本都是楷书的笔法，而且起笔多藏锋逆入，书写严谨。但汉简草书字形的起笔并没有藏锋逆入的迹象，起笔露锋较多，书写随意。两者的转折处也有很大区别。比如表2中的"口"字，皇象字形转折处提笔下按，而汉简草书字形直接圆转而过，并无提按的过程。皇象章草的转折提按，与楷书的转折方式基本一致。汉简草书的转折圆转，应是篆书或隶书转折方式的遗留。所以从点画用笔上看，汉简草书与传世章草是两种完全不同的书写状态。

表2　　　　　　皇象《急就章》与汉简草书对照举例

	口	十	乏	术	丈	反	弃	初	刻	井	内
皇象字形	口	十	乏	術	丈	反	棄	初	刻	井	內
汉简字形	居128·1（67）	敦40	居新EPT59·82	东48A	敦2187B	居新EPF22·645	尹129	敦770	居113·18	肩73EJT10∶412	敦238A

（二）结体规范性的区别：多变不规范与统一规范

因为大部分汉简草书并不是精心设计的创作，所以多数汉简草书字形书写草率，缺少规范性。表3中的例字是汉简中出现频率比较高的字形。① 从表 3 可以清楚地看到，这些字在使用过程中字形非常不确定，每个字都有八种不同的写法。而且由于字形不确定，缺少规范，所以在书写过程中很容易出现与其他字同形相混的情况。例如表 3 中的其、尽第八行的字形，已经与共、书草形相混了。而传世的章草规范性比较高，字形都比较统一，不会出现字形不确定，也不会出现形混的问题。

表 3　　　　　　　　汉简草书中的一字多种写法举例

	第	簿	其	曹	尽	食
1	肩 73EJT10：124A	尹 YM6D8A	尹 131	额 99ES16ST1：12	敦 43	敦 122
2	肩 73EJT1：1	楼 L·28	敦 803A	肩 73EJT4：197	敦 1378	敦 102
3	肩 73EJT10：124B	敦 238B	敦 618A	肩 73EJT5：27	居 128·1（49）	肩 73EJT3：22A
4	居新 EPF22·169	居 128·1（76）	敦 1934	肩 73EJT10：179	居 273·25	居 332·13

---

① 李洪财：《汉简草字整理与研究》，第 71 页。

续表

	第	簿	其	曹	尽	食
5	居新EPT52·506	居新 EPF22·338A	居 413·6B	肩 73EJT10:314	居新 EPT65·480	居 254·24
6	敦 41	居新 EPF22·772	居补·L35	肩 73EJT10:216	肩 73EJT6:60	居新 EPT52·153
7	居 525·10	居 136·48	居新 EPF22·19	肩 73EJT8:51A	东 43A	居新 EPF22·704
8	肩 73EJT1:1	居 131·22	武医 49	东 104B	敦 1586	敦 347

（三）使用目的区别：实用性与艺术性

汉简草书主要用在日常书写。实用简便，能快速完成书写内容是其书写的主要目的。所以汉简草书的实用性要远大于艺术性。而传世章草艺术性大于实用性。更重要的是，汉简草书的波磔痕迹并不明显。尤其是横画，在成熟的汉简草书中并不刻意带波磔。汉简草书主要是为了书写快速实用，所以既不像传世章草那样规范，也没有漂亮的波磔。而皇象本《急就章》中的很多横画都带有波磔，这种写法虽然美观但是并不符合快速书写的实用需要。（参见表 4）

表4　　　　　　皇象章草与汉简草书波磔情况对比举例

	半	牢	呼	岁	得	谨	相	籍	厚
皇象字形									
汉简字形	肩 73EJT6:86A	居新 EPF22·190	敦67	居补·L1	东51B	居128·1（31）	敦46	居177·4	居新 EPT20·19B
								额99ES16ST1:12	

还有文章说，汉简草书中与传世章草结构相同字形是章草的萌芽雏形。① 这么说不能算错误，但是笔者发现，汉简草书中有不少与章草、今草结构相同的字形，总的来看，汉简草书更接近今草字形。比如表4中的"得"，王羲之今草写作，相比可见汉简草形"得"更接近今草字形。尤其在用笔取势上，汉简草形与与章草较远，与今草更近，比如表4中半、谨、相三字的用笔取势即是如此。

综上对比分析，可以看出汉简草书是一种比较复杂的字体，同时通过对比也可以发现一个问题：既然传世章草与汉简草书有种种区别，那么章草究竟是一个什么样的书体，是怎么发展来的呢？

三　章草并不是文字自然发展的必然阶段

汉代草书、汉简草书、章草三者之间有一定的包容关系，但并不是等同关系。汉简草书只是汉代草书的一部分，这两者关系很容易理解。但汉代草书、汉简草书与章草的关系稍有些复杂。很多人

---

① 武可荣：《尹湾汉简〈神乌傅〉草书墨迹的艺术特色》，载《尹湾汉墓简牍综论》，科学出版社1999年版，第187—189页。

认为汉代草书或汉简草书就是章草，这是目前常见到一种认识误区。产生这个问题的关键是人们对章草这种书体的认识还不是十分清楚。

传世章草与汉代草书或汉简草书是完全不同的两种书写形态。这种说法丛文俊、李永忠、李洪智等学者都曾论及。李永忠《草书划分私议》中说："把汉代的草书与章草等同视之，并不符合事实。"① 李永忠文中指出，现在所能见到的传世章草，从字形的形成过程和来源，以及参与加工、整理美化的人员，与汉代草书皆不相同。李洪智《略论字体的典型——从隶草、章草之间的关系说起》，认为书体的形成是社会书写与权威书家共同作用的结果，章草只是社会上层的权威书家树立的书写典型。② 丛文俊《章草及相关问题考略》中还说道："章草不能代表严格意义上草书演进的阶段性成熟状态，不是一个必然环节，而是写入字书后的特殊样式，即当时借助字书传播承习的'标准草书'。"③ 综合而言，目前所见到的传世章草实际上是一些追求书法审美目的社会上层人士，经过加工、改造、美化的，一种比较符合书法艺术审美要求的书写形态，与实际应用当中的汉简草书完全不是一回事。而且汉代本来就没有"章草"之名，章草并不是文字自然发展的必然阶段。因此可以说汉简草书只是一种含有章草痕迹而未被加工整理的日常使用草书形态。

四　汉简草书的其他称名

除了将汉简草书称作章草外，还有文章把汉简草书称作隶草、草隶、藁书、古草。其中以隶草、草隶这两个词最常见。但这两个

---

① 李永忠：《草书划分私议》，《首都师范大学学报》2008 年第 5 期。
② 参见李洪智《略论字体的典型——从隶草、章草之间的关系说起》，《中国书法》2006 年第 4 期。相同观点也见于李洪智《从章草看权威人士对隶草字形的优化选择和改造》，《书法汉学研究》（日本）2008 年第 2 期。
③ 丛文俊：《章草及相关问题考略》，《中国书法》2008 年第 10 期。

词在书法史和文字学上都是指代不明确的词,应当谨慎使用或者不用。崔自默在《章草艺术》中,也注意到了这两个词含糊难辨的问题。他说"隶草"只能约等于章草;《居延汉简》最多隶草的例子,其中掺杂着解体地道的章草;认为草隶是篆书的草体。[1] 李永忠《草书流变研究》中也曾专门梳理过这两个词的含义和关系。[2] 但由于在传世文献中没有明确的定义和说明,其梳理结果只能表明这两个词在传世文献中一直处在含义不定、界限不清的状态,只是到了近代,人们才将这两词指称草书的前身。后来李永忠在《草书划分私议》中提出"古草",作为指代汉简中未成熟草书的名称。古草与今草相对,是以时间前后来命名。如果称汉简草书是古草,虽然避免了称隶草、草隶含义不明确的问题,但是涵盖范围变大后就会显得含义过于宽泛。

还有称汉简草书是藁书或藁草。李洪智、高淑燕《"藁书"辨》中,认为已出土的汉代简牍中纯粹的草书简牍并不多见,相反那种掺杂着草书以及相对规矩的隶书、隶行的简牍却比比皆是,认为这些就是所谓的"藁书";认为所谓"藁书"是一种同时杂有行书(隶行)和草书(隶草)字形,或者形体介乎二者之间的字体。[3] 关于藁书的问题,崔自默在《章草艺术》中有专门的讨论。他认为这种书体只是起草、打稿方式的草书,因为不是正稿,所以书写起来草率、生变。[4] 因此,所谓的藁书或藁草只是一种特殊用途中的草书使用状态,虽然与汉简草书有诸多相似处,但不能完全涵盖,所以也不能用来称呼汉简草书。

综上而言,汉简草书是一种比较复杂的草书形态,其中既有章草的身影也有今草的痕迹,同时也不乏狂草的例子。传世章草实际

---

[1] 崔自默:《章草艺术》,人民美术出版社2012年版,第49—50页。
[2] 李永忠:《草书流变研究》,博士学位论文,首都师范大学,2003年,第16页。
[3] 李洪智、高淑燕:《"藁书"辨》,《书画世界》2009年第1期。
[4] 崔自默:《章草艺术》,人民美术出版社2012年版,第48页。

上是经过标准化、美化的字体，并不能代表字体演变的进程。汉简草书与章草不能等同看待，也不能称作章草。汉简草书是实用目的驱使下字体演变的结果，章草则是艺术审美需要的发展产物。汉简草书与其他的草书形态有着密切关系，但在研究汉简草书时要慎重使用隶草、草隶、古草、藁草之类的相关概念，因为目前还没有一个非常合理的称呼来概括汉简草书，建议在研究过程中仍以汉简草书为名，并界定好概念，不要与传世草书相混。

《恪法师第一抄》性质考证[①]

辽宁省博物馆珍藏有唐代佚名《恪法师第一抄》残卷[②]，上有罗振玉印，此卷子应该是敦煌卷子无疑[③]。因为该卷文字为草书，辨认不易。敦煌卷子中，与之类似书法的经卷有一些，如俄Дx01450《佛经论释》即其例[④]。对于《恪法师第一抄》该卷具体属于佛教什么性质的内容，目前尚无详细的考证。流亮《唐人〈恪法师第一抄〉浅说》云："就本卷内容考之，确实为佛经经义和专有词典作阐述，原卷不是供大家看的——当时或现今的绝大多数信士和僧侣未必都能通读。因之它是大和尚拿到讲台上宣读的讲稿。此说或为读者所接受。至于草书中的佛经禅语，既然属于哲学范围，也非普通人所能知晓的。"作者对此卷子的内容并没有进行深入的研究。下面我们对此残卷的内容、性质作一番考索。

此卷子的大多数段落开头有用红笔的三角形符号标明，故"△"实际上是段落标识。这也符合敦煌卷子的抄写特征，如敦煌卷子伯2141《大乘起信论略述》卷上原卷为草书，也有"△"的

[①] 本文首发在《敦煌研究》2011年第4期，发表时以硕士导师曾良为第一作者。
[②] 图片参见《辽宁省博物馆藏宝录》，三联书店（香港）有限公司、上海文艺出版社1994年版，第54页。
[③] 流亮：《唐人〈恪法师第一抄〉浅说》，《辽宁省博物馆藏宝录》，三联书店（香港）有限公司、上海文艺出版社1994年版，第169页。
[④] 《俄藏敦煌文献》第8册，上海古籍出版社1997年版，第179页。

段落标识①。又如俄 Дx02153《百行章》:"厶《孝经》云:因严以教敬,因亲以教爱,因情以教仁,而乐乎。畏其刑罚,爱其德义,是曰爱而畏之。厶《礼记》云:礼经三百,威仪三千,道德仁义,非礼不成;教训正俗,非礼不备。故礼者,非日非月,而天下明;非帛非丝,而天下暖。△《尚书》云:立爱惟亲,立敬惟长,行之在己,终于四海也。"② 红笔写的"厶""△"均是段落标志。

一 关于题名的解析

此卷首题名"恪法师第一抄"六字,首字墨重,笔画圆实;另五字墨淡笔画略瘦而牵丝,字字连带呼应,推测是分两次书写的。且淡墨书写的五字与卷中行间小字墨色一致,可能是后来对此卷内容的修正或补充。至于题名的含义,王海萍在《书法丛刊》1996年第 3 期中的《唐人写本〈恪法师第一抄〉浅析》一文认为:"'恪'字的字意有二种解释,一是谨慎而恭敬,二是晋唐以来的姓氏。但僧侣一般都称其法号(如'慧觉'大师)而不称其姓氏。因此推断此卷的作者有两种可能,一种是河西走廊一带的俗讲大法师讲解经义时的稿本,用'恪'字开头表示法师本人的谦虚。……另一种可能是大法师讲解经文时,所讲人的记录稿,句首冠以'恪'字表示对法师的尊敬。"③ 这些解释不可从,我们认为"恪"不是表尊敬,应该是法师法名的简称,即取法名的最后一字,不是僧人的姓氏。我们可以举些例子,如唐代慈恩寺窥基法师可简称"基法师",《大正藏》第 55 册《入唐新求圣教目录》中有"《大唐大慈恩寺翻经大德基法师墓志铭并序》一卷",《续高僧传》卷二十"释慧熙"条:"尝难基法师尘识义,初问以小乘,基以大乘通

---

① 黄永武:《敦煌宝藏》,新文丰出版公司 1985 年版,第 115 册,第 323 页。
② 《俄藏敦煌文献》第 9 册,上海古籍出版社 1998 年版,第 50 页。
③ 王海萍:《唐人写本〈恪法师第一抄〉浅析》,《书法丛刊》1996 年第 3 期。

之。"《大正藏》第 45 册释元康《肇论疏》卷上《宗本义》:"今云本无等者,有人云:会释五家义也,竺法汰作《本无论》,什法师作《实相论》,远法师作《法性论》,安法师作《性空论》,于道邃作《缘会二谛论》。今会此五家,故云一义耳。""什法师"即鸠摩罗什,"远法师"即慧远,"安法师"即道安。《禅林僧宝传》卷四《漳州罗汉琛禅师》:"禅师名桂琛,生李氏,常山人也。"[①]"琛禅师"即桂琛禅师。故"恪法师"应该是此法师的法名最后一字是"恪"[②]。对于"第一抄"的解释,"抄"字是个多义词,既有抄写、誊抄之意,又可作疏抄解。结合具体情况来分析,此"抄"字当作疏抄解释。"抄"或写作"钞",这里具体指佛典的义疏,因为佛经疏解常以抄疏形式流传于世。《正字通·金部》:"钞:誊录、写书、纂述,皆曰钞。"[③]《汉语大字典》中,"钞"的解释有:"文学作品等经过选录而成的集子。如《北堂书钞》《宋稗类钞》《章太炎文钞》等。"[④]"第一抄"是从义疏角度去理解的,对佛经经义的一些疏解、摘录也常常用"钞""抄"来命名。《翻译名义集》卷一云:"具八备之才能,蕴十条之德善,编集《翻译名义》,注解《金刚经》及《心经》疏钞,著《息阴集》等,并行于世。"佛经的阐释、疏解往往以"杂抄"形式出现,如《维摩经抄》《成唯识论疏抄》《大乘四法经释抄》,等等。对于"恪法师第一抄"的题名解读,从《恪法师第一抄》卷子本身的内容来看,它确实也是属于佛经疏解类。敦煌卷子中有为数不少的佛经疏解用"抄"称呼,如伯 2085 原题《四分律删繁补阙行事钞卷上》、伯 2100《四部律并论要用抄》、斯 2584《净名经关中释抄卷上》、斯 3910《四分律

---

① 苏渊雷、高振农:《佛藏要籍选刊》,上海古籍出版社 1994 年版,第 13 册,第 336 页。
② 如《大正藏》第 45 册《关中创立戒坛图经》中记有道恪禅师;《大正藏》第 87 册《朝鲜禅教考》中记有玄恪法师。
③ 张自烈:《正字通》,四川辞书出版社、国际文化出版公司 1996 年影印版,第 1270 页。
④ 徐中舒:《汉语大字典》(缩印本),湖北辞书出版社 1995 年版,第 1737 页。

小钞一本》、斯 3934《小钞一卷》、斯 4418《别抄一卷》等,均是属于佛经疏解类的卷子。斯 2496《释肇断序钞义》题记:"余以大历二年春正月于资圣寺传经之次,记其所闻,以补多忘,庶来悟义伯,无诮裴然矣,崇福寺沙门体清记。"如《维摩经抄》就是对《维摩诘经》的疏解,举例如下:

经云:"一切法皆如也,乃至弥勒亦如也。不来相而来,不见相而见等,皆是理不思议。"第二行不思议者,即说菩萨无住之行。(《佛国品第一》)①

经曰:"即以神力坐其室内,除去所有,及诸侍者,唯置一床,以疾而卧。"述曰:"夫论室者,喻乎身也。凡小执相不了身空。欲令悟空,托彼文殊以兴问答。空其室内者,双明二空,四大五蕴,因缘成身,人法俱无。故云空其室内也。除去所有者,别喻法空也。法从缘起,识心变生。因缘性空,识心本寂,故法空。及诸侍者,别喻人空也。因缘无主,故人空也。唯置一床者,喻其真空。如如不二,故云一也。人法所依,故云床也。故《法花》云:'法空为床座。'以疾卧者,托疾招问,非实病也。有古德谚法师解云:'室者,即是净心真心。'净名初发心时,离诸爱见名室不定。今得圣道,除其妄想烦恼,恬明得真心,名空室内。故下经云:'毕竟空寂舍也。'……。"(《文殊师利菩萨问疾品第五》)②

从上例可知《维摩经抄》,既有摘录或引用其他注语、释义,也有对本经和注解的再阐释,故丁福保的《佛学大辞典》云:"钞:(杂语)要略广博之文义者。《资持记》上一之一曰:钞者有二义:

---

① 《大正藏》第 85 册,第 2773 号,第 423 页,第 3 栏。
② 同上书,第 428 页,第 3 栏。

一采摘义，二包摄义。"① 所以，抄（钞）应是佛典中的注疏词语，在解经上与释、记、义、注等应是同义。

基于以上情况推之，《恪法师第一抄》卷首"恪法师第一抄"，"第一"并不一定是为求查阅方便而定名为"第一""第二"之类的次序，而是指对《妙法莲华经玄赞》卷第一的疏抄，有关"第一抄"的详细论证，我们将另文阐述。

二 关于《恪抄》的内容性质

关于《恪法师第一抄》的内容到底属于何种性质的疏解，目前还没有人给此卷子加以定性。这里我们想就此卷的内容作简要分析。同时，内容性质的确定对卷首题名的解释也可以互相印证。

考虑到草书一般人释读有困难，现将残卷《恪法师第一抄》释录成楷书，节录开头几段如下：

恪法师第一抄

第六说因，有其二解：一云：过去诸佛，先说三权，后谈一乘。今佛同古佛，亦先说三权，至灵山中，方陈一实，即昔佛说为因，今佛说为果，故名说因。二云：释迦先于鹿野苑而说三权，由机未熟，引令明利；今至灵山，根机既熟，方开一实。即因权说为因，实说为果，故是依主，并是说之因，故□（始）说因。一云是持业释，如下经云："究竟令得一切智"，即用□（依）□（主）为因，众生所得种智为果。此乃说即是因，故持业释。

言"初依菩萨"等者，依谓归依、救齐（济）之义，此四菩萨能与众生，为依处故，救彼者故，名之为依，如炎中

---

① 丁福保：《佛学大辞典》，文物出版社1984年版，第1146页。

明。地前一劫为初依，初地至六地为第二，七、八、九为第三，十地为第四。其地前者，虽具烦恼，以能伏分别二障，故得名依。

言"二百万亿那由他岁"等者，由此菩萨在四善根。何以得寿二百万亿那由他岁？若不尔者，人寿极长，但有八万四千岁，如何得言万亿等？或可但由法力，所以得延长也。

言"故赴宿因，说斯妙法"者，谓赴因地修行之时，四弘愿等，令生具之，一切种智之愿，故说一实妙法也。若依此文，即是说之因，名说因也。此已上文，并是释"说因"，不通（同）前五。

言跋伽所住林者，此仙虽已迁化，其罪仍在故。言外道六师者，虽举此六，准是阿蓝迦蓝一人，其外道年一百四岁，即两众外道。弟子即僧佉也。

言吉祥草者，谓净在天化，化一刈草人，其人名为吉祥，以人为名吉祥故，即此之弟（草）也。

言金刚座者，谓即铁硬，名为金刚，非金中刚，名金刚也。其金座广一百步，依小乘宗在高正觉山西南。若依大乘大教，若第二如来所行之处，皆有金刚。不尔，佛身便蹈于地。

问：佛因地时，所舍身处至今成道已，经多成坏，处迹已无，何故佛降魔时，地神证之？我知三千大千世界，皆是佛舍身命处。答：由菩萨功德力故，虽经坏及界成已，前迹还现，故地神知。

言破疑者，问：障有无量，何故此中唯破疑执？答：犹如歧路，不能迁修。执是执着，不舍劣见，所以说二，据实通馀。

言"声闻若菩萨闻我"等者，声闻通二乘，有学无学，不通（同）凡夫，以说声闻故。菩萨唯是地前，不通（同）地

上。以初地上，由得其智，不起疑故。又二乘有学，通二障
疑，二乘无学，唯法执疑。其菩萨唯是烦恼，以在地前，未即
度故。言诸求三乘有恒疑者，此三乘人，恒是凡夫，以说求
故，其所有疑，通说二障。（下略）

我们认为"恪法师第一抄"并不是针对经文的具体内容而定的题名，而是根据恪法师疏抄了此内容，故而定名。但单单看上文的内容，确实难以断定它属于佛教什么性质的内容。

现在我们拿《恪法师第一抄》来具体比较《妙法莲华经玄赞》相关的文句，就能豁然开朗。以下是唐代窥基《妙法莲华经玄赞》的原文[①]：

> 经：如是我闻。
>
> 赞曰：初释经文略以六门料简：一叙经起之意，二明经之宗旨，三解经品得名，四显经品废立，五彰品之次第，六释经之本文。第一叙经起意者，略由五义：一为酬因请，二为破疑执，三为彰记行，四为利今后，五为显时机。酬因请中有二：一酬因，二酬请。初酬因有六：一酬行因，二酬愿因，三酬求因，四酬持因，五酬相因，六酬说因。佛果不可虚成，必由业行方得。行不孤起，必愿资生。行愿虽复自兴，无缘不能独会。虽逢缘以求重，非率尔而果成，要由持学始能得果。得果既圆，将陈应物。表经宗之深妙，先现大相之因。大相既彰，理须敷唱。故标佛本出世，为一大事故也。由此酬因，具斯六义。
>
> 酬行因者，《方便品》中准论释经八甚深云：佛曾亲近百

[①] 《大正藏》第34册，第1723号，第651页，第2栏。

千万亿无数诸佛，尽行诸佛无量道法，勇猛精进，名称普闻，成就甚深未曾有法。难解法者，如来能知，随宜所说意趣难解。一切声闻．辟支佛所不能知。八甚深者：一受持读诵甚深，二修行，三果行，四增长功德心，五快妙事心，六无上，七入，八不共声闻辟支佛所作住持甚深。经唯有六，无第六、第八。至下当知，诸佛道法既尽行之，具行一乘种智之因，方得佛果。故今酬因说斯妙法，劝修因行。

酬愿因者，《方便品》云：舍利弗，善听，我本立誓愿，欲令一切众，如我等无异。如我昔所愿，今者已满足。化一切众生，令入于佛道。《寿量品》云：每自作是念，以何令众生得入于佛道，速成就佛身。若昔因中，若今果位，皆每发愿，令众生犹如我身，得入佛道，故酬本愿，而说此经。亦令众生，发此愿故。行愿相符，致出世故。

酬求因者，《天授品》云：吾于过去，求《法华经》，无有懈倦。于多劫中，常作国王，求大菩提，曾不退转。击鼓宣令四方，时有仙人来白王言：我有大乘，名《妙法莲华经》。若不违我，当为宣说。王闻仙人言，欢喜踊跃。即随仙人，供给所须。乃至以身，而为床座，身心无倦。奉事仙人，经于千岁，为求法故，令无所乏。尔时王者，今我身是。时仙人者，今提婆达多是。以佛过去，愿行虽成，必由缘会，恒重此经，于善友所，专事求之，故今宣说令生求重。

酬持因者，前八甚深中，第一佛曾亲近百千万亿无数诸佛名，受持读诵甚深，初依菩萨，供五恒佛。第二依菩萨供六恒佛。第三依菩萨供七恒佛。第四依菩萨供八恒佛。值多善友，长时受持。又释迦如来过去自为常不轻菩萨，于威音王佛灭后，行不轻行。临终之时，闻虚空中，说《法华经》二十千万亿偈，悉能受持，即得如上六根清净，更增寿命二百万亿那由他岁。广说此经，命终之后，得值二千亿佛，皆号日月灯明。常持此经，以是因缘，又值二千亿佛，同号云自在灯王。亦于此诸佛法中，受持此经，常获如上六根清净。其常不轻，即我身是。故为往时常持此经，今者说之，劝常受持。

酬相因者，既成佛已，将说此经。先为菩萨说《无量义经》，次入无量义处三昧，天雨四华，地振六种，四众瞻仰，八部欢喜。放豪光以远瞩，众见此已，疑生。弥勒发问，文殊告言：如我惟忖，今佛世尊，欲说大法，雨大法雨，吹大法螺，击大法鼓，演大法义。我于过去，曾见此瑞。放斯光已，即说大法，乃至广说。今日如来，当说大乘经，名《妙法莲华》。三世诸佛，将说此经，必先有此种种大相，不同余经。余经无此初大相故。相既非常，故须说此。即将说此经，先现大相。先现大相者，为说此经故也。

酬说因者，下云：诸佛如来，唯以一大事因缘故，出现于世，乃至广说。无声闻弟子，但教化菩萨，究竟令得一切种智。故三世诸佛成道，究竟必说一乘，皆是因中方便趣求，修学虽满，未曾演说。今时机会，不可虚然。故趣宿因，说斯妙法。上来义类，经文甚多，恐厌繁广，故略指述。

后酬请者，如经中说：菩萨初生，即行七步。放大光明，遍照十方。四顾观视，作师子吼。而说偈言：我生胎分尽，是最末后身。我已得解脱，当复度众生。作是誓已，身渐长大。游出四门，见老、病、死及沙门相。既问识已，欲舍亲属，求无上果。中夜观察，见诸伎人、后妃婇女，状如臭尸，深可厌患。即命车匿，令被楗祇，诸天捧足，夜半出城。行十四由旬，到跋伽婆仙人所住林中，以刀剃发，持妙宝服，贸鹿皮衣。遣车匿归报父王已，于熙连河侧六师外道所，为降伏彼，六年苦行。憨苦过彼，日食麻麦。厌其非道，遂食乳糜。受吉祥草，诣菩提树，坐金刚座。以智慧力，降伏魔军，证大菩提，永出三界。是时三千大千世界主及余天等，来诣佛所，请转法轮。化佛赞扬，劝且权说。时机未熟，且说方便，未说实法。今既合宜，鹙子等请说乘权实之境，文殊等请说乘安乐之行，弥勒等请说身真应之果。故下经云：我始坐道场，观树亦经行。于三七日中，常思惟是事，乃至寻念过去佛所行方便力，我今所得道，亦应说三乘。作是思惟时，十方佛皆现梵音慰喻我：善哉！释迦文。随诸一切佛而用方便力，由是方便，且说三乘。今机宜熟，鹙子等请演畅真宗，显斯一实。故下经云：汝已殷懃三请，吾今岂得不说？《安乐行品》中，文殊发请。世尊广说，四安乐行。《寿量品》中，亦复如是。弥勒三请，佛言：汝等当信解如来诚谛之语，三遍劝信，方说身之真应。故为酬请，说是《法华》。

破疑执中有二：一破疑，二破执。破疑者，佛自成道，唯记菩萨，当得菩提。不说声闻，有得佛果。声闻等疑，永不作佛。故舍利弗深自感伤，失于如来无量知见，乃至广说。而今从佛闻所未闻未曾有法，断诸疑悔。诸小菩萨，昔闻大乘，亦疑菩萨独得菩提，声闻无分。或不定性，诸小菩萨，疑佛菩提己亦无分。由是三乘，俱有疑网。由此经云：声闻若菩萨，闻我所说法，乃至于一偈，皆成佛无疑。又云：诸求三乘人，若有疑悔者，佛当为除断，令尽无有余。又云：菩萨闻是法，疑网皆已除。千二百罗汉，悉亦当作佛。此中破疑，亦兼破悔。昔悔修小，不得作佛；今闻得作，悔所以除。知小乃为大之因故。疑通三乘，悔唯小有，以宽摄狭。但说破疑，不说除悔。至后卷中，当释差别。故为破疑，说斯妙法。

通过比较可知，窥基《妙法莲华经玄赞》云："初酬因有六：一酬行因，二酬愿因，三酬求因，四酬持因，五酬相因，六酬说因。"此敦煌残卷是从第六的"酬说因"开始的，而对"酬因"的前五因的解释应该在另一纸，今失传。残卷后文还有"此已上文，并是释'说因'，不通前五"的字句。残卷中用"通"音借为"同"，如"不通前五"即"不同前五"，"不通凡夫"即不同凡夫。"烦恼"用"烦く"代替[1]。

通过比较可知，敦煌残卷《恪法师第一抄》属于义决，并不是对《妙法莲华经玄赞》的所有义疏进行阐释，而是有所选择的。它选择了人们觉得有疑难的一些字句和问题进行阐释，进行决择辨析。择要进一步阐述了"说因""初依菩萨""二百万亿那由他岁""故赴宿因，说斯妙法""跋伽所住林""吉祥草""金刚座""破疑""声闻若菩萨闻我"等的含义。

三 关于"决择""义决"

此敦煌残卷还有一个重要的意义，让我们通过敦煌卷子，得到这样一个信息，原来中国佛教历史上还有对义疏进行解释的门类，即对义疏的义疏。实在是丰富了我们的知识，开阔了我们的眼界。这种"义决""决择"门类，需要我们进一步深入研究。

佛典可分经、律、论三大部分，统称为三藏。经藏大致是指佛陀的言教，类似儒家的十三经；律藏是指佛教的戒律；论藏是对佛法的解释论述，或名"优婆提舍""邬波题铄"等[2]。从中国佛教看来，魏晋南北朝乃至隋唐时期，有许多佛经的讲疏，名称有多种多样，或称"经疏""义疏""义记""玄赞""义赞""义章""义抄""讲义""章疏""论释""抄""释抄""疏抄""杂抄"等，

---

[1] 常用术语用重文符号省略下字，可参见郭在贻《敦煌变文集校议·前言》，岳麓书社1990年版。

[2] 弘学编著：《佛学概论》，四川人民出版社2006年版，第133页。

都应属论藏部分。有足够的证据说明，中国儒家的义疏，就是在佛教的影响产生的①。在中国儒家义疏出现之前，佛教中就流行众多的义疏。慧皎《高僧传》卷四《晋剡葛岘山竺法崇》："崇后卒于山中，著《法华义疏》四卷云。"② 卷五《晋京师瓦官寺竺法汰》："汰所著《义疏》，并与郗超书《论本无义》，皆行于世。"③ 卷五《晋京师瓦官寺竺僧敷》："后又著《放光》《道行》等义疏。"④《高僧传》卷六"义解三"《晋彭城郡释道融》载：道融"所著《法华》《大品》《金光明》《十地》《维摩》等义疏，并行于世矣。"⑤ 又《高僧传》卷六"义解三"《晋长安释昙影》："〔鸠摩罗〕什后出《妙法华经》，影既旧所命宗，特加深思，乃著《法华义疏》四卷，并注《中论》。"⑥ 卷七《宋京师北多宝寺释道亮》："至大明中，还止京兆，盛开法席。著《成实论义疏》八卷。"⑦ 魏晋南北朝时期，佛教得到了迅猛的发展。佛教和儒学相互影响，一方面，佛教徒努力钻研儒学，以佛理向儒学渗透，不少僧人在儒学方面造诣很高。如道安自小学习儒业，后出家为僧。慧远"博综六经"，精通《易》学、《礼》和《毛诗》。《佛祖统纪》卷二十六："师（慧远）尝讲《丧服经》（当是《礼记·小记》《大记》《四制》等篇）雷次宗、宗炳等，并执卷承旨。次宗后著义疏，首称雷氏。宗炳寄书责之曰：'昔与足下面受于释和上，今便称雷氏耶？'（陆德明《毛诗音义》云：周续之与雷次宗，同受诗义于远法师，亦此类也。）"东晋不少僧人，通达儒经，常以"俗典"来阐发佛教经义。另一方面，儒家学者也借佛教补充和丰富儒家经学。《经

---

① 牟润孙：《论儒释两家之讲经与义疏》，《注史斋丛稿》，中华书局1987年版，第239页。
② （梁）慧皎：《高僧传》，中华书局1992年版，第171页。
③ 同上书，第193页。
④ 同上书，第197页。
⑤ 同上书，第242页。
⑥ 同上书，第243页。
⑦ 同上书，第286页。

典释文》卷一《序录》:"宋征士雁门周续之(字道祖。及雷次宗俱事庐山惠远法师。)、豫章雷次宗、齐沛国刘并为《诗》序义。"①"惠远"即慧远,俗写惠、慧不别。前文所举周续之、雷次宗、宗炳即拜慧远为师。所以,在当时佛教兴盛的情况下,佛教的义解讲疏被儒家学者引进,加以消化,用来疏解儒家经典,就不足为怪了。这也是为什么儒家义疏单单兴起于此时,而不是别的时代。儒家学者宗法佛教高僧,故佛教义疏也在儒家经典中渐渐流行使用。

正因为佛教义疏、义解如此丰富多彩,我们发现,佛教中甚至还有对义疏、玄赞等进一步阐幽发微,而有了玄赞义决、玄赞决择等。就《妙法莲华经》(亦名《法华经》)而言,有《妙法莲华经玄赞》《妙法莲华经文句》《法华经疏》等,是对《妙法莲华经》本经的阐释;《法华玄赞义决》《法华玄义释笺》《法华经疏义缵》《法华文句记》等,则是对经的玄赞、玄义、疏义、文句的再阐释。敦煌卷子中有伯 2093《瑜伽师地论决择分分门记卷第二》②,则是对论的决择分门再解释。再有伯 2091V《百法手记》③ 也属于义疏类,该卷书写潦草,根据内容当定题名为《大乘百法明门论开宗义记疏释》。实际上该卷是对《大乘百法明门论开宗义记》的解释,可以比较《大乘百法明门论开宗义记》的内容,见伯 2180、斯 1923、斯 2651、伯 2161,《大正藏》第 85 册有录文,文句一一都能找到对应。另外,伯 2091V《百法手记》的内容,与斯 1313《大乘百法明门论开宗义记序释》类似,《大正藏》第 85 册有录文,可以互相对校。"义记"是义疏的一种,例如伯 2091《胜鬘义记卷下》为卷末原题,而卷尾有校记:"大隋大业九年八月五日,沙门昙皎写之,流通后世,校竟也。经疏卷之下。"④ 可见,"义

---

① (唐)陆德明:《经典释文》,中华书局 1983 年影印版,第 10 页。
② 《法藏敦煌西域文献》第 5 册,上海古籍出版社 1997 年版,第 118 页。
③ 同上书,第 5 册,第 96 页。
④ 《法藏敦煌西域文献》第 5 册,第 91 页。

记"就是属于经疏一类,才会写"经疏卷之下"的文字。魏晋南北朝时期,佛教义疏流行,佛教和儒教均有"义记"。梁简文帝萧纲曾撰"《礼大义》二十卷,《老子义》二十卷,《庄子义》二十卷,《长春义记》一百卷,《法宝连璧》三百卷,并行于世焉"①。《长春义记》应该也是义疏一类,应该是对儒家经典的义记。《梁书·许懋传》:"中大通三年,皇太子召诸儒参录《长春义记》。""长春"指长春殿,盖在长春殿著义记,《陈书·徐陵传》:"梁简文在东宫,撰《长春殿义记》,使陵为序,又令于少傅府述所制《庄子义》。"《陈书·儒林·沈文阿传》:"梁简文在东宫,引为学士,深相礼遇。及撰《长春义记》,多使文阿撮异闻以广之。"《陈书·儒林·戚衮传》:"衮于梁代撰《三礼义记》,值乱亡失。"据《陈书·儒林传》,王元规曾著《春秋发题辞》及《义记》十一卷,《孝经义记》两卷。据《魏书·释老志》载:沙门智嵩"辩论幽旨,著《涅槃义记》"。佛教和玄学的讲义理之风,自然会对儒教产生影响,因释、道的讲义理之法,运用到儒家经典上,就成了儒家的义疏。《陈书·儒林·郑灼传》:"灼性精勤,尤明三《礼》。少时尝梦与皇侃遇于途,侃谓灼曰:'郑郎开口。'侃因唾灼口中,自后义理逾进。灼家贫,抄义疏以日继夜,笔毫尽,每削用之。"敦煌卷子中竟然有不少对义记的疏解,如斯 1313《大乘百法明门论开宗义记序释》、伯 2091 V《百法手记》即其例。

如果我们对唐代窥基的《妙法莲华经玄赞》进行比较,就可明显看出,该敦煌残卷则是对经疏《妙法莲华经玄赞》的"义决"或"决择"一类,即是对义疏的某些内容作进一步判决辨明。例如《大正藏》第 34 册中有《法华玄赞义决》,《大正藏》第 85 册有唐代昙旷撰《大乘入道次第开决》,《卍新纂续藏经》第 8 册中有

---

① (南朝)姚察:《梁书·简文帝纪》,中华书局 1973 年标点本,第 109 页。

《大方广佛华严经谈玄决择》，即是属于这一类。故此敦煌卷子《恪法师第一抄》如果从具体内容来定名的话，可拟题名为《妙法莲华经玄赞决择》。

附带说一下《妙法莲华经玄赞决择》用草书抄写的原因。我们可以研究一下敦煌卷子中的正式佛经部分，一般都是用规范的楷书抄写的，可知当时人们对佛经崇敬的程度。大概认为佛亲口所说的经文，应该恭敬对待，不能马虎、潦草。《大正藏》第85册《净土五会念佛诵经观行仪》卷中："深劝诸行人等，若写此法事仪之时，皆须护净，好纸真书，依经抄写，如法装潢。不得粗纸草书，此并是灭佛法之相，障生净土，永劫沈沦，切须诫慎。"道世《诸经要集》卷二《谤法缘第八》有此段文字："故《敬福经》云：善男子，经生之法，不得颠倒，乙字重点，五百世中，堕迷惑道中，不闻正法。"而相对佛经义疏的义决，因为是法师对经疏的阐释，不是正规的佛经文字，这时抄手就比抄佛经经文更轻松一些了，故可用草书抄写。如敦煌卷子伯2092《大般涅槃经疏释》是对《大般涅槃经》的疏解，也是用草书抄写，风格与《恪法师第一抄》相同。

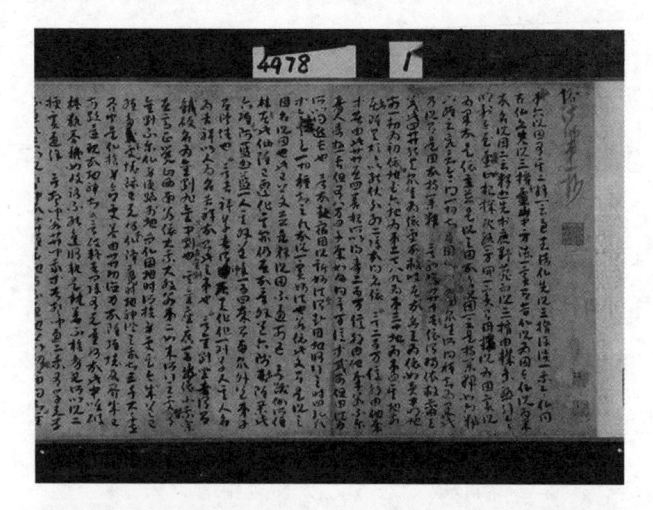

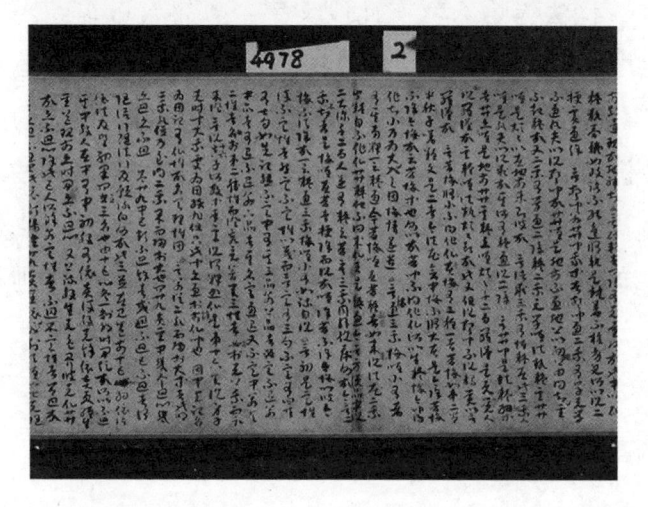

图1　辽宁省博物馆藏《恪法师第一抄》局部

读《敦煌佛经字词与校勘研究》

——兼谈涅槃合文问题①

自王道士开启敦煌藏经洞始,洞中的万卷文书备受世人关注。一百多年的敦煌学研究,充分证明了这些卷子在不同领域的巨大价值。敦煌学是笔者读硕士期间的研究方向,现在虽然不继续专攻敦煌学,但仍然密切关注敦煌学研究的新成果和新进展。最近看了曾良老师的新作《敦煌佛经字词与校勘研究》②颇多收获,书成小文,与读者共享并就"涅槃"问题向曾老师请教。

《敦煌佛经字词与校勘研究》(以下简称曾书)以敦煌佛经为材料,以文字词汇为切入点,对敦煌佛经中的文字、词语、定名、经义、校勘等问题进行了较全面的深入研究。其中有诸多发明,给我们很多借鉴和启示。

曾书主要是以文字和词汇考证为主,而很多从语言学理论角度的精彩考证,为语言学理论与实际考释应用提供很好的典范,非常值得我们借鉴。例如对法师、禅师、律师的辨名辨义(第43页),

---

① 本文首发在《敦煌研究》2012年第5期,发表后浙江大学张涌泉先生以短信形式,提醒小文论述时漏查张先生《仏、卝、卌辩证》一文。现据张先生意见对小文行文略作修改,并对张先生表示感谢。

② 曾良:《敦煌佛经字词与校勘研究》,厦门大学出版社2010年版。

就是从词汇系统的角度研究词义的变化，并且注意了词义的增减与义域的调整变化。这种例子文中还有很多，如佛经中的"三时"非春夏秋三时，而指热季、雨季、寒季（第44页）；昼分、夜分非中土文献的中午、夜半，而是指整个白天、整个晚上（第49—50页）等。文中还通过敦煌佛经释读找到不少《汉语大字典》缺失语义、语例的字词，例如玥、酸、瓎、鑐等（第54—57页），在曾书中都有很好的语义、语例考证。全书共考证俗字词数百条，很多不见于现今大型字书和辞书当中。更可贵的是书中并不是简单的胪列字条，同时还注意对经卷中文字与词语变化规律和现象总结，并且能通过考释，校勘《大正藏》中诸多错误。

敦煌文献在整理之初就存在定名准确与否的问题。尤其是俄藏卷子收录较多的残卷，为了谨慎起见，这些残卷在出版之初皆未命名。而从文献利用角度说，卷子无名不利于使用。在曾书的第四章《敦煌佛经题名考证》中，对俄藏卷子的残片进行定名整理。书中共整理出俄藏敦煌文献中定名不准或未定名残卷，600余件。同时还缀合了不少残片。从这点来说，若研究俄藏敦煌文献，曾书是必不可少的参考书。毫无疑问，曾书中的定名与缀合对俄藏敦煌文献的进一步研究意义重大。

此外，曾书中敦煌佛经义疏类研究，给我们留下重要启示。曾书第五章《敦煌佛经义疏类考订》综述了敦煌佛经中的玄赞、决择、宣演、述、赞述、述记、抄、科判等义疏类卷子的名称和性质问题。认为这些义疏类卷子都应来自佛教中的论或论释，其源头来自印度，随佛教传入中国（第217—226页），并认为中国儒家义疏源于佛教义疏（第217页）。这给我们很多的启示：首先，通过曾书的研究，我们对以往曾经讨论的儒家经典义疏之源流问题，需要再重新思考。佛经汉代传入中土，现今所见经典注疏最早也是在汉代，佛经注疏与传世经典注疏，究竟谁先谁后的问题，这对中国古典文献研究意义重大。其次，佛教传入中国后，佛教与儒家相互影响，这种影响的表现，也值得我们进一步深入研究。比如翻译佛经时所造的新字和佛经中出现的俗语词就非常值得研究。如"剌剌"在传世文献中常用作象声词，而这个词来源应该就是借用了佛教译经解经时的语气词"阿剌剌"。最后，敦煌佛经义疏类卷子的归类、性质、特征、抄写形式也值得我们进一步整理。因为这对我们研究佛教经典的发展与演变，以及对佛经的整体认识都有非常重大的意义。

当然，曾书也同样有一些问题和遗憾。曾老师做学问一贯是穷尽式研究，这在他以往的一些著作中都有体现，但这本著作在某些问题的论证上似乎还有一些再深入的地方。比如书中第四章敦煌佛经题名考证，所涉及的敦煌文献比较集中，除了该章前四件外，其余皆是俄藏敦煌文献 11 册以前的残片，而十二册以后完全没有涉及，这难免不让读者遗憾。第五章关于义疏类卷子考订，虽然为敦煌佛经研究提出了一个很好的研究方向，但是在这些义疏类卷子的深入研究上，也给我们留下不少的遗憾和期待。另外，书中的一些观点和结论也有些可商榷之处。下面我们就涅槃合文问题发表一下鄙陋之见。

关于涅槃合文的问题，曾书认为拼、冊、冊[①]、夨等涅槃合文写法都与"无"字的草书写法 ![字] 有关，认为涅槃早期翻译成"无为"，故借用"无"的草书表示"涅槃"（第 272—277 页）。我们认为涅槃的拼、冊、冊写法与夨写法应分别对待，拼、冊、冊等写法仅是符号代写，夨写法可能与大乘经义有关，两者都与"无"字的形义关系不大。

针对涅槃合文的问题，我曾专门请教广东韶关南华寺曹溪佛学

---

① 第一字形见于法藏敦煌文献 P2063《因明入正理论略抄》第 5 行，第二、三字形见于黄征《敦煌俗字典》，上海教育出版社 2005 年版，第 292 页。

院教员悟智法师,虽然未解决夨的问题,但我们却得到很重要的线索。据悟智法师口述,以前老法师讲经时,板书所抄经文中,常常会将多次出现的词作减省或符号代写,顺手而为,如"菩萨"常写作艹,佛写作"仏",后来和尚抄经变少了,也就渐渐看不到这种写法了。悟智法师所说的情况,正好与敦煌文献抄经情况相合。大家都知道,很多敦煌文献中菩萨就是写作艹,这是省去"菩萨"下部,而只保留两字的"艹"头。而佛写作"仏"或"厶"完全是符号的代写,这应该就是悟智法师所说的"顺手而为",而书写者未必考虑写法的合理性。悟智法师所说情况,说明敦煌抄经中的简写或符号代写,是自古至今相传已久,不是敦煌文献的特有现象。在抄经中,多次出现的词,常会顺手简写,至于这种简写意义,熟悉经文者一看即明白,而外行人未必知晓。因此,"涅槃"写作卅、卌、卌,也应该是这种情况,字形并不一定具有什么特殊的意义。张涌泉很早就在《仏、卅、卌辩证》①一文中有过类似意见的分析。所以,这些特殊写法与"无"的草书应该没有必然联系。夨字形比较特殊,应该与前几种写法情况不同,我们推测其写法与大乘经义有关。

首先说卅、卌、卌等写法的来源问题。在敦煌文献中与卅类似的写法还有,但区别只不过是上下部的竖画多少。我们认为这种写法的演变,应该就是为了与菩萨写作艹,菩提写作艹相区别而发展来的。菩萨、菩提、涅槃这三个词在佛经中出现的频率很高,而且常会在同一文献中三个词都反复出现。由于菩萨写作艹,为了与菩萨区别,菩提写作艹、艹②,后来发展演变,下部中间的一点写作竖,作艹。而当佛经中"须菩提"连用时,菩提也有写作艹,而

---

① 张涌泉:《仏、卅、卌辩证》,《汉语俗字研究》,商务印书馆2010年版,第363页。
② 黄征:《敦煌俗字典》,上海教育出版社2005年版,第309页。

"菩提"单用时，为了与菩萨合文区别，就在下面加点区别，写作卄、卂。这在《敦煌俗字典》中有详细的文例，黄征先生的按语也与我们的意见相同。① 前揭张涌泉文也是如此意见。但《敦煌俗字典》中没有收录菩提写作卅的字条，张涌泉文未提涅槃也偶尔写作卅，也未讨论从卅形到卌形的过程。

实际在敦煌文献中菩提写作卅的情况并不难找到。比如辽宁省博物馆中有一件罗振玉旧藏——敦煌草书经卷《恪法师第一抄》，其中多处菩提皆写作"卅"。如卷中"为去回向最胜菩提"（该卷第94行）、"为求无师自证菩提"（该卷第95行）、"伏心菩提"（该卷第150行）、"菩提树"（该卷第375行）等菩提皆写作"卅"。② 我们从合文菩提写作卄→卂→卅的演变轨迹可以说明，涅槃写作卌，应该同样是为了区别菩萨与菩提的写法，后来才发展出卅、卌、卌、卌等多种写法。并且曾书中也说涅槃偶尔作卅，③ 这正好可与菩提的发展变化相比照。那么涅槃合文大致的发展过程可能是：卅→卌→卌→卌。涅槃偶尔写作卅，并且写法多样，这说明涅槃的合文在形成初并不完全固定，要根据上下文来确定。后来约定俗成，菩萨就写作卅，菩提就写作卅，涅槃写作卌。而文献中看到菩提、菩萨、涅槃都有写作卅形，并不是形体相混，而是"约定俗成"前形体变化不固定表现。之所以有多种写法，是因为与经文中出现类似的不同简写符号相区别。

曾书把卅、卌、卌、卌等写法与草书的"无"相联系，从形体上讲，还是有些联系和道理。但是把卅和"无"的草书联系在一

---

① 黄征：《敦煌俗字典》第309页"卅"字头下：P2133《金刚般若波罗蜜经讲经文》："佛言：'须菩提彼非众生，非不众生'。"按：同卷内"须菩提"大多皆作此形，"菩提"与"菩萨"合文相乱；单用"菩提"则在下半内心加"丶"。
② 李洪财：《敦煌草书经卷〈恪法师第一抄〉研究》，硕士学位论文，厦门大学，2011年。
③ 曾书第276页列举多种涅槃合文的写法，可备参考。

起就有些牵强了。首先，曾书所示"无"的草书字例与"奀"字形体相差太大，从形体上不能很好地解释。其次，"无"与"奀"在意义上的联系也难说通。因为涅槃虽然有圆寂之义，但绝对不能与"无"等义。关于涅槃的这个问题，在赵朴初的《佛教常识答问》中就有述及，他说："佛教认为这种境界'唯圣者所知'，不能以经验上有、无、来、去等概念来测度，是不可思议的解脱境界。"① 并且，我们上面讨论的涅槃合文写法是在敦煌经卷中普遍见到的现象，但是涅槃写作奀现象却不是十分常见，所以应区别对待。查阅敦煌文献，我们发现涅槃写作奀这种情况，范围比较集中，也不具备普遍性。涅槃合文作奀，是于淑健《敦煌佛经俗字误读释正》②（以下简作于文）中考释出来的。于文举了三种文献，P2173 道氤的《御注金刚般若菠萝蜜经宣演卷上》、S2662《法华问答》、P2284《大乘稻芉经随听疏》（这部经敦煌文献中还有 S1080、P2303、P2304V⁰ 共四种），查阅这三部文献后，确实有多处涅槃写作奀。另外，我们又对这种合文现象的出现情况作了调查，结果所见文献都是唐代唯识宗大乘经典的论疏，其他出现这种合文现象的情况暂时还没发现。所以，我们推测涅槃写作奀的现象，可能只限于唐代唯识宗大乘经典的论疏中，是唯识宗抄经的特殊写法。

另外，我们也发现于文所用 P2284 的例子有误。P2284 中的"七大"实际是大乘七大义之"七大"③，非涅槃合文。于文所用例文完整标点后如下（于文引文为节省篇幅省略了部分文字）：

---

① 赵朴初：《佛教常识答问》，江苏古籍出版社 1996 年版，第 58 页。
② 于淑健：《敦煌佛经俗字误读释正》，《文献》2008 年第 2 期。
③ 此七大为大乘经典中常见词语，但在不同经典中名称稍异，依《菩萨持戒经》为：法大、心大、解大、净大、庄严大、时大、具足大。

言"菩萨乘"者,为根胜故。于胜义谛观一切法,本自空寂,生死涅槃,了无二相。若世俗谛,了知如幻,具大悲智,不舍生死,不取涅槃。为诸有情,修十度等。自他利满,以要言知地及果证,名菩萨乘有七大义。超过二乘,如下所说。今此经中"菩萨乘"摄,非是二乘所缘境,故明归乘竟。

同卷文有:

初言大乘者,以七种大超过二乘,故名为大。言七大者,一所缘大;二发心大;三信乐大;四思惟大;五资粮大;六时大;七成就大。①

可以肯定,于文所示例文之"七大义"就是此同卷文中所述大乘之七大义。于文认为此"七大"是涅槃合文,显然是不知大乘之"七大"义而释错了。《大正藏》录作"七大",是正确的。不过这个错误给了我们一个关于涅槃合文为何写作夨的启示。是不是因为大乘七大义"本自空寂,生死涅槃,了无二相",所以才用七大代写涅槃呢?我们在上文说到,涅槃写作夨仅在中古的大乘经典中出现,而且出现的频率并不高。大乘之"七大"义是中古敦煌佛经论疏中常常出现的词语。菩萨乘即大乘,大乘有"七大"义,七大义中"不住生死",与涅槃之不住生死义密切相关,同时"七大"书写简单方便,所以抄经者在写大乘经时,顺手就用"七大"代写涅槃。但夨写法仅是佛经论疏部抄经中一种特殊写法,这种现象很可能只存在于一定时期的一小部分文献中。当然,敦煌佛典浩大,我们对文献的排查和整理还远远不够。所以,我们这里作了简短的推

---

① 这七种大名在不同的经典中名称稍异。

测，也不排除还有其他的可能。[①]

后记：

　　曾良老师是我硕士期间的指导老师，我非常敬重他，2012年2月回厦门看望曾老师时，曾老师赐赠了一本他的新作《敦煌佛经字词与校勘研究》，本文写作缘起就是这本书。原本我对涅槃的问题在很早以前就有些不同想法，后来因为研究方向转变就搁置了。恰好曾老师这本书中有专述，我看过之后既有启发也对我以前的想法更加明确。之后写成小文，发给曾老师，请求批评。曾老师不仅没有批评，还给了我鼓励。小文草就即投与《敦煌研究》，得以在2012年第5期发表。书写水平有限，文中涅槃写作关问题仅提出一种意见，其实未彻底坐实，且刊布后第二年张涌泉先生发来短信，提出小文漏查张先生的《仏、卌、卌辩证》一文，此次发文根据张先生意见做了修改，并表示谢意。

[①] 我们也曾考虑涅槃的合音与"贤"的音比较接近，于是就写作了"贤"的草书""（智永《真草千字文》），后来变化作关形。但这种想法只能在字形上说得通，而在语义上难以证明，姑备于此，或对读者有所启发。

谈谈敦煌遗书中的习字

在出土文献中有一部分材料上，文字重复书写或随意杂写，还有一些是转抄文献，但主要是为了练字，学界一般把有这类特点的文献称为习字文献或习字杂抄。习字文献因为较零散且内容局限，往往被人们忽略，所以对这部分材料的利用和研究还十分有限。其实这类材料在探索古代基层教育、古代文化生活、书法研究、字书研究等方面，都有可深入挖掘之处。

敦煌遗书中有很多涉及习字内容的文献，这些习字通常写在蒙书和杂抄内容的残卷上，数量有几百号。蒙书即识字教材，实际就是字书。蒙书内容习字较受关注，比如郑阿财、朱凤玉《敦煌蒙书研究》中利用了一些蒙书内容的习字。[1] 张涌泉、张新朋《敦煌本千字文叙录》[2] 中搜集到敦煌本的《千字文》140件，其中有一部分就是习字练习。另外在一些探讨古代童蒙教育和书法的文章中也提到了敦煌遗书中的习字。[3] 这些文章的研究点各有侧重，涉及习字内容主要是因为讨论相关专题的需要。实际上，目前还没有专门系统整理研究这类文献的论著，因此对习字文献的研究还有很大空

---

[1] 郑阿财、朱凤玉：《敦煌蒙书研究》，甘肃教育出版社2002年版。

[2] 张涌泉、张新朋：《敦煌本千字文叙录》，《中国俗文化研讨会论文集》，四川大学中国俗文化研究所，2007年。

[3] 这类文章例如黄金东《唐五代时期敦煌地区童蒙教育研究》，硕士学位论文，中央民族大学，2006年；蔡渊迪《敦煌经典书法与习字研究》，硕士学位论文，浙江大学，2010年。

间。本文着重概述敦煌遗书中习字文献的内容,并谈谈这类文献的研究价值。

一 敦煌遗书习字内容文献分类概述

敦煌遗书中单纯习字练习的文献就有上百号,这类文献一般在命名中就可体现习字内容,还有不少因失察而误命名为杂抄的文献,实际也是习字文献。还有很多在其他文献空白或边角处随意练习杂写的情况,数量较难统计。下面简要对敦煌遗书中的习字文献大致分类,选取一些典型例子来介绍这些文献的不同情况和价值。

(一)字书内容的习字

在敦煌遗书中发现了很多字书,如《千字文》《百家姓》《开蒙要训》《急就章》等①,这些字书中有些抄写不是十分工整,字迹也不精美,例如 P.3166V《开蒙要训》杂写,字迹拙劣,大小不一,应该是普通的习字练习,而不是定型的书籍。这类文献在整理出版时也大都以习字命名。像这种字书内容的习字在敦煌遗书中有很多,例如 S.2703V、S.5657V、S.3350V 等《千字文》习字残卷;P.3145V《上大夫丘乙》习字;ДX.06066《白家姓》习字②;还有《敦煌宝藏》第 55 册碎片 003、004,是隶书和草书两种字体《急就章》③ 习字。值得一提的是 S.2703V,这是一份典型古代儿童识字作业。有老师每天所书的范字,学生每天按照范字书写若干遍,之后再把当日所习的字连写一遍,交给老师批示。更难得的是卷中标有习字的日期,并且有老师的评语。是一份研究古代基础教育的

---

① 姚崇新:《唐代西州的私学与教材——唐代西州的教育之二》,《西域研究》2005 年第 1 期。

② S.3350V、P.3145V 皆书于他卷背面,无确切整理者无确切命名,本命名为笔者根据内容所加。

③ 黄永武:《敦煌宝藏》,(台湾)新文丰出版公司 1983 年版,第 55 册,第 262 页。这八块残片可以缀合,缀合后的图片可参见赵彦国《章草书法历史流变研究》,硕士学位论文,南京艺术学院,2006 年,第 32 页。

宝贵资料。①

　　实际上像 S. 2703 V 这种习字作业，在敦煌遗书中不止一件，例如 ДX. 06066《百家姓》习字也是一件习字作业，但可能是因为将纸张对折后颠倒使用，致使在同一面纸上有正倒两个方向书写内容。ДX. 06066 与 S. 2703 V 不同，这份作业是教师把每个字按照横成行竖成列，中间留有间隔，用大字写下来，以便学生课后记忆。这样，学生在每字旁边可书写若干遍，以达到练习目的。《千字文》《百家姓》《上大夫丘乙》等字书多是民间私学或家学所用童蒙教材。ДX. 06066 与 S. 2703 V 的差异可以说明私学中也可能有不同作业形式或教学方式。从这个角度说，敦煌遗书中习字研究，在古代教育方法、内容和形式的探索上，也有继续深入研究之必要。另外，看到这么丰富的字书，我们不禁要问，唐代时一个私塾完成识字教学目的，是以一部字书还是多部字书为教材？这也是值得探讨的有趣问题。

　　还有，《敦煌宝藏》第 55 册残纸碎片 003 号和 004 号的《急就章》，这块可以缀合的《急就章》虽然是习字残片，但是意义重大。《斯坦因第三次中亚考古所获汉文文献（非佛经部分）》，将这些残片编号，②共五块残片，每片分正背两面。从字体和内容上可分两种，一种是大字隶书《急就章》，一种是小字章草《急就章》。两种都有界格，但大字《急就章》界格仅见两条粗界线。小字《急就章》残片中有隶书和章草两种书体，内容基本写在界格线内，界格粗线清晰，但草书与隶书的安排并不是如后世松江本《急就章》一行草书一行正书，而是几行章草后几行隶书。这个特点恰好说明其习字而非正式抄本的特点，因为书法学习时，也常常是先练

---

①　李正宇：《一件唐代学童的习字作业》，《文物天地》1986 年第 6 期。
②　沙知、吴芳思：《斯坦因第三次中亚考古所获汉文文献（非佛经部分）》，上海辞书出版社 2005 年版，第 23—27 页。

一体后再练另一体。从隶书书迹看,两残片应是同一人书写,从其风格看,此卷的年代应该较早,近魏晋书风,但草字的结体运笔与松江本《急就章》稍有差异,如"与"字,传世本《急就章》皆写作"㚖",而在这块残片中写作㚖,两者字形完全不同,但却与汉简中的"㚖(与)①"字草书十分接近。这不仅说明这份《急就章》时间较早,而且说明传世《急就章》屡经传抄字形讹变。我们知道传世的章草《急就章》,以皇象松江本为善,然松江本也只是明拓本,原草书《急就章》墨迹,早已不得见,而汉简中所见《急就章》墨迹皆为隶书,所以这块草书《急就章》残纸意义重大。我们推测这些残纸不应仅仅如此少,以此作整理研究敦煌遗书的线索,应该还会有很多发现。

(二)经典内容习字

唐代教育已经分官学与私学,官学也有中央和地方的区别,官学所用的教材以经典为主,如《毛诗》《论语》《孝经》等。②在敦煌遗书中有数百卷儒家经典内容文献,但有一部分抄卷书法拙劣,卷面章法不整,这类卷子应不是定型的经典抄本,应该是临时抄本或学生作业。其实与上面蒙书内容习字类文献相似。王重民《敦煌古籍叙录》中说:"敦煌所出《论语集解》,无虑六七十卷,概皆恶札,差讹百出,盖因为童蒙必读之书,尽出学童之手也。"③许建平《敦煌经籍叙录》也说敦煌本《论语集解》大多数为学童所书。④例如 S.6023、P.2548、P.4875 等,就是这种情况。其他经典抄本也有这种情况,例如 ДX.02173V 和 ДX.06753V,这两号本是

---

① [日]佐野光一:《木简字典》,雄山阁出版株式会社 1985 年版,第 609 页。
② 参见西北师范大学敦煌学精品课程,第五章第一节,http://lbcdhx.jpkc2006.nwnu.edu.cn/jy/jy5.htm。
③ 王重民:《敦煌古籍叙录》,中华书局 2010 年版,第 69 页。
④ 许建平:《敦煌经籍叙录》,第 292 页。

同一卷的残卷，都是《礼记·曲礼上》的内容，[①] 卷面字迹大小不一，抄写并不十分工整，也应该是临时抄写的习作。另外还有很多这类经典内容的习字，在许建平《敦煌经籍叙录》中有介绍。由于敦煌遗书中儒家经典备受关注，所以这部分习字文献被研究利用得较多，遗憾的是我们至今没有见到集中专题讨论和横向对比研究的论著。

（三）书法习字

敦煌遗书中发现不少书法名品，比如著名的唐太宗《温泉铭》、欧阳询《化度寺》、柳公权《金刚经》。众多的书法名帖，以及抄写精美的遗书，充分反映了敦煌地区书法的发展高度。敦煌遗书中出现了很多书法习作，也可算作习字文献。唐代书法，法度严谨，崇尚二王。敦煌遗书中发现不少唐人摹王羲之作品，比如 S.3753 唐人摹王羲之《瞻近帖》《龙保帖》残片、P.4642 唐人摹王羲之《旃罽胡桃帖》残片。这些作品虽然临摹颇得王羲之神韵，但归根结底还是练习书法的习作。

敦煌遗书中还有很多《兰亭序》内容的习字。2010 年蔡渊迪硕士学位论文《敦煌经典书法及相关习字研究》（以下简作蔡文）第 41—42 页搜找到 11 号《兰亭序》内容习字残卷，并有详细的叙录，[②] 但这 11 号《兰亭序》习字残卷多数是已命名或以往在其他学者文章中有论及，按照命名搜找必然遗漏。比如 P.2622P3、ДХ.00528BV、S.1619V 就是三件蔡文遗漏的《兰亭序》习字。P.2622P3 是仅存《兰亭序》"暂得於己"之"於己"二字，与 P2622V 是同一件正反两面。ДХ.00528BV 为数块残片，原命名为《杂写》，审其内容"命临深履薄夙兴""蘭""和""也"等字，

[①] 许建平：《敦煌经籍叙录》，第 200 页。
[②] 蔡文找到的《兰亭序》习字有 P.2544、P.3194V、P.2622V、P.4764V、P.3369P2V、ДХ.00528AV、ДХ.00528B、ДХ.00538、ДХ.11023、ДХ.11024、ДХ.18943。

可知应命名为《〈千字文〉与〈兰亭序〉》习字，其另一面即是蔡文所录的《兰亭序》习字ДХ.00528B。S.1619V（见后附图）也未正式定名，这份习字共16行，抄写《兰亭序》的"若合一契未尝不临"8字，每字抄写两列，遍数不定，全卷正楷书写，每列的第一个"范字"书法较好，与其下面的字书法水平有较大差别。可以看出这是一份以《兰亭序》为摹本的书法习字作品。而且从书法水平上也可以看出，这件作品应该不是学童识字习作。

值得关注的是，敦煌遗书中《兰亭序》内容的文献与王羲之《兰亭序》的差异。我们可以看到S.1619V"范字"与今本的《兰亭序》书法完全不同，今本《兰亭序》行书，点画灵动，结字洒脱，而这份习字中的"范字"正好相反，风格与唐楷相类，尤其与颜柳楷书相近。并且，从所见的13份《兰亭序》习字来看，多数书法尚有初学习字的稚趣，只有P.2622V、ДХ.18943书法尚可，但是与今本《兰亭序》诸本相差较大。这13件习字书体多是楷书，这也与今本《兰亭序》有差别。所以，可以确定这些《兰亭序》习字与王羲之的《兰亭序》原迹并没有直接关系。但通过两者所表现出的差别，我们不禁要问，是不是在唐代《兰亭序》也可作教学课本，或者当时在西域有另一种书体的《兰亭序》书法范本流行？《兰亭序》因为李世民的推崇，有特殊的地位，能一览《兰亭序》真迹者，非王公贵族不能，普通百姓连《兰亭序》摹本都未必能看到。沃兴华《敦煌书法艺术》中将P.2622V、P.4764V等习字与今本《兰亭序》牵连在一起，看来需要重新思考。[1] 两者除了内容上相同，在字体书风上可能完全没有联系。因此这些《兰亭序》习字的整理研究，为我们探索唐代书法和《兰亭序》在唐代流传特点有非常重要的意义。

---

[1] 沃兴华：《敦煌书法艺术》，上海人民出版社1994年版，第53页。

（四）佛典内容习字

唐代敦煌地区佛教非常兴盛，所以数量庞大的敦煌遗书中大部分是佛教内容。敦煌遗书中佛典内容的习字也非常多，如 ДХ.04126V 习字残纸中写有"如是我闻""次信得入入入""若于佛法中""女人人人人"等字，ДХ.04510、ДХ.04515V 练写了十个"无"字和"南""虚""常""经""卷"等字。从佛典内容习字的字迹和卷面抄写情况看，主要是一些很随意的杂写，字迹虽称不上精美，但也不像是学童所书，应是抄经生或沙门练习书法或随意闲写。这类习字还有很多，比如 P.3168V、P.3168V、B.8467、ДХ.04715V、ДХ.01697、ДХ.01697V 等。这类习字与汉代简牍中的习字形式非常接近，对于探究敦煌抄经生或沙门的文化生活有一定价值。

（五）其他内容习字

我们上面按照内容对敦煌习字文献作了大致的分类介绍，但这样分类并不能完全囊括全部，例如我们在敦煌遗书中发现很多类似 S.2703V，一字抄写数遍或几行的习字作业，这些习字作业各有不同，其中很多抄写内容类似字书，如 B.8191 是一份儿童习字作业，每字书写两列，其书写的内容基本是同一类事物，显然是为了便于记忆才将同事物归类，这个特点与传世字书很接近。这类卷子还有 P.3891、ДХ.1106、ДХ.04758V、ДХ.11575 等。如果这类文献所抄的内容确定是字书，那么这些字书应该都是各地私学所用的教材，后来失传。我们知道，敦煌遗书中有很多未命名待考证的文献，其中就有不少习字文献命名存在问题。主要原因就是很多文献我们不知道具体写的是什么内容，传世文献中完全找不到任何信息，只能用杂抄或习字命名。这类习字文献不同于其他杂写，虽然有些是文字重复书写，但它们都有相对完整的抄写形式，深入整理研究下去或许可以复原一些传世未见的字书，这也是对这类习字文献整理的又一个重要意义所在。

另外，敦煌遗书中还有不少其他内容的习字。如 S.471V，从卷中的"蒙""母""家"等字来看，可能是关于家书的习字杂写。还有《宝藏》第 55 册碎片 081 照片中，一份习字上写有"试笔"二字，书法极好，为我们展现了古代敦煌文化生活的一面。相信对敦煌遗书中的习字文献系统整理，还会有很多重大发现。

二 敦煌遗书与汉简中的习字对比

我们知道简牍中也有很多习字内容，特别是汉简中，数量多，情况也比较复杂。并且有些简究竟是习字简还是草稿，还不能完全确定，具体情况，已有文章详细介绍。[①] 我们发现敦煌遗书和汉简中的习字，在抄写内容和形式上都有很多相似处。

上面介绍说敦煌遗书中有很多字书内容的习字，汉简中的习字也有很大一部分是字书内容，其中以《仓颉篇》和《急就篇》居多，比如居延汉简中的 185·20；EPT56：27A、B；EPT48：154A、B；EPT56：40；EPT48：49；EPT48：115；EPT6：90；EPT5：14A、B；EPT19：1 等。汉简习字的形式也是以反复抄写或杂抄为主，比如居延汉简 214·15 中敢、言、之的反复练习；32·12B 中程、律、令的反复练习。两种材料上的习字目的，也都是为练字、识字或杂写消遣。敦煌遗书主要是唐代的材料。可以说，从汉代到唐代的习字内容、形式和主要目的都没有发生本质变化。其实直到今天仍然如此，我们在学生时代的识字作业或空白处的杂写与古代的习字文献，本质上也是一致的。

敦煌遗书与汉代简牍中的习字，还有很多相同处，但我们也看到两者的差异。从竹简到纸张，两者的承载形式发生了巨大变化，这个不必多说。值得关注的是习字内容的变化。汉简中字书内容习

---

① 沈刚：《居延汉简中习字简述略》，《古籍整理研究学刊》2006 年第 1 期。

字主要是《仓颉篇》和《急就章》，很少见到其他字书内容。但敦煌遗书中字书内容习字，则是丰富多样的，笔者上面介绍到有《千字文》《百家姓》《开蒙要训》《急就章》《上大夫丘乙》等，还有一些字书仅留下片段，传世文献没有记录，很可能就是乡里私塾用的教材。字书内容从较单一到丰富多样，充分说明了教育的多样与普及发展程度。

还有一个与字书内容相关的情况，需要对比讨论。两种材料中都有一些抄写较好的字书内容，这类材料究竟是不是习字？沈刚认为居延汉简中书写较好的字书是吏卒对照练习的范本。[①] 敦煌遗书中抄写较好的字书一般也不当作习字看待，比如著名的蒋善进《真草千字文》残卷，书写水平极高，自发现以来就被书法研究者所重视。此卷末尾题记明确是临摹本，我们上面也说到，敦煌遗书中有一些王羲之作品的临摹残片，书写水平也很高，其本质还是临摹习作。所以说，敦煌遗书中很多字书内容，虽然抄写较好，但其中很多可能还是为了练习，其性质还是习字。以此反观汉简，也可以说那些抄写较好的字书，应该也是吏卒临摹练习的产物，未必是范本。而且字书内容的汉简，有些虽然抄写较好，但与典籍内容的汉简相比（如武威《仪礼》简），书写水平还有一定差距，也反映出这些字书内容汉简的习字性质。

三　习字研究的深入空间

通过以上的论述，我们可以看到，习字杂抄如果能从不同角度对比考察，仍然可以挖掘出各种价值。如果把材料的范围扩大，我们会发现习字文献不仅仅在敦煌遗书和汉简中，还存在于其他很多材料中。我们知道甲骨文中就已有习字刻辞，比如1950年中国社

[①] 沈刚：《居延汉简中习字简述略》，《古籍整理研究学刊》2006年第1期。

会科学院考古所在四盘磨西北地考古发掘中，在 SP4 东南的 SP11 探坑中，出土了三大块卜骨，其中一块卜骨就是习字刻辞。① 此外还有《善斋所藏甲骨拓本》4551、《屯南》2661 和 2662、《合集》33208、《萃》1468、《屯南》2576＋4403 等②。目前还没有发现两周的习字材料，但不代表没有，相信以后的出土文献会有这类的内容。秦汉之际出土了很多墨迹材料，其中有很多习字内容。湖南苏仙桥与官府文书同出了有很多字书内容晋简，虽然不能完全确定是习字简，但比照上文讨论，这些晋简也可按照习字的线索去考察利用。晋代以后就是敦煌遗书中的习字文献。敦煌遗书跨度很大，所见纪年从南北朝直到宋代，宋代以后我们没有进一步搜集考察。从我们搜集到的研究情况来看，除了汉简习字内容有专门的文章做研究外，其他材料或其他时代的习字内容都没有专门的研究，那么对每一种材料中涉及习字内容的专门研究，就成了一个可深入的题目。如果以此为线索，将历代涉及习字的文献汇编在一起，然后作对比研究，对我们考察古代字书、书法、教育等内容都有一定价值。

---

① 郭宝钧：《一九五○年春殷墟发掘报告》，《中国考古学报》，中国社会科学院 1951 年 12 月，第 56 页。陈梦家：《殷墟卜辞综述》，中华书局 1988 年版，第 24 页：称其内容为"习契之辞"。

② 关于甲骨中的习刻，刘一曼、郭沫若、日本松丸道雄等学者都有论述。郭沫若：《殷契粹编考释》，科学出版社 1965 年版，第 734 页。又见序，第 10—11 页。刘一曼：《殷墟兽骨刻辞初探》，《殷墟博物苑苑刊》创刊号，中国社会科学出版社 1989 年版。松丸道雄：《殷代の学書について——甲骨文字における習刻と法刻》，《纪念殷墟甲骨文发现 100 周年国际学术研讨会论文集》，社会科学文献出版社 2000 年版，第 83—87 页。王宇信、杨升南：《甲骨学一百年》，社会科学文献出版社 1999 年版，第 255 页。屈万里：《殷墟文字甲编考释》，"中研院"历史语言研究所 1961 年版，第 97 页。

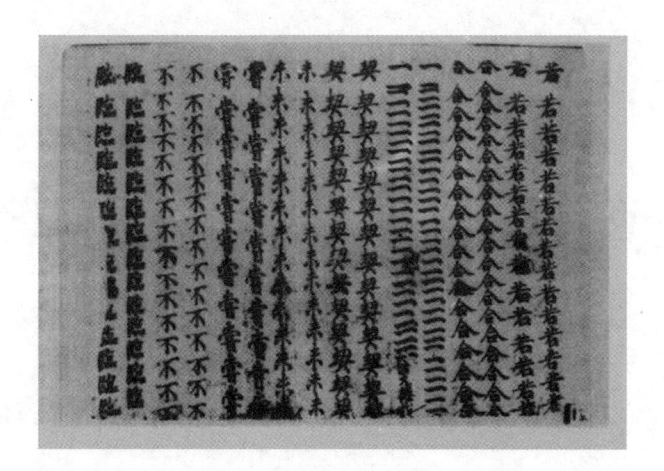

图1　S.1619V

两种失传敦煌因明文献校读记

——浅谈敦煌草书研究的相关问题①

敦煌文献中留存的失传因明学文献，为今人研究因明学提供了非常重要的资料。沈剑英的《敦煌因明文献研究》（以下简称沈文）② 一书，对敦煌因明文献作了全面整理研究。笔者对因明学没有太多研究，但对沈文所用的法藏草书文献颇有兴趣。

沈文在释文篇中，共整理了四部敦煌因明文献。其中法藏的（P2063）《因明入正理论略抄》（以下简称《略抄》）和《因明入正理论后疏》（以下简称《后疏》）风格独特，书法上乘，极易引起关注。据沈剑英著述，这两种文献的作者都是净眼。净眼是玄奘弟子，深得玄奘因明之学。然而关于净眼的记载并不是很多，其所传的文献也大多仅见于目录中。此处发现净眼的失传因明文献，其意义重大。这两部文献不仅对因明学研究很重要，而且对文字学、书法学、文献辨伪等研究也助益良多。本文主要关注文字学问题，对其中 㳂、乇、䒱、丆、知、摧 等疑难草书重新释读，然后谈谈关于敦煌草书研究的相关问题。

---

① 本文首发于《文博》2012 年第 5 期。
② 沈剑英：《敦煌因明文献研究》，上海古籍出版社 2008 年版，第 244—314 页。

就目前所见资料看,对这两份卷子的释读有三处,分别是《新纂续藏经》(以下简作续藏经)[①];沈剑英的《敦煌因明文献研究》;日本武邑尚邦的《因明学的起源与发展》(以下简作武邑文)[②]。武邑文最早,1986年刊行,并且在此之前就已经在杂志上发表过(书序,第2页)。将武邑文与《续藏经》对比发现,除了可能在编辑录入过程中出现的较少差异外,两者在断句、释文、段落上基本一致。据此推测,《续藏经》所用释文即是武邑文。沈文出现最晚,但释文最精细,以前释文出现的问题大部分都已经纠正过来,但还有可商榷的地方。下面以沈文为标准,参照其他两文和相关数据先作几条校对。每条先引沈文,然后再作分析。文中所用字形,智永的字形出自《真草千字文》、孙过庭的字形出自《书谱》、皇象的字形出自《急就章》,文中不再注明,未注明出处草字形来源于《草书大字典》[③],俗字形来源于《敦煌俗字典》[④]。为了便于说明问题和字形对照,文中第一部分引文和相关释字用繁体。

一

以下为《略抄》校读:

55行:"自不免愆。"(第246页)免愆,武邑文作"免僭"。免,原卷作"勉",当是音借字。愆,原卷作愆,沈文释作"愆"正确,但严格厘订应作僁。愆,敦煌俗字写作僁(第319页)。《说文解字》卷十心部,愆:"籀文作諐。"《宋本玉篇》言部云:"諐,籀文愆字,俗作僁。"[⑤] 愆 当是愆的俗字"僁"之草书写法。

---

① 株式会社国书刊行会:《新纂续藏经》,第53册。
② [日]武邑尚邦:《因明学的起源与发展》,杨金萍、肖平译,中华书局2008年版,第238—294页。
③ 《草书大字典》,中国书店1989年版。
④ 黄征:《敦煌俗字典》,上海教育出版社2005年版。
⑤ (梁)顾野王:《宋本玉篇》,中国书店1983年版,第166页。

譖，草书作[字形]（第95页）。同从晉声的"潛"，智永作[字形]。可以看出，[字形]应是从譖类化而来。但愆是溪母元部开口三等字，譖是精母侵部开口四等字，两字虽韵部较近，但声母却有些差距。在《广韵》系统中，"愆"的声母是见组属牙音，"譖"的声母是精组属齿音。但同从晉声的"潛"为溪母，是见组牙音字。按照系连规律，愆与譖、潛声音相近。那么，[字形]形应是受晉声字影响类化而来。用譖替换愆的声符，正反映了精组与见组的语音分合变化。声符替换产生的俗字，在敦煌文献中常见到。如憖俗作憖，驱俗作駈等，① 它们与愆俗作譖的性质是一样的。另外，在草书中有将"日"旁作三点连写，形似"心"的例子。如《草诀百韵歌》踏作[字形]；汉简中，如会作[字形]、[字形]②，者作[字形]、[字形]③。[字形]形右下也不排除是"日"的草写的可能，若真是如此，也可以算是俗变类化的一个因素。

113行："以此處竈、煙相應义成立此中竈、火相應義。"（第248页）其中两个"竈"，原卷分别作[字形]、[字形]。煙俗作[字形]，敦煌文献常见，释文应直接写作"烟"。竈字草书作[字形]（皇象），沈文所释两字形与"竈"的所见草书写法差距太大，也不像是同一个字。草书的色，智永写作[字形]；邑王羲之写作[字形]④。若单以字形而论，[字形]与色、邑的草书非常相似，并且又似今之"气"字（但敦煌文献尚未见到"氣"简写作"气"）。[字形]，似"菴"，与裴休写"菴"作[字形]（第1170页）极似。但草书的释读通常要以上下文义通顺为依据，我们先分析文义。内容上，《略抄》中这句话的前后，是用

---

① 张涌泉：《汉语俗字研究》，商务印书馆2010年版，第60—61页。
② 陆锡兴：《汉代简牍草字编》，上海书画出版社1989年版，第98页。
③ 同上书，第67页。
④ 洪钧陶：《草字编》，文物出版社1986年版，第983页。

《因明正理门论》（原卷中简称作理门论）依次解答所设问题，但文章引用《理门论》说明问题时，很多地方并不是完全转录，而是转述后再加以发挥。《略抄》此处转述当是《因明正理门论》的："如以烟立火，或以火立触，其义云何？今于此中非以成立火触为宗，但为成立此相应物。若不尔者，依烟立火，依火立触，应成宗义一分为因。"① 通过检索发现，这段文字可与多处因明文献相关段落对应，如《因明入正理论义纂要》（以下简称《纂要》，此文也同样是用《理门论》依次解答所设问题）：

> 问彼立如何？答："陈那释云：'彼意立云，彼山等处定是有火，以现烟故；彼炉等中定有热触，以有火故。'"故彼论云："此中非以成立火触为宗。但为成立此相应物。②

《因明入正理论疏》：

> 陈那释云："今于此中，非以成立火触为宗，但为成立此相应物。谓成山处决定有火，以有烟故；炉中定热以有火故。名为烟火相应之物，非以有法烟，还成有法火。亦不以有法火，而成热触法。"彼论又云："若不尔者，依烟立火，依火立触。应成宗义一分为因，还以宗中，一分有法而为因故，便为不可。"③

这两段与《略抄》所引《理门论》释义方式、顺序及前后相关内容大致相同。其中山、火、炉、烟即是所述相应之物。以《纂

---

① 《大正藏》第32册，第1629号，第7页，第1栏。
② （唐）慧沼：《因明入正理论义纂要》，《大正藏》第44册，第1842号，第162页，第2栏。
③ 《大正藏》第44册，第1840号，第102页，第3栏。

要》为例，是以山中之火生烟，炉中之火生热为喻释义。山火、炉烟是"由大到小"的相应方式。《略抄》若按沈文原释，窜烟、窜火完全不符合《理门论》经义。若按对应文献， 应是"山"， 应是炉，但字形上无法说通。我们认为 是邑的俗字"邑"的草书， 应该是庵的俗字"菴"的草书。邑在敦煌文献中俗写作 （第 497 页），草书可以写作 。庵在敦煌文献中基本都写作菴，这个在《敦煌俗字典》按语中就有说明（第 4 页）。菴，裴休写作 （第 1170 页），与 基本相同。这样按我们的释字从读《略抄》的这句话："以此处邑、烟相應義成立此中菴、火相應義。"是说，邑中生烟的因果关系对应庵中生火的因果关系，也是从大到小的相应方式。

138 行："法若别相違……"沈文注云："若当为差之误。"（第 249 页）非是。若，原卷作 ，就是"差"的草书写法，与"若"字草书相近。武邑文释作"差"。"差"字草书，王羲之《十七帖》作 ，孙过庭作 ，皆与 近同。草书中这种字形近似的情况非常多，必须依据上下文确定释字。

155 行："非顛倒說。"（第 250 页）顛，原卷作 ，与传世"顛"的草书不合。顛，智永作 ，乃"顛"之俗字 （第 84 页）的草书写法。

162 行："是喻云同，應宗、因、喻等應無差別。"（第 251 页）同，原卷作 。"同"在卷中多次出现，皆作 形。 与"同"的草书字形差距太大。 ，单从字形上看有两种可能。一种可能是"即"字。即，皇象作 ，王羲之作 ，智永作 。字形与 相近。同卷"即"字多次出现，作 ，与 还是有些差距。另一种可能是"鄉"字。鄉字草书，皇象作 ，王羲之作 。与鄉近似形体卿字草书，智永作■。■与■，差别只是在起笔上逆锋藏头的差距，也有可能受郷与卿的共同影响而简写的形体。但两字放入文中，文义不通。从上下文来看，这个地方应该是同，那么很可能■是"同"的误字。

以下为《后疏》校读：

108 行："諸佛種智□明覺照……"（第 282 页）□阙释，原卷作■，"明"原卷作■。这两个字应该是"刹那"。刹，《草书韵会》中作■。以传世草书来看，与■形有些差距。东魏时《敬使君碑》中刹作■[1]，《一切经音义》中刹字亦同此形[2]。并且在敦煌文献中，刹俗写为■、■（第 40 页）。可以确定■是刹的俗字草书。那，孙过庭作■，与■形稍有不同。但《后疏》154 行"陈那"之"那"字作■，正与此形相合，是其铁证。

117 行："唯擬被□，非是籍言……"（第 283 页）□阙释，原卷作■，应是"機"字。機字草书，怀素《自叙帖》作■，智永作■，孙过庭作■，皆与阙释字形相合。"被机"一词屡见佛典。如《妙法莲华经玄赞》卷一："為被機宜說是經也。"[3]《瑜伽论记》卷二十一："則是教所被機。由機故說。"[4]

二

草书基本写法定型后，我们可以通过传世的草书对读解决大部分问题。但是由于草书书写快速简化，使很多字形易混难辨。敦煌草书不仅具有传世草书易混难辨的特点，而且有其特殊性，非常有必要作进一步研究。以下是我们从校读中得到的一些启示。

---

[1] 秦公辑：《碑别字新编》，文物出版社 1985 年版，第 51 页。
[2] 徐时仪校注：《一切经音义三种校本合刊》，上海古籍出版社 2008 年版，第 987 页。
[3] 《大正新修大藏经》第 34 册，No. 1723。
[4] 同上书，第 42 册，No. 1828。

从上面的考释可知，俗字在释读敦煌草书中起到的关键作用。同时，也正是因为俗字草写，给我们释读带来不少障碍。如上文所释的愈、颠、刹，都与传统的草书写法差距很大，这类情况卷中还有，如义作 A 形，医作 B 形，轨作 C 形等。

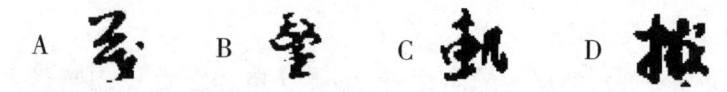

如果不知道俗字写法，很难在字形上得到合理解释。好在我们用传世文献对读，能寻找到一些端倪。尽管如此，还是有无法解决的地方。比如《略抄》125 行："无常、勇、无触，依常性等九。"触，原卷作 D 形，从字形上很难看出是"触"字。但《略抄》所引这段话，在《纂要》《因明入正理论疏抄》《因明正理门论》等文中皆作"触"，无从解释。不过至少可以为我们提供一个思路：如果这个字形没有讹误的话，那很有可能就是"触"或触之音借字的俗字草写。

除了用俗字外，敦煌草书字形的写法也比较特殊。如上面所说的菴、机等。同样情况卷中还有很多，例如征作 a 形（《略抄》73 行）、男作 b 形（不注明行数者为卷中多次出现，以下皆同）、属写作 c 形（武邑文误释作"成"）、识作 d 形、益作 e 形（《略抄》258 行）等。

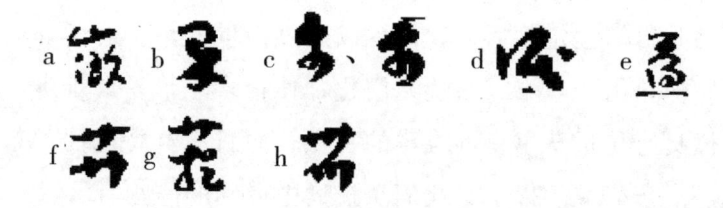

与传世草书都不太一样。在卷中还有一些符号代写。如《略抄》43 行，菩萨作 f 形，同行"菩提"作 g 形，第 5 行涅槃作 h 形

(在其他文献中也有写作夨①），佛作仏（其他文献也有直接写作"厶"②）等。这种情况在其他书体的抄经中也比较常见。③ 上述两种情况，也给我们的草书释读带来不小的障碍。

　　从文字发展的角度来看，敦煌草书也有待进一步研究。很多学者已经注意到俗字形来源于草书楷化，但是像上面说到的烟、刹等字与俗字究竟是谁先谁后呢？烟，汉简中就已简写作"烟"（额济纳汉简 2000ES9SF3：4C），敦煌文献楷书俗写作 烟 （第 473 页）。隋唐以前传世草书文献中，烟字草书都作 烟，唐以后"烟"这种字形草书才占主流。刹字，东魏时就有 刹 这种写法，《略抄》中草作 刹 形，唐以后的草书中 刹 形就未见到过。看来烟、刹都是先有俗字，后来用俗字作草书，但两字的发展结果不同，"烟"字继续使用发展为今天的简化字，"刹"则逐渐消失不用，或仅见于一些字书中。解决这类问题对于俗字、草书研究及解决文字发展等相关问题都非常重要。

　　再有，上面说到的 字形，武邑文作"僭"。汉简草书中有与"日"同形的部件作三点连写之形，如额济纳汉简中，会作 （99ES16ST1：16），居延汉简中昌作 ④，百作 ⑤。这反映了笔顺和字形演变的关系问题。风格上，敦煌文献草书与汉简草书也似有可比之处，同地域两个时代的前后连续性还缺少研究。而且，敦煌文献草书与同时代的其他草书文献相比，敦煌草书的发展似乎要相对滞后，因为很多敦煌草书抄卷还残留着明显的章草笔意，弄清敦煌草书的特点，对以文字作为辨伪、断代标准来说，尤为重要。敦煌文献草书与敦煌汉简草书在用笔特点、字形继承关系、书法风格

---

① 于淑健：《敦煌佛经俗字误读释正》，《文献》2008 年第 2 期。
② 同上。
③ 张涌泉：《汉语俗字研究》，商务印书馆 2010 年版，第 117—121 页。
④ 陆锡兴：《汉代简牍草字编》，上海书画出版社 1989 年版，第 130 页。
⑤ 同上书，第 68 页。

上都值得我们进一步研究。

稍作一下学术史回顾就不难发现，上面所说的问题在学术界并没有得到充分研究。从研究现状来看，敦煌草书研究，似乎成为艺术类较多涉及的话题，而从文字学角度深入研究的寥寥无几。按《中国敦煌学论著总目》的统计（截至 2007 年），敦煌草书研究中，书法类论文有 110 篇，各类论著、选辑等有数十种，近几年最新的博士、硕士学位论文，也有几篇，如陈琪《敦煌遗书书法浅探》（2007 年兰州大学博士学位论文）、蔡渊迪《敦煌经典书法及相关习字研究》（2010 年浙江大学硕士学位论文）。而从文字学角度，对敦煌草书进行深入研究的专论文章，暂未查到。在书法类文章中，虽然也有一些对敦煌草书的文字学问题进行讨论，但是文章的主旨毕竟是书法学方向，行文必然有所侧重。以较新的学术论著为例，如沈乐平《敦煌书法综论》（2009 年 10 月出版）一书，对俗字中的章草俗体字、今草俗体字仅作了几百字的简短讨论。[①] 可见，从文字学的角度，对敦煌草书进行全面综合研究是目前的一项空白。

敦煌文献中草书文献不算少数，这里只考察了两部文献，料想在其他草书文献中还有多少问题，是因为俗字的隔阂、特殊书写习惯的障碍、草书与俗字关系不清楚等原因，而未能得到解读或被误读呢？所以，十分有必要对敦煌草书进行专门深入的研究。这样就给我们提出了整理敦煌文献草书的新任务，首先是敦煌草书文献的汇集整理。要进行全面研究就必须有完整的材料，这是敦煌草书研究的前提。随着敦煌学的发展，大型集成图书的出版，将为汇集工作提供有利条件。首先的任务是先做出敦煌文献草书目录，然后再进行集成、释文整理等工作。我们已经做了目录的初步搜集工作，

[①] 沈乐平：《敦煌书法综论》，浙江古籍出版社 2009 年版，第 93—97 页。

但还粗糙不全，还在继续搜集。① 二是编纂《敦煌草书字典》。张涌泉在《汉语俗字研究》中，很早就提出"编纂专题性的俗字字典"②，从整理敦煌俗字角度来说，编纂一本敦煌草书字典也很有必要。例如上面所说的那、同、触等字，如果能有敦煌文献中相同字形的对照，更有利于释读和文献整理。并且对文字发展、书体演变和书法研究，也有非常重要的意义。三是敦煌草书构形系统的综合研究。敦煌草书构形的特殊性，既要注意地域因素又要注意时间上的前后联系。同时，抄写者、内容、形式等因素造成的构形变化也应考虑在内。虽然这些任务只是暂时提出的一些"设想"，但我们正在不断努力实现这个设想，同时也希望有更多的同行给我们提出更多的宝贵意见。

---

① 李洪财：《敦煌草书写本目录及简析》，2010年3月26日，复旦大学出土文献与古文字研究中心网站（http：//www.gwz.fudan.edu.cn/Web/Show/1116）。

② 张涌泉：《汉语俗字研究》，商务印书馆2010年版，第330页。

栖复《法华玄赞要集》相关问题考

《大正藏》收有栖复《法华经玄赞要集》，书中吸取了多家关于《玄赞》的解读意见，同时又有作者本人的取舍和解释，是研究《法华经玄赞》和慈恩宗思想的重要文献。这部著作集各家之长，所涉经典名家很多，自《大正藏》收录公开后，其征引频率较高，但《要集》的作者和流传情况一直不是很清楚，对我们利用这部文献有很大影响。[①] 本文拟通过相关材料梳理，来探究栖复生平与《要集》的引用、影响、流传等相关情况。

一　栖复所处年代与目录中所记《要集》情况

典籍中关于栖复的记载很少，但并不是没有任何生平相关信息。《要集》卷一起首言："栖复自大和末，罢律讲后，屡涉京师。"此"大和"为唐文宗的第一个年号，时间在827年至836年。即是说，栖复所生活的年代大致在此段时间前后。

《大正藏》及所见目录皆云栖复为镜水寺沙门，然镜水寺罕有记载。成德[②]有诗《晚过镜水寺》："策枚问花宫，悠然世态空。高

[①] 该《要集》原藏日本法隆寺，在日本非常受重视，在中国使用率也非常高，仅在中国知网2006年到2016年10年内，其征引次数就有120次之多。陈源源《〈妙法莲华经释文〉研究》（硕士学位论文，浙江大学，2006年，第22页）在介绍栖复时仅言"未曾见关于栖复生平的佛教书籍"，未作探究。

[②] 成德，字友松，江都人，年代不详。

原青霭外，古寺白云中。溪水明朝雨，山钟度晚风。劳劳尘世内，只此慰飘蓬。"① 此诗中所提到的镜水寺与栖复所在寺不知是否一致。不过文献中多有镜水的记载。日本僧人安澄（763—814）著《中论疏记》卷一中说吉藏（549—623）大师："隋开皇年中，东游镜水，止嘉祥精舍。"此处所说嘉祥精舍，即嘉祥寺，今在浙江绍兴秦望山脚下。今秦望山西北有鉴湖，又称镜湖。所谓"东游镜水"应该就是吉藏来嘉祥寺经过此镜湖。《旧唐书》卷一六六，列传第一一六："会稽山水奇秀，积所辟幕职，皆当时文士，而镜湖、秦望之游，月三四焉。"此处镜湖与秦望山并称，可知两者位置不会太远。《新唐书》卷三六，志第二六："贞元二十一年夏，越州镜湖竭。"《乾隆绍兴府志·地理志六》记山阴县镜湖："在城南三里。"又记"镜湖源出会稽之五云乡。"② 《传教大师将来越州录》："最澄阇梨。性禀生知之才。……南登天台之巅。西泛镜湖之水。"天台山指浙江天台山，在绍兴南。越州、山阴为旧时绍兴之别称。故知古之镜湖与今之鉴湖并不完全等同，但两者可能只是水位变化产生的位置差异。由以上所列材料可知，镜湖为僧人、名士常来往之处，疑栖复的镜水寺就在此地。可惜绍兴虽自古名刹林立，但很多不见史料记载，更无法查找镜水寺的任何信息。

今所能查到栖复的著作仅《要集》一种，共存三十一卷，末卷为三十五。缺四卷，无二十二、二十三、三十、三十二卷。目录书中也可见《要集》记载，《注进法相宗章疏》记："法华经玄赞要集三十卷（镜水寺沙门栖复撰）。"《东域传灯目录》亦有此《要集》在目，卷数为三十五卷，今《大正藏》所收最后一卷亦为"卷三十五"，可知此两者版本卷数相同。《东域传灯目录》又云：

---

① 阮亨、王豫辑：《淮海英灵续集·辛集》卷三，清道光刻本。
② （清）李亨特：《绍兴府志·地理志六》，《中国方志丛书·华中地方》，成文出版社1975年版，第165页下。

"镜水寺栖复撰,本末七十卷。"知此《要集》又有三十五卷每卷又分本末之其他版本。《大正藏》所收《玄赞》每卷即分本末。

二 《要集》唐代弘举题记及反映的问题

《大正藏》所收《要集》个别卷后有题记。其中卷一、卷十四、卷十五、卷十六、卷二十一末尾皆题记曰:"唐乾符六年冬,温州开元寺讲,慈恩比丘弘举传写供养。""乾符"为唐僖宗第一个年号,乾符六年为880年。"温州开元寺",《要集》卷二十末尾跋中又作"永嘉开元寺"。此寺的相关问题下文会有详细说明。题记说"开元寺讲",虽未说谁讲,但从"弘举传写供养"一句行文语气来看,题记可能指《要集》作者栖复开讲。前面说栖复所在的镜水寺可能在绍兴一带,此处所说的开元寺在温州,两地同在浙江距离并不是太远。这种地域关系,或许说明弘举题记所说的"开讲"指的可能就是栖复。"慈恩比丘弘举",史籍无载。要注意的信息是"慈恩比丘",这里点明了弘举的身份。我们知道,玄奘回国后住慈恩寺,后将玄奘所传唯识一脉称为慈恩宗。这里弘举自称慈恩比丘说明了他的宗派身份。而且栖复其实也是慈恩宗的嫡传。《法华开示抄》二十八帖之内第九记:"且止傍论,推本不同之所以者,淄洲朴扬已下,至崇俊、法清、法澄、栖复、诠明等,资嫡孙弟,依疏作释之人。虽有《玄赞》之明文,可疑者疑之,可乱者乱之。"[1] 这里揭示了淄洲朴扬智周法师以后的嫡传关系,其中就有栖复。栖复、弘举同属慈恩宗,此时的弘举可能在开元寺随同栖复学习《要集》。综合此题记可知,温州永嘉开元寺唐代乾符年间栖复法师可能在此开坛讲《法华玄赞》,也说明此时慈恩唯识学在温州仍有流传。

---

[1] [日]贞庆:《法华开示抄·二十八帖之内第九》,《大正新修大藏经》第56册,第2195号,第334页,第3栏。

《要集》卷二十末尾跋云："弘举记：乾符六年孟冬月三十日于永嘉开元寺法华写过，伏以事务烦通兼且手拙樜至谬劣也，通鉴大德觅契于慧璩记了。"此跋记增加了些内容，增加的前部分是说在开元寺写法华，事务繁多连同书写不善导致错误。最后一句应是语带双关。觅契，指寻觅志趣相合的人。陶潜《桃花源诗》："愿言蹑清风，高举寻吾契。"慧璩乃南朝刘宋时僧人，涉猎经史，身怀多技。《高僧传》卷十三载："释慧璩，丹阳人，出家止瓦官寺。读览经论涉猎书史，众技多闲而尤善唱导。出语成章动辞制作，临时采博罄无不妙诣。"最后一句似说由于书写不善错误较多，要通鉴此卷的大德们去寻觅慧璩这样的大师了。这是《要集》所见最后的跋语，弘举在跋语中既表示了对此集的恭敬，也表示了自己抄写不善的原因。同时从跋语所显示的恭敬和描述来看，弘举只是因听讲《要集》而供养抄写此集，可排除弘举本人讲《要集》的可能。

三　智证大师收藏《要集》的问题

《要集》传到日本后也有转写并留下题记。这对我们考证《要集》的流传非常重要，尤其是第一卷后题记所涉智证大师收藏该书的问题，非常值得专门探讨。兹录《要集》第一卷末尾题记第一段如下：

> 此书从巨唐来，在智证大师经藏，深秘不出，只闻其名。今兴福寺释真喜仲算，与彼门徒智兴阇梨有刎颈交，相瞩借请，始以书写。后贤鉴于时，天禄元年，岁次庚午也。

此题记高桥宏幸先生已有解读，《要集》虽在智证大师经藏，但智证大师的求法目录中不见此书，不清楚究竟何时由谁传到日本。① 智证大师又名圆珍，唐大中七年（853）入唐求法，大中十二年（858）携带经书千余卷回国，891年圆寂。此段末尾天禄元年为970年，此时距离智证大师圆寂不到80年，说其"深秘不出"，应该可信。

智证大师本有在唐期间日记，今已不传。但有后人从其日记中节录出重要内容部分，整理出《行历抄》。近世又有《行历抄注》通行，可查智证法师在唐的相关情况。今人还有文章考证智证大师途经浙江的情况。②《天台宗延历寺座主圆珍传》中记载：

> 十月中旬入温州界，过江口镇，至横阳县，停住郭下。……过安固县到永嘉郡……道俗相喜甚，以安泊于开元寺。遇临坛大德僧宗本阇梨，授《四分新疏》《俱舍论》《楞伽经疏》。③

此材料所说十月为唐大中七年十月，即853年10月。已有学者注意此记载中的江口、横阳等地，④ 但对智证大师所过永嘉郡一事无人注意。而且此处又说在永嘉开元寺停留，也未引起关注。

唐天宝元年（742）到至德二年（757）曾改温州为永嘉郡，乾元元年又称温州，故这里圆珍用的是旧称。上文已说到弘举题记中有温州开元寺又作永嘉开元寺，就是这种新旧称混用的情况。温州开元寺，史籍中有提及，如《宋高僧传》卷七记宋天台山螺溪传

---

① ［日］高桥宏幸：《〈法华经释文〉撰述に关する一资料をめぐって——〈法华经玄赞要集〉》，《国文学论考》2000年3月，第15页下。
② 伍显军：《圆珍入唐求法途经温州》，《温州日报》2007年11月13日风土版。
③ 白化文、李鼎霞校注：《行历抄校注》，花山文艺出版社2004年版，第132页。
④ 陈崇华：《日本智证大师来温记——填补〈温州府志〉、〈平阳县志空白〉》，《温州日报》2014年5月15日第9版。

教院义寂在开元寺出家。又该书卷十六提到，汉钱塘千佛寺希觉"忽求出家于温州开元寺"。据《温州府志》记载开元寺在温州市城内文庙之侧（今鹿城公园路），晋朝旧称崇安寺，唐改为官寺始称开元寺。① 上揭材料表明智证大师在853年10月时停住温州市内的开元寺。此开元寺与上文所说弘举所在的温州永嘉开元寺，既然在同一时期的同一地点，两者应该就是同一处。前面说弘举在永嘉开元寺听讲并抄写《要集》，说明此地有《要集》流传。此《圆珍传》又记智证大师曾在永嘉开元寺停留，两者相关时间相隔不足30年，智证当年可能就是在永嘉地区或永嘉开元寺求得《要集》。此虽是推论，但也可从侧面反映出《要集》与智证大师的关系。

从以上论述来看，智证大师与《要集》应该有所交集。智证大师入唐求法所得经卷后来形成目录，但令人疑惑的是目录中没有任何关于《要集》的信息记载。其原因可能有三个：第一是目录漏收，目前所见圆珍入唐的相关记载皆为后人整理，圆珍求法目录所涉书目众多，失载一种也有可能。第二是智证大师有意隐藏信息。从上揭日僧题记说此书"深秘不出"，应该就是智证私隐表现。当然还有第三种可能，就是智证回国后从其他的遣唐僧手中得到此书。但这种情况没有任何信息可证实。三种情况以第二种情况最可能。

四 《要集》在日本的流传情况

上举第一卷末第一段题记中还说："今兴福寺释真喜仲算，与彼门徒智兴阇梨有刎颈交，相嘱借请，始以书写。"这段题记的时间是天禄元年（970），虽说"深秘不出"，但应该是从此时开始《要集》的转抄本开始多起来。至少此时已经有兴福寺本和法隆寺转抄兴福寺本。

---

① 上海书店出版社编：《天一阁明代方志选刊·嘉靖温州府志·寺观》，上海书店出版社2014年版；温州佛教协会：《温州佛教史》（http://www.jiangxinsi.com/wzfx/main/fjzList.asp）。

《要集》传到日本后在一些日本的目录书中有记载，目录书的年代有助于清楚《要集》的版本和流传情况。日僧藏俊《注进法相宗章疏》和日僧永超《东域传灯目录》中都记有《要集》。《注进法相宗章疏》卷末落款明确时间为"安元二年十一月，权律师藏俊"。"安元"为日本古代年号，安元二年即1176年，相当于我国宋代孝宗时期。《大正藏》版本说明中记《东域传灯目录》原本为"镰仓初期写高山寺藏本"。日本镰仓时代起于1185年，与上举《注进法相宗章疏》时间相差无几。此后的情况在《要集》题记中也有一些反映，以下将相关题记列表1：

表1　　　　　　　　《要集》各卷后题记汇总表

卷数	卷后题记	书写地	书写者	时间
第一（卷后题记第二段）	弘长元年（辛酉）七月二十三日，法隆寺僧圣赞，全本写留之。施入于专寺大经藏。以无类本恐失坠，更书写之讫。法隆学问寺正应	法隆学问寺	正应	弘长元年为1261年
第九	弘长元年（辛酉）八月上旬天法隆寺石藏院书写了。同年九月二十二日一交了	法隆寺石藏院		弘长元年为1261年
第十二	元久二年润七月二十九日于转经院书写毕	转经院		元久二年为1205年
第十四	元久三年丙寅正月二十二日书写了。为兴隆佛法利乐有情而已。凝圆（生年五十八）		凝圆	元久三年为1206年
第十五	承元二年三月二十一日书写了。　凝圆		凝圆	承元二年为1208年
第十六	弘长元年（辛酉）漆月拾日写之毕。　永实　同年十月二日一交了		永实	弘长元年为1261年

续表

卷数	卷后题记	书写地	书写者	时间
第二十	贞永元年（壬辰）润九月二十六日春日山边于四恩院书写毕。执笔长盛	四恩院	山边长盛	贞永元年为1232年
第二十七	元久元年八月二日于福光院书写了。是偏为令法久住利益人天而已。假名比丘凝圆（生年五十八）	福光院	凝圆	元久元年为1204年
第二十八	元久二年八月三日于野福光院书了。为兴隆佛法利乐有情矣。凝圆之	福光院	凝圆之	元久二年为1205年
第三十五	此书三十五帖，年来之间，励微力，料纸调储，劝进笔师。书写毕。愿自他依此功德，生生世世值遇太子圣皇，在在所所结缘法华经。仍法隆寺大经藏安置。寺门不出，不可被所出他所而已。弘长元年辛酉七月二十三日			弘长元年为1261年

表1题记中的几个日本年号，最早1204年，最晚1261年，跨越57年处在日本镰仓时代。表1题记书写地与书写者也大多不同，可知今见《大正藏》所收《要集》原版为多个书手抄卷合集而成。表1第一卷后题记第二段说："法隆寺僧圣赞，全本写留之。施入于专寺大经藏。以无类本恐失坠，更书写之讫。"第三十五卷说："仍法隆寺大经藏安置。寺门不出，不可被所出他所而已。"这两处题记可说明《要集》在法隆寺又有两个版本，一个是法隆寺原本，这是转抄兴福寺藏本；另一个是为了防止此书遗失，根据兴福寺转抄本再抄写留底用的副本。《大正藏》版本说明中记《要集》原本为"镰仓初期写高山寺藏本"。依照这几条信息看，到镰仓时代时，《要集》至少有四个版本，第一个是兴福寺藏本；第二个是在法隆

寺的兴福寺转抄本；第三个是法隆寺根据兴福寺转抄本的再抄本；第四个是高山寺藏本。而且从题记"寺门不出，不可被所出他所而已"还可看出，镰仓时代的《要集》始终处在一种未完全公开的深藏状态。但是从上面题记的相关信息来看，镰仓时代《要集》已经产生了多个抄本。此后《要集》的流传情况就没有太多材料可查。自此之后《要集》不再是"深秘不出，只闻其名"的状态，在很多文献中引用也开始多了起来。

五　《要集》引用与被引用情况概述

《要集》虽源自中国，却在本国已经亡逸，因流传到日本，而得以保存。这部文献既然是集各家之说，所引用的文献情况是一个值得注意的重点，但限于篇幅这里只能简单说明。

（一）《要集》引用的文献

《要集》征引极其丰富，而且所引经典，不限于佛家文献。可以说儒释道三家的重要经典在此卷中都可以找到，而且引用频次都很高，涉及的典籍数量近百种之多。其中仅佛经就有几十种之多，其引用的佛经如《涅盘经》《大般若经》《胜鬘经》《金刚经》《大树紧那罗经》《华严经》《维摩诘经》《正法念经》《雨喻经》《出曜经》《法住经》《遗教经》《杂阿含经》（原文作"契经"）《净名经》《楞伽经》《升摄波叶经》《无垢称经》《因果报恩经》《十二头陀经》《金光明最胜王经》《大品经》《众善经》《本行经》《大方便经》，等等。引用的佛论如《俱舍论》《瑜伽师地论》《摄大乘论》《成唯识论》《百论》《佛地论》《显扬论》《大智度论》《法华论》《庄严论》《对法论》《杂集论》《集论》《五明论》《杂心论》等。可以看出佛教经典的主要经、论在《要集》中皆有引用。其中引论中提及最频繁的《瑜伽师地论》和《成唯识论》，这两部大论都在《要集》中出现超过两百次，上文说过栖复为慈恩嫡传，这里大量引用唯识文献也是个说明。

《要集》中还引用很多法师所述，比如文中出现的慈恩云、沼云、护法云、安慧云、潞云、章云、初师云、感法师云、净法师疏云等。这种引述多数是以名代著，比如文中所引"沼云"很多是惠沼《法华经玄赞义决》内容。但还有一些不知所源，其所说法师史籍完全无载。有些引用甚至既无书名也无作者，直接作"有解云"，更是无从查找其源。此类不署名的见解，可能是当时流行的分歧思想，从这点上说，《要集》对考察唐代佚名法师和当时流行思想有重要参考价值。

大量引用儒道经典是《要集》引文的一大特色。《要集》中在解释文字时常以儒家小学类文献为依据，比如文中常引用《尔雅》《释名》《玉篇》《切韵》作为文字正义依据。儒家的很多重要经典，例如《论语》《礼记》《周易》《毛诗》《文选》等，在此卷中频繁引用。此外，道家经典也在《要集》中经常出现，比如《道德经》《庄子》在文中引用几十次。相比较而言，道家的经典引用程度远不如引用儒家，大量引用儒家经典也是儒释结合重要的表现。

（二）文献中引用《要集》的情况

《要集》仅存于日本，所以目前能见到引用《要集》的文献基本在日本。日本所留平安时代的佛典中，以栖复所在的镜水寺简称《要集》为镜水抄。多数典籍属于日本法相宗作品。比如日本兴福寺僧人释中算撰《妙法莲华经释文》中有 28 次提到栖复。[1] 据考，释中算为日本平安中期僧人，公元 976 年去世。[2] 释中算在《妙法莲华经释文》中所引《要集》，主要集中在文字释读上。[3] 此外引

---

[1] ［日］释中算：《妙法莲华经释文》，《大正藏》第 56 册，续经疏部一。
[2] 陈源源：《〈妙法莲华经释文〉研究》，硕士学位论文，浙江大学，2006 年，第 6 页。
[3] 详细情况可参见 ［日］高桥宏幸《〈法华经释文〉撰述に关する一资料をめぐって——〈法华经玄赞要集〉》，《国文学论考》2000 年 3 月，第 14—21 页。

用《要集》的文献还有《华严演义钞纂释》《法华开示抄》《悉昙要诀》《唯识义》《华严宗香熏抄》《资行钞》《中论疏记》《大乘法苑义林章师子吼钞》等，可见引用率较高，足见《要集》在日本佛教中的重要性。同时，转引内容也为辑佚《要集》遗失部分提供可能。

六　总结

综上考述，可以确定栖复生活在 827 年至 836 年前后，目录文献和今存著作仅有《要集》一种，共三十五卷，国内早已遗失。末卷为三十五，与目录书中所记卷数相同。因流传至日本，得以在日本保留，残存三十一卷，缺四卷。《要集》在日本平安时代较受关注，原藏法隆寺后有兴福寺转抄本，后来转抄本渐多，镰仓时代《要集》已经产生了多个抄本，在日本的文献中转引也渐多。栖复所在镜水寺，史料无载，疑此寺在文献所载之越州镜湖旁。唐代乾符年间，栖复法师可能在温州永嘉开元寺开坛讲《法华玄赞》。温州永嘉开元寺曾在唐代后期兴慈恩唯识学，可填补温州佛教史内容。

抚琴俑及相关材料存在的
问题初探[①]

出土文物中有很多抚琴形象的乐俑。这种乐俑因其形态有很多相似之处，不详细辨析很容易出现对其定名和描述的错误。我们曾多次发现简报中抚琴俑定名和描述上的错误，近来发现在最新的相关简报中仍然存在这种问题，而且有些错误不止一两处。可见，这种问题长期存在，而且没有引起注意。

笼统地说，琴、瑟、筝等弹弦乐器都可以统称为琴，但在出土简报中，不应该出现指代不清的命名，所以先要弄清楚这类抚琴俑所奏乐器究竟是什么，才能准确命名。为了便于行文，在辨析之前我们仍以"抚琴"描述抚琴俑、画像石、壁画等相关奏乐形象。

一 以汉代蜀地抚琴俑为中心的乐器对比

（一）相关研究情况

在古琴、古瑟的相关研究中，很多文章在利用抚琴俑时，皆拿来即用，并没有详细辨析所持乐器究竟是什么乐器。[②] 2013 年 10

[①] 本文首发于《音乐探索》2016 年第 1 期。
[②] 李松兰：《穿越时空的古琴艺术——"蜀派"历史与现状的研究》，博士学位论文，上海音乐学院，2011 年，第 48—60 页。晏波：《古瑟研究——以楚瑟为中心》，硕士学位论文，华中师范大学，2009 年，第 38—40 页。杨晓主编：《蜀中琴人口述史》，生活·读书·新知三联书店 2013 年版，第 99、278 页。

月丁承运发表《汉代琴制革故鼎新考——出土乐俑鉴证的沧桑巨变》（以下简称"丁文"），深入探讨汉代抚琴俑所持的乐器，认为出土所见抚琴俑所抚的类似"小瑟"并偶见带一弦枘或尾岳山的琴，是汉代的一种新式琴。文章认为目前可以确定的奏瑟俑弹奏方法和乐器所在位置与抚琴俑不同，弹瑟时乐器置于膝前，抚琴则置于膝上；未见一弦枘瑟；通过抚琴俑人体和所抚琴的比例判断琴宽为二十厘米以内，认为这不是瑟的宽度；演奏手法与弹琴手法相同，与弹瑟手法不同；这种新式琴采取瑟的以枘栓弦方式，后来一弦枘栓弦逐渐演变为置于琴下一分为二的雁足栓弦。文章说："上古琴制经历了瑟型独枘、无枘有岳，最后是无枘无岳这么三个阶段，才发展为唐代以后传世琴制的。"① 可知丁文认为抚琴俑所奏乐器与后世古琴是前后直接演变关系。

2011 年李松兰的博士学位论文《穿越时空的古琴艺术——"蜀派"历史与现状的研究》，探讨了考古学与东汉抚琴俑的研究情况、类型、分布概况、分布特点。② 虽然文中已经注意到抚琴俑所持乐器的差异，但文中明确说"本研究的目的着眼于琴文化的地域性历史变迁，本文暂不对东汉抚琴俑的琴进行绝对的区分，只是注明各琴俑的形态特征，进行琴文化区之间的关系判断"。③ 而且文章在搜集资料时将疑似筝、瑟的"抚琴俑"也纳入研究范围。④ 该文章虽没有深入讨论抚琴俑的乐器差别，

---

① 丁承运：《汉代琴制革故鼎新考——出土乐俑鉴证的沧桑巨变》，《紫禁城》2013 年第 10 期。
② 李松兰：《穿越时空的古琴艺术——"蜀派"历史与现状的研究》，博士学位论文，上海音乐学院，2011 年，第 48—60 页。
③ 李松兰：《穿越时空的古琴艺术——"蜀派"历史与现状的研究》，第 59 页。
④ 同上书，第 53 页。

但对抚琴俑的相关材料搜集和分布特点论述得非常详尽。下面按照李文搜集的资料，按照有无弦枘、器身长短、箱体厚薄等特点对抚琴俑作详细分类。所举乐俑的命名暂依照原出处，后面还会有专门讨论。

(二) 蜀地抚琴俑类型与其他地区相应形象材料对比与辨析

1. 蜀地汉代抚琴俑类型与其他地区相应形象材料

表1　　　　蜀地汉代抚琴俑类型与其他地区相应形象材料对照

类型	弦枘尾岳	器身	箱体	举例	其他地区相应材料
一型	一弦枘	长而窄	很厚	四川资阳县东汉墓出土乐俑（图1）①	山东乐舞百戏画像（图7）② 山东抚琴画像（图8）③
二型	一弦枘	较短较宽	较厚	四川峨眉山市东汉墓抚琴俑（图2）④	河南唐河针织厂乐舞画（图9）⑤
三型	一弦枘有尾岳	较短较宽	较薄	四川忠县涂井蜀汉崖墓抚琴俑（图3）⑥	河北乐舞画像（图10）⑦

---

① 李荣有：《汉画像的音乐研究》，京华出版社2001年版，第113页作"鼓瑟"，丁文认为是"抚琴"。
② 编辑委员会：《中国画像石全集3·山东汉画像石》，河南美术出版社2000年版，第128页图一四七。
③ 编辑委员会：《中国画像石全集2·山东汉画像石》，第6页图九。
④ 邱学军：《四川峨眉山市东汉墓》，《考古》1994年第6期。
⑤ 编辑委员会：《中国画像集成6·河南汉画像石》，第11页图一一。
⑥ 四川省文物管理委员会：《四川忠县涂井蜀汉崖墓》，《文物》1985年第7期。
⑦ 总编辑部：《中国音乐文物大系Ⅱ·河北卷》，大象出版社2008年版，第225页。

续表

类型	弦枘尾岳	器身	箱体	举例	其他地区相应材料
四型	无弦枘有尾岳	长而窄	较厚	四川绵阳弹琴俑（图4）	安徽阳嘉三年建鼓画（图11）② 山东乐舞百戏画像（图12）③ 安徽抚琴画像④
五型	无弦枘有尾岳	长而窄	较薄	四川乐山市中区大湾嘴崖墓弹琴俑（图5）①	安徽听琴画像⑤ 陕西绥德墓门楣画像⑥
六型	无枘无尾岳	短而宽	很薄	四川绵阳河边东汉崖墓抚琴俑（图6）⑦	云南大理市下关城北东汉纪年墓抚琴俑（图13）⑧ 河北定州严家庄78号汉墓鼓瑟俑（图14）⑨ 洛阳东北郊东汉墓抚琴俑⑩

---

① 四川乐山市文管所：《四川乐山市中区大湾嘴崖墓清理简报》，《考古》1991年第1期。
② 编辑委员会：《中国画像集成4·江苏、安徽、浙江汉画像石》，第135页图一七七。
③ 编辑委员会：《中国画像石全集3·山东汉画像石》，第62页图七六。
④ 编辑委员会：《中国画像集成4·江苏、安徽、浙江汉画像石》，第135页图一七六。
⑤ 同上书，第136页图一七八。
⑥ 编辑委员会：《中国画像集成5·陕西、山西汉画像石》，第114页图一五三。
⑦ 何志国：《四川绵阳河边东汉崖墓》，《考古》1988年第3期。
⑧ 大理州文物管理所：《云南大理市下关城北东汉纪年墓》，《考古》1997年第4期。
⑨ 总编辑部：《中国音乐文物大系Ⅱ·河北卷》，第141页2.2.1g。
⑩ 洛阳市文物工作队：《洛阳东北郊东汉墓发掘简报》，《文物》2000年第8期。

图1 资阳县东汉墓抚琴俑

图2 峨眉山市东汉墓抚琴俑

图3 忠县涂井蜀汉崖墓抚琴俑

图4 绵阳何家山2号东汉崖墓抚琴俑

图5 乐山市中区大湾嘴崖墓弹琴俑

图6 绵阳河边东汉崖墓抚琴俑

图7 山东乐舞百戏画像

图8 山东抚琴画像

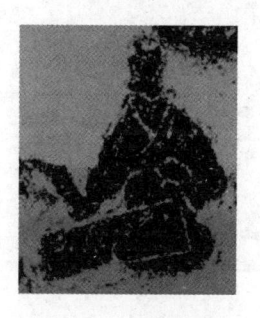

图9 河南唐河针织厂乐舞·六博

图 10　河北乐舞画

图 11　安徽阳嘉三年建鼓画像

图 12　山东乐舞百戏画像

图 13　大理市下关城北汉墓抚琴俑

图 14　河北严家庄 78 号汉墓鼓瑟俑

图 15　重庆璧山县棺山坡东汉崖墓群抚琴俑

图 16　郫县一号石棺画像中抚琴形象

图 17　雅安安颐阙师旷鼓琴图

图 18　彭山一号石棺画像中抚琴形象

图19 彭山一号石棺画像 　　图20 新津崖墓石函　　　图21 山东画像中
中三神山图的抚琴形象　　　画像中鼓琴形象　　　　　　抚琴形象

图22 南京西善桥南朝初年墓砖画

这六种类型中，第三型既有弦枘又有岳山，应该是一种过渡型乐器。第四、五型只有器身厚薄的差距，应该是同一种类型乐器由于不同工匠表现手法所造成的差异。第六型既无弦枘也无岳山，而且有些器身非常薄，完全不合乐器原理。持这种乐器的抚琴俑非常多，如重庆璧山县棺山坡东汉崖墓群的抚琴俑（图15）和贵州复兴马鞍山墓抚琴俑[①]。这种乐器未必符合真实情况，后文再具体分析。从表1可以看出，这六种类型乐器不仅蜀地使用，在山东、河南、河北、安徽、江苏、云南、陕西、贵州的相关材料中，也可以

---

① 贵州省文物考古研究所：《贵州赤水市复兴马鞍山崖墓》，《考古》2005年第9期。

看到相同或相似类型乐器。所以，这六种类型乐器应该是汉代流行各地的乐器。

2. 汉代的类古琴乐器

这六种类型乐器还可以在蜀地出土的画像石中找到对应，比如郫县一号石棺画像（图16）中的抚琴的形象，所奏乐器与第一型应是同一种类型。雅安安颐阙师旷鼓琴图（图17），所奏乐器与第三型是同一种类型。彭山一号石棺画像（图18）中的抚琴形象，所奏乐器与第六型相同。

以上六种类型乐器器身的共同特点是面板首尾同宽，这与古琴的头宽尾窄有较大差别。而且，在蜀地的出土材料中本可以看到头宽尾窄的类古琴乐器，比如彭山一号石棺画像中三神山图的抚琴形象（图19）、新津崖墓石函画像中鼓琴形象（图20）。并且，在其他地区的画像石中也可以看到，比如山东画像石中的古琴也是这种器形（图21）[①]，还可以清楚看到五根琴弦。尤其是彭山一号石棺三神山图和山东画像石中的乐器，头部宽，中部为箱体，尾部尖窄的特点，与马王堆汉墓七弦琴（图23）几乎相同。更重要的是画像上的这种类古琴形制和后世魏晋南北朝时期有十三徽的古琴在形制上可以对应（图22、图24）[②]。所以首先可以明确，在汉代蜀地、湖南、山东已经出现了与古琴有直接演变关系的类古琴乐器，因此上述六种类型的乐器并不是"古琴"，它可能对古琴的发展产生影响，但与古琴的发展并不是前后继承的直接演变关系。

图23　湖南长沙马王堆汉墓出土

[①] 编辑委员会：《中国画像石全集3·山东汉画像石》，第12页图一三。
[②] 总编辑部：《中国音乐文物大系·河南卷》，大象出版社1996年版，第198页图2.4.14。

图 24　河南邓县学庄南山四皓南朝画像砖

(三) 抚琴俑所持乐器形制

1. 乐器长度

我们发现抚琴俑大多符合人体比例，那么可以根据人体比例规律对这种乐器的长度作推算。一般人体的比例是，站立身高大概等于七个头长。从汉墓所出人体骨架看，汉代人大多在 170 厘米左右，那么一个头长大概是 24 厘米。以上六种类型乐器中，长款乐器大致相当于演奏者的三到四个头长，约为 73 厘米至 97 厘米，短款乐器大致相当于演奏者两至三个头长，约为 49 厘米至 73 厘米。《礼记·明堂位》说："大琴、大瑟、中琴、小瑟，四代之乐器也。"李纯一《中国上古出土乐器综论》按照规格大小将瑟分为三种样式：160 厘米以上为大瑟；100 厘米到 160 厘米为中瑟；100 厘米以下为小瑟。[1] 我们推算的长度属于小瑟范围。这种长度范围的瑟在战国古墓中也有发现（见表 2），其中较长的在 80 厘米到 90 厘米，短的在 50 厘米到 60 厘米，其幅度也在我们推算的长度范围内。根据出土瑟的相关研究可知，瑟的尺寸由大变小，种类由少及多。[2] 表 2 中出土的小瑟从战国中期到战国晚期，长度和宽度都变

---

[1] 李纯一：《中国上古出土乐器综论》，文物出版社 1996 年版，第 425 页。
[2] 刘晓：《瑟演变初探》，《南方文物》2013 年第 2 期。

小了，而且从汉画像中也可以看到很多面板很宽，器身较短的瑟。所以，从长度上可以先明确汉代抚琴俑所持的短宽形乐器，应该就是逐渐变小的汉代瑟。

表2　　　　　　　　　出土小瑟形制信息　　　　　　（单位：厘米）

出土墓葬	时间	长度	宽度	弦枘	弦孔	数量
湖北江陵雨台山楚墓群	战国中期	90	36	4	25	2
		60.6	32.7	4	19	1
湖北江陵鸡公山488号墓	战国中期	67.0	37.5	4	25	1
湖北江陵拍马山楚墓453	战国中晚期	53	27	4	24	1
		84	45	4	24	1

2. 弦枘和岳山

丁文说未见过一弦枘的瑟。四川成都天回山3号汉墓出土东汉陶制乐器，原简报称之为琴。① 此器陶制，长41.7厘米、宽10厘米，内空，底有两足，一端有一弦枘，面板上有六弦柱（图25）。② 这是一件明器，从形制可以确定这是一件瑟，琴的面板上不会有弦枘，更不会有弦柱，而且其形制与第一型（图1）所持乐器十分接近。只是制作陶俑的细部表现未必能全部周到，弦、弦柱等细部特征未必都能全部体现出来。但这种有弦枘、箱体较厚的乐器不可能是琴而是瑟。第二、三型有弦枘、器身短，与后世的古琴更无法联系。而且这种短宽形的瑟在汉代画像、乐俑等考古资料中经常见到（见表1的对应资料）。第六型，前面说过这种乐器完全不符合乐器原理。河北定州严家庄78号汉墓出土的抚琴俑也持有类似乐器（图14），《中国音乐文物大系》（以下简称《大系》）说："瑟作长

---

① 刘志远：《成都天回山崖墓清理记》，第97页。
② 晏波：《古瑟研究——以楚瑟为中心》，硕士学位论文，华中师范大学，2009年，第39页。

方形，稍宽，故非为琴筝而为瑟。"① 说这种乐器是瑟应该没错，但这种乐器无岳山、无弦枘、器身薄很不合乐器原理，比较符合原物真实情况应如南京江宁上坊孙吴墓出土的抚琴俑所奏乐器（图26）。南京江宁上坊孙吴墓中有两个抚琴俑，所奏乐器十分相似，两者都有弦柱，两端都有岳山，唯一区别是一个是九弦，另一个是四弦。② 这种类型的乐器应该就是画像中常见的较短宽，而且首尾有岳山（见表3），有些可能还有弦柱的小瑟。

图25　成都天回山出土陶瑟

图26　南京江宁上坊孙吴墓抚琴俑 　　图27　河北鼓筝俑 　　图28　湖南岳阳桃花山唐墓伎乐俑

根据古瑟的相关研究，随着瑟枘的消失，尾部发展成一条尾岳。③ 当弦枘消失，瑟筝最易混淆。前面说过四、五型是同一种乐器，因工匠制作产生的形制差异，这种乐器面板较窄，不应该是

① 总编辑部：《中国音乐文物大系Ⅱ·河北卷》，大象出版社2008年版，第138页。
② 南京市博物馆：《南京江宁上坊孙吴墓发掘简报》，《文物》2008年12期。
③ 刘晓：《瑟演变初探》，《南方文物》2013年第2期。

瑟,当是筝。四川资阳东汉墓中同出了一套乐俑,其中有一个乐俑持第一型瑟,还有两个乐俑持第四、五型乐器。由于在同一组合中不太可能出现两种形制差距很大的瑟,第四、五型乐器应该不是瑟了,比如上面说到的南京江宁上坊孙吴墓中两个抚瑟乐俑,所奏两种瑟除弦数不同外,其他形制基本一致。并且,四、五型可以与汉以后的筝对应,例如河北河间北魏刑氏墓鼓筝俑(图27)①、湖南岳阳桃花山唐墓出土的立部弹筝伎乐俑(图28)②,就是这样形制。《大系》说这种乐器:"两头岳山高耸非琴,体窄长非瑟,无通柱通品非卧箜篌,应为筝无疑。"③ 因此,四、五型应该是汉代的筝。

3. 弦数问题

汉代的瑟弦数不定,四川峨眉山东汉墓的抚琴俑所持的瑟(图2),面板上有明显的五弦。上面还说到南京江宁上坊孙吴墓中有四弦、九弦两种瑟。文献中有五弦、十五弦瑟的记载,如《七修类稿》卷十九《辩证类》:"乐声不过乎五,则五弦、十五弦、小瑟也。"汉画像中有五弦三枘、五弦一枘、七弦四枘等各种枘数、弦数不定的瑟(见表3),而且都不是个例,所以汉代的瑟处在形制多样复杂的状态。

表3　　　　　　　　　　不同形制的瑟举例

枘	弦	举例
3	5	山东奏乐画像④
1	5	山东武氏祠左石室东壁下石画像⑤

---

① 总编辑部:《中国音乐文物大系Ⅱ·河北卷》,第153页图2.2.6f。
② 岳阳市文物考古研究所:《湖南岳阳桃花山唐墓》,《文物》2006年第11期。
③ 总编辑部:《中国音乐文物大系Ⅱ·河北卷》,第153页图2.2.6f。
④ 编辑委员会:《中国画像石全集2·山东汉画像石》,第125页图一三四。
⑤ 编辑委员会:《中国画像石全集1·山东汉画像石》,第153页图七七。

续表

柄	弦	举例
4	9	山东乐舞画像①
4	7	山东嘉祥乐舞画像石②
2	13	河北淮阳于庄乐舞俑中的鼓瑟俑③
0	9	南京江宁上坊孙吴墓中抚琴俑（图26）

二 相关问题

（一）定名问题

除了上面使用的材料外，还有很多这类乐俑（见表4），通过上面分析可知，这些所谓的抚琴俑，所奏乐器并不是"琴"，而是瑟或者筝，今后在这类乐俑定名时应充分注意乐器的形状。当然，有些乐俑所持的乐器形制特点并不十分明显，这样可以笼统命名作"抚琴俑"，如果形制明显就应该在命名中体现乐器类别。此外，简报中弹琴、抚琴、抚瑟、鼓瑟、抚筝、弹筝等命名所用动词杂乱不一，我们认为这些命名完全可以像"击筑"一样，所用动词能表现乐器的演奏特点，比如用抚琴、鼓瑟、弹筝命名，似乎能更好地体现各种乐器的演奏特点。

表4　　　　　　　　抚琴俑定名正误举例

出处	原命名	改正后
《成都天回山崖墓清理记》④	抚琴俑	弹筝俑
《四川新津县堡子山崖墓清理简报》⑤	弹琴俑	弹筝俑

① 编辑委员会：《中国画像石全集2·山东汉画像石》，第15页图二一。
② 同上书，第19页图一二八。
③ 总编辑部：《中国音乐文物大系Ⅱ·河北卷》，大象出版社2008年版，第201页图2.2.5a。
④ 刘志远：《成都天回山崖墓清理记》，《考古学报》1958年第1期。
⑤ 四川省博物馆文物工作队：《四川新津县堡子山崖墓清理简报》，《考古》1958年第8期。

续表

出处	原命名	改正后
《四川乐山市中区大湾嘴崖墓清理简报》①	抚琴俑	弹筝俑
《中国音乐文物大系·河北卷》，唐代赤城伎乐图石幢②	抚琴乐伎	弹筝乐伎
《四川凉山西昌发现东汉、蜀汉墓》③	抚琴男俑	鼓瑟俑
《四川简阳县夜月洞发现东汉墓》④	抚琴俑	弹筝俑
《四川达县市曹家梁东汉墓》⑤	抚琴俑	弹筝俑
《成都市青白江区跃进村汉墓发掘简报》⑥	抚琴男俑	弹筝俑
《重庆巫山麦沱古墓群第二次发掘报告》⑦	击筑俑	抚琴俑

（二）描述问题

1. 坐姿

抚琴俑的坐姿在简报中的描述有跽坐、跪坐、盘腿而坐、席地而坐、呈坐姿等。多数抚琴俑的坐姿特点比较明显，但是描述过于概括，有些描述并不符合原乐俑，不能准确体现乐俑的坐姿情况，而且有些抚琴俑坐姿相同，但是描述各不相同。很多抚琴俑确实呈现"跽坐"状，但我们还看到一些抚琴俑坐姿并不是简单的跽坐，如图5抚琴俑的坐姿就与其他跽坐有区别，其左腿小腿是向外的。汉画像中抚琴坐姿情况也很多，如图9是鼓瑟形象，既不是跽坐，也不是盘腿坐，而是一腿盘坐，一腿弯膝拱起。

---

① 四川乐山市文管所：《四川乐山市中区大湾嘴崖墓清理简报》，《考古》1991年第1期。
② 总编辑部：《中国音乐文物大系Ⅱ·河北卷》，第210页图2.4.3c。
③ 凉山州博物馆：《四川凉山西昌发现东汉、蜀汉墓》，《考古》1990年第5期。
④ 《四川简阳县夜月洞发现东汉墓》，《考古》1992年第4期。
⑤ 四川省达县地区文化局：《四川达县市曹家梁东汉墓》，《考古》1995年第1期。
⑥ 成都市文物考古工作队：《成都市青白江区跃进村汉墓发掘简报》，《文物》1999年第8期。
⑦ 重庆市文化局：《重庆巫山麦沱古墓群第二次发掘报告》，《考古学报》2005年第2期。

2. 乐器摆放

抚琴俑的乐器摆放有几种情况，一种是乐器置于膝上，左端略低，这是最常见的摆放方式（图4、图5）。另一种是左端着地，右端置于膝上（图1、图10）。还有一种是右端置地，左端置于膝上（图9）。可见，汉代的瑟不仅类型多，弹奏时的摆放方式也有差异。以往很多简报中并未描述乐器摆放情况，实际上乐器的摆放情况关系到弹奏方式和乐器形制，也需要在简报中特别描述。

3. 弹奏手势

抚琴俑的弹奏手势是非常重要的细节，有些手势刻画得非常细致，比如图6右手的挑势，图14左手大指按弦，图15左手的抚弦手势，与今天的古琴弹奏的手势完全一致。但目前简报中对抚琴俑的手势描写得非常少，有些只是简单地描述两手作弹琴状、两手平伸于琴面上，而且还有不少描述存在错误（见表5）。

表5　　　　　　　　　抚琴形象描述问题正误举例

出处	错误描述	纠正
《重庆市忠县将军村墓群汉墓的清理》①	盘腿坐姿	非盘腿坐姿，一腿小腿弯曲向内，另一腿小腿向外
《重庆巫山麦沱古墓群第二次发掘报告》②	跪式	右腿跪，左腿弯曲向左
《四川达县市曹家梁东汉墓》③	右手抚琴，左手弹琴	左手抚琴，右手弹琴

---

① 重庆市文物考古所：《重庆市忠县将军村墓群汉墓的清理》，《考古》2011年第1期。
② 重庆市文化局：《重庆巫山麦沱古墓群第二次发掘报告》，《考古学报》2005年第2期。
③ 四川省达县地区文化局：《四川达县市曹家梁东汉墓》，《考古》1995年第1期。

续表

出处	错误描述	纠正
《西安东郊元代壁画墓》①	身背一七弦琴	并非七弦琴，而是一木框
东汉洛阳七里河盘古舞乐百戏俑②	左手抚琴，右手作弹奏状	鼓瑟：左手弹奏，右手抚弦
唐代真子飞霜铁镜③	膝上置琴，左手抚琴	首尾同宽，有岳山，应是筝
金代濮阳抚琴图瓷枕④	腿上置琴	非常明显的筝形制
《由朝阳唐王君墓出土的乐舞俑浅谈唐代的"坐部伎"》⑤	膝上横置一古琴	明显是唐的筝
《西安东郊唐苏思勖墓清理简报》⑥	七弦琴	明显是唐的筝
《内蒙古清水河塔尔梁五代壁画墓发掘简报》⑦	膝上置一把古琴	非古琴，应是卧箜篌
《长安地区新发现的唐墓壁画》⑧	一抚琴	一抚筝
《长安地区新发现的唐墓壁画》⑨	面前放置一琴	面前放置一筝
《长安地区新发现的唐墓壁画》⑩	正在弹奏古琴	右端着地，非古琴

---

① 西安市文物保护考古所：《西安东郊元代壁画墓》，《文物》2004 年第 1 期。
② 总编辑部：《中国音乐文物大系·河南卷》，第 205 页图 2.2.5b。
③ 同上书，第 153 页图 2.2.7。
④ 同上书，第 157 页图 2.2.12。
⑤ 周颖：《由朝阳唐王君墓出土的乐舞俑浅谈唐代的"坐部伎"》，《文物天地》2014 第 11 期。
⑥ 陕西考古所唐墓工作组：《西安东郊唐苏思勖墓清理简报》，《考古》1960 年第 1 期。
⑦ 内蒙古师范大学科学技术史研究院等：《内蒙古清水河塔尔梁五代壁画墓发掘简报》，《文物》2014 年第 4 期。
⑧ 程旭：《长安地区新发现的唐墓壁画》，《文物》2014 年第 12 期。
⑨ 同上。
⑩ 同上书，第 75 页。

抚琴俑及相关材料存在的问题初探　221

续表

出处	错误描述	纠正
《四川峨眉山市东汉墓》①	右手抚琴，左手弹拨	右手弹拨，左手抚弦
《重庆璧山县棺山坡东汉崖墓群》②	左手弹琴，右手抚琴	右手弹瑟，左手抚弦
《四川三台发现一座东汉墓》③	右手正抚弄琴弦，左手置于琴端	左手抚弦，右手弹弦

（三）与抚琴俑同出的听琴俑问题

与抚琴俑同出一种单手附在耳侧的陶俑，虽然动作大致相同，但命名却不尽一致，命名有听琴俑（图29）④、听歌俑（图30）⑤、拊耳俑（图31）⑥、扶耳俑（图32）⑦、抚耳俑（图33）⑧等，描述有作"听琴状"⑨，有作"张口歌唱"⑩。洛阳烧沟14号墓出土一组乐舞俑（图34）⑪，共六件，其中也有这种乐俑，同组的还有舞蹈俑、奏乐俑。《大系》描述这种单手拊耳陶俑作"右手拊于耳边作讴歌状"⑫。在汉画像中也可以看到这种形象，四川新都乐舞画像砖（图35）⑬就有这种形象。显然这种单手拊耳形象在乐队或乐舞中

---

① 邱学军：《四川峨眉山市东汉墓》，《考古》1994年第6期。
② 重庆市文化遗产研究院等：《重庆璧山县棺山坡东汉崖墓群》，《考古》2014年第9期。
③ 三台县文化馆：《四川三台发现一座东汉墓》，《考古》1992年第9期。
④ 刘志远：《成都天回山崖墓清理记》，《考古学报》1958年第1期。
⑤ 重庆市文化局：《重庆巫山麦沱古墓群第二次发掘报告》，《考古学报》2005年第2期。
⑥ 河南博物院：《华夏遗韵——中原古代音乐文物》，中州古籍出版社2010年版，第130页。
⑦ 贵州省博物馆：《贵州黔西县汉墓发掘简报》，《文物》1972年第11期。
⑧ 重庆市文物考古所：《重庆市忠县将军村墓群汉墓的清理》，《考古》2011年第1期。
⑨ 四川省文物考古研究院：《四川武胜山水岩崖墓群发掘报告》，《四川文物》2010年第1期。
⑩ 河南博物院：《华夏遗韵——中原古代音乐文物》，中州古籍出版社2010年版，第130页。
⑪ 总编辑部：《中国音乐文物大系·河南卷》，第204页2.5.3。
⑫ 总编辑部：《中国音乐文物大系·河南卷》，第204页图2.5.3。
⑬ 李荣有：《汉画像的音乐研究》，第128页。

出现，不可能只是简单的听众，应该是乐队的一成员，充当歌唱角色。尤其是图32陶俑，动作夸张，展现出歌唱时丰富的肢体语言。因此以前所谓的听琴俑、听歌俑、拊耳俑之类的陶俑都应该重新命名为歌唱俑。

图 29　听琴俑 　　　　**图 30　听歌女俑** 　　　　**图 31　拊耳俑**

图 32　扶耳俑 　　　　　　　　**图 33　抚耳俑**

图 34　洛阳烧沟 14 号墓乐舞俑 　　**图 35　四川新都乐舞画像砖**

三 结论

综上所述可知，汉代抚琴俑和画像石中的抚琴形象所持乐器，有一弦枘且首尾同宽的乐器（一、二、三型）应是"瑟"，与古琴没有直接演变关系；无弦枘，首尾有岳山，而且短宽的乐器（六型）应是汉代的小瑟；无弦枘，首尾有岳山，器身较长的乐器（四、五型）应该是筝。这些乐器在汉代蜀地非常流行，在其他地区也有所见。并且，汉代已经有了通用于各地与古琴有直接联系的类古琴乐器，这种乐器与抚琴俑所持乐器在形制上有明显区别。因此，不能笼统地将这些乐俑命名为抚琴俑。除定名之外，过去对抚琴俑的坐姿、手势、乐器特点、摆放位置等描述都存在很多问题，今后要特别注意。同时，与抚琴俑并出的单手拊耳乐俑，应该是乐队中的成员，应称作歌唱俑。

谈《左传》的一处误读
及相关的两个问题[①]

历史研究，材料解读的正确与否，对结论有至关重要的影响。如果解读出现问题，即使较小的偏差，也会造成结论的严重错误。先秦史研究使用的文献材料，因受时代、语境等因素影响，很容易望文生义，造成误解与误用。

《左传·宣公三年》有一段记载楚庄王问鼎中原时王孙满的对答，其文曰："在德不在鼎。昔夏之方有德也，远方图物，贡金九牧，铸鼎象物，百物而为之备，使民知神奸。"这是一条涉及学科领域比较多的材料，在先秦地图学、金石学、民俗学、美术学等研究中引用率非常高，如果出现解读错误，那么以此材料为依据的相关研究可能要重新修正。本文将要讨论的就是这条材料的误读及相关的两个问题。

一　训读与翻译问题

《左传》这段话中存在多处训读问题，其中"图"字是关键，先从"图"字说起。

[①] 本文首发于《中国文化研究》2016年秋季卷。

（一）"图"的训读问题

"图物"杜预注曰："图画山川奇异之物而献之。"这是把"图"当作动词，理解为绘画、描绘义。近世的很多论著、工具书①大多依从杜预注，如杨伯峻注："图画远方各种物象。"② 还有一种是把"图"作名词解释，译为图画或图腾画。③ 前者是主流观点，目前还能看到很多文章在引用。④ 如果我们从语言使用的时代特点考察"图"的训释，就会发现这两种解释都有问题。

1. "图"在先秦文献中用作动词时没有作绘画义的情况

我们对《左传》中"图"字用法作了全面调查，除此句外并无其他用为动词时表示绘画义的情况。如《左传》反复出现的"某某图之"，比如君其图之、唯大夫图之、唯大国图之等皆为"谋也"之义。不惟《左传》，我们对先秦文献中的所有"图"字作排查，结果除此"图物"外，未见一处他例。《尔雅·释诂》："图，谋也。"《诗经·小雅·常棣》："是究是图。"战国楚简中的"图"，虽字形异构，但基本都用作图谋义。⑤ 睡虎地秦简中"私图"，为私谋之义。⑥ 这些先秦文献中的"图"都用作"谋也"义。以往诸家作"绘画"义解释，应该是忽略了词义使用的时代性。"图"字在先秦文献中用作动词时，都与"想"相关，与绘画无关。

---

① 徐中舒主编：《汉语大字典》，湖北辞书出版社、四川辞书出版社1992年版，第725页。
② 杨伯峻：《春秋左传注》，中华书局1981年版，第669页。
③ 李宗侗：《春秋左传今注今译》，商务印书馆1982年版，第535页。
④ 例如刘克明《中国图学名词溯源》，《中国科技术语》2014年第5期；陈平《古汉语心理动词词义演变研究——以〈世说新语〉和〈南齐书〉为例》，博士学位论文，福建师范大学，2012年，第49页；江林昌《图与书：先秦两汉时期有关山川神怪类文献的分析——以〈山海经〉、〈楚辞〉、〈淮南子〉为例》，《文学遗产》2008年第6期；杨栋、曹书杰《禹铸九鼎传说谫论》，《中南大学学报》（社会科学版）2012年第6期；卢良志《中国地图发展史》，星球地图出版社2012年版，第4—5页。
⑤ 白于蓝：《释"圕"》，《中国文字研究》2011年第1期。
⑥ 整理小组：《睡虎地秦墓竹简》，文物出版社1990年版，第173页。

2. "图"在先秦文献中作名词时无图画义

先秦文献未见将"图"作名词解释为"图画"的语例证据。"图"在先秦文献中用作名词时主要指地图或八卦图,未见过表示图画的用法。如《荀子·荣辱》:"循法则、度量、刑辟、图籍,不知其义……"唐代杨倞注:"图谓模写土地之形,籍谓书其户口之数也。"再如《周易·系辞上》:"河出图,洛出书,圣人则之。"孔颖达疏:"孔安国以为河图则八卦是也。"西周金文中"图"基本都用作"地图"义,如授图(散氏盘)、商图(宜侯夨簋)、东国图(宜侯夨簋)。《里耶秦简(壹)》中的"图"全部都用作地图之义。而且,《左传》的这段话是王孙满说夏朝有"德"时的事情,"(夏朝有德时)远方的图与物",语句不通顺,所以从语法句式上说,也不能将"图"翻译作名词,应该作动词解释。

总之,从文字使用的时代特点来看,先秦的"图"不可能表示描绘或图画义。以往用后起义来解读《左传》这段话的"图",必然歪曲文献本义,它应该解释为谋划、构思之意。

(二)其他训读问题

这段话中的"远方",目前大多直接作双音词解释。[①] 这种解释当然也可以,但整个《左传》中出现的"远方"大多作"远处方国"义,而且与后文出现的"九牧"对照考虑,这个"远方"作"远处方国"解释比较合适。九牧,有两种解释方法:一种解作"九州";一种解释作"九州的长官"。虽然两种解释的差别并不是很大,但是这里的"九州"涉及先秦地理研究问题。谨慎的翻译是不要将"九"作实指数字看待,解释作"各州"较好。

"铸鼎象物"的解释也有少许问题。有些译注把"铸鼎象物"

[①] 例如沈玉成《左传译文》,中华书局1981年版,第173页;李宗侗《春秋左传今注今译》,商务印书馆1982年版,第535页。

译作:"于是拿这铜做成了三足的鼎,并且刻画各种物样在鼎上面。"① 还有译作:"铸造九鼎并把图像铸在鼎上。"② 这两种翻译所体现的大意没错,但都掺杂了一些个人理解信息,比如"铸鼎"解释为铸造铜鼎即可,没有内容显示有"九鼎"。象物,杜预注:"象所图之物,著之于鼎。"上举两种翻译和杜预注显然是以"远方图物"之"图",解为图画义为前提的解释。"象物"直译当是描摹物象之义。《孟子·梁惠王章句上》:"为其象人而用之也。"《管子·心术上》:"若影之象形,响之应声也……"象人、象形与"象物"的"象"含义大致相当。所以,"铸鼎象物"直译当作"铸造铜鼎,描摹物象"即可,不必作过多修饰,否则容易误导读者。

(三) 翻译

厘清了异议后,《左传》"昔夏之方有德也,远方图物,贡金九牧,铸鼎象物,百物而为之备,使民知神奸",当翻译作:"从前夏朝正当有德时,构思远处方国的各种物象,让各州进贡青铜,(用进贡的青铜)铸造铜鼎,并在鼎上描摹(构思好的)各种物象。各种物象都具备在鼎上了,让人民能识得神物和恶物。"厘清文意后可以看出,这段话行文非常有逻辑。从构思造鼎到造鼎完成后要达到的目的,整个过程的描述环环相扣,条理清晰。相似的行文逻辑,在《鹖冠子·环流》中也可以看到,其文曰:"有意而有图,有图而有名,有名而有形,有形而有事,有事而有约。"这句话的大意说:有意念而后有了谋划,有了完整周全的谋划而后有了名称,有了要做事情的名称之后塑造出实质的形体或具体细节,有了实质的事情具体细节后人们可以从事它,有了具体从事方法后才有了人们共同遵守的约法。③ 从有想法到开始谋划,从形式到细节,

---

① 李宗侗:《春秋左传全注今译》,台湾商务印书馆1982年版,第535页。王怀义:《释"铸鼎象物"》,《民族艺术》2011年第3期。
② 王守谦、金秀珍、王凤春:《左传全译》,贵州人民出版社1990年版,第497页。
③ 黄怀信:《鹖冠子汇校集注》,中华书局2004年版,第71—72页。

从实践到最后达到目的，两文都有诸多可互相对比参照的地方。

二　在美术研究中的解读与利用问题

校正《左传》的训释问题是解读材料的基础，我们更希望能通过纠正材料误读，厘清因此产生的相关误解。不过《左传》这段话涉及的研究领域较多，不可能顾及全面，下面谈谈由这条材料而引起的图、画表义混淆，及其在美术理论研究中的解读问题。

（一）混淆图、画表义产生的问题

以往误以为《左传》这段话可以作为先秦"图"表示图画、绘画义的语例，因此产生了不少混淆图、画的错误认识。比如有文章认为金文中的"图室"或即为后来汉代宫廷中的"画室"[1]。按照上文"图"字的训读解析，这个"图室"要么是"谋划商议之室"，要么是"制地图之室"，不太可能与"画室"发生关系。而且，先秦文献在表示图画、绘画义时用"画"从不用"图"字。如《尚书·顾命》中的"画纯"，《礼记》中的画阶、画宫、画物。如西周金文中画甲（小盂鼎）、画盾（小臣宅簋）等。

再如文献中常见的"史皇作图"。美术研究中常将其理解为"史皇创作图画"，误把"史皇"当成绘画的始祖。[2]《世本》"史皇作图"宋忠注曰："史皇，黄帝臣也。图，为画物象也。"《世本》中这段宋忠注还可见另一版本，慧琳《一切经音义》卷第四十九，"图牒"条下有："《世本》云：'史皇作图。'宋忠注云：'谓画地形物象。'"将这句注与上面所分析"图"字的用法结合来看，这个"作图"是制作地形图。不过在美术史研究中常看到将其与创作图画混为一谈。[3] 再有《庄子·外篇·田子方》"宋元君将

---

[1]　畏冬：《先秦至六朝宫廷绘画概况》，《故宫博物院院刊》1992年第4期。

[2]　例如赵丹《胡蛮美术史论研究》，博士学位论文，中国艺术研究院，2014年，第58页；畏冬《先秦至六朝宫廷绘画概况》，《故宫博物院院刊》1992年第4期。

[3]　例如江汉《中国绘画史》，东南大学出版社2009年版，第2页。

画图"。其中的"画图"也很容易理解为"创作图画"。其实《庄子·外篇》不一定属于先秦文献,叶国庆、张恒寿、罗根泽等学者都认为它成书于汉初。① 《庄子》这段话不能用来说明先秦问题。

从先秦的传世文献、出土的文字材料和各种器物上的彩画来看,汉以前图与画有明显的区别。图是指地形图、八卦图之类的具有示例作用的实用图形,画是有具体形象、色彩并融入主观创作的绘画。先秦时的图可能是一种与文字内容相配的图表或示例图,应该类似清华简《筮法》中的插图。② 这类插图只是与文字结合起到示例作用,与绘画、图画不是一回事。汉以后图、画连用,界限开始混淆。如《史记·外戚世家》:"上居甘泉宫,召画工图画周公负成王也。"此处图、画合用表示绘画、描绘义。此后"图画"连用多见,如东汉的《吴越春秋·勾践伐吴外传》:"功可象于图画,德可刻于金石……"《越绝书·外传计倪》:"乃此祸晋之骊姬、亡周之褒姒,尽妖妍于图画,极凶悖于人理。"所以,"图"在汉以后文献中才开始表示绘画、描绘用义,并开始图、画连用。图、画区分界限不严格后,两者表义混用,于是"图"也表示"画"的描绘义。但要清楚,在以单音词为主的先秦文献中,图与画是两回事,两者区别比较明显。

(二) 重新定位其美术理论研究上的价值

《左传》这段话是美术研究的重要材料。一般认为这段话是美术史上最早的画论,不过由于训读的误差导致对其探讨大多集中在"铸鼎象物"艺术形式和内容的分析上,很少见到其他的讨论。③ 其实它在美术学研究上的价值不仅仅如此,这段话详细记录了美术

---

① 刘笑敢:《庄子哲学及其演变》,中国社会科学出版社1988年版,第34—57页。
② 清华大学出土文献研究与保护中心:《清华大学藏战国竹简(肆)》,中西书局2013年版,第42—60页。
③ 例如朱存明:《"铸鼎象物"与汉画像渊源》,《民族艺术》2002年第4期;童汝劳:《"铸鼎象物"——我们美术史上最古老的画论》,《文史杂志》2007年第5期。

创作的全过程，其中的每个环节都有可再深入探讨空间。

绘画创作必先构思妥当考虑周全，然后着手实践。或如古人所说"意在笔先"。宋代韩拙《山水纯全集·论用笔墨格法气韵病》说："凡未操笔，当凝神著思，豫在目前。所以意在笔先，然后以格法推之……"《左传》中"远方图物"正是创作前构思阶段的体现。《说文解字》说："图，画计难也。"段玉裁注："谓先规画其事之始终曲折，历历可见，出于万全，而后行之也。"《左传》这段话中的"图"字，正是"规画其事之始终曲折"，"出于万全"考虑的体现。

构思周全后，开始确定使用的材料、表现形式、内容。选用的材料是各方国进贡的青铜（贡金九牧）。构思与准备材料是艺术创作前的准备工作。然后确定表现形式，是用各方国进贡的青铜制成鼎。鼎上的各种物象就是表现的内容（铸鼎象物）。铜鼎制作完成，各种物象都具备在鼎上了（百物而为之备），让人民能识得神物和恶物（使民知神奸）。这是艺术形式所表现出的效果和最后达到的目的。可以看出，《左传》这段话所反映内容与艺术创作的全过程儿近一致。所以说，它的美术价值不应只集中在"铸鼎象物"上。这段话非常清晰地描述了绘画创作的每一步，其中的各个环节都有深入讨论的价值，只是过去因为训读的误导，没有去注意发掘。

三 传世文献的中误读与九鼎、九鼎图问题

（一）传世文献的转引与误读

《左传·宣公三年》的这条文献后世多有转引。东汉王充《论衡》中有两次转引这段话。《论衡·儒增篇》只是转用《左传》的话，并不能很明确地看出王充个人解释意见。《论衡·验符篇》曰："夏之方盛，远方图物，贡金九牧，禹谓之瑞，铸以为鼎。"从王充再次转引可以看出，王充是把"远方图物"和"贡金九牧"看作

"禹谓之瑞"的对象。王充的观点显然是汉代非常流行的祥瑞之说的一个反映。晋杜预注："图画山川奇异之物而献之。"此"奇异之物"的解释可能受了汉代"祥瑞"说影响，也可能与《山海经》有关系。杜预的解释对后世的影响非常大，很多注家都引用此注，如《后汉书·显宗孝明帝纪》："昔禹收九牧之金，铸鼎以象物，使人知神奸，不逢恶气。"唐李贤注："夏禹之时，令远方图画山川奇异之物，使九州之牧贡金铸鼎以象之，令人知鬼神百物之形状而备之……"后来明代的杨慎和清代的毕沅对杜预的注释作了更进一步的发挥。杨慎在《山海经补注·序》中说："收九牧之金，以铸鼎，鼎象物，则取远方之图，山之奇、水之奇、草之奇、木之奇、禽之奇、兽之奇，说其形，别其性，分其类……"毕沅在《山海经新校正·序》中说："禹铸鼎象物，使民知神奸，按其文，有国名，有山川，有神灵奇怪之所际，是鼎所图也。"这显然是根据杜预注释作出的引申，但杨慎和毕沅的引申却成为讨论九鼎和九鼎图反复转引的材料。实际王孙满的原话并没有体现出这些内容。

（二）九鼎与九鼎图问题

《左传》这段话在地图学研究中常作为讨论九鼎与九鼎图的重要材料。今人对"九鼎图"作了不少考证，[1]但毕竟文献解读存在问题，结论难以信实。暂不讨论九鼎或九鼎图是否存在，首先要清楚的是这句话没有任何信息显示有九个鼎，也没有任何信息显示鼎上的物象与地图有关。而且，在汉代以前的文献中，也没有任何文献信息显示出这段话与九鼎或九鼎图有直接关系。只是因为其中有"九牧"，《史记·封禅书》《汉书·郊祀志》《后汉书·显宗孝明帝纪》中有与《左传》这段话相关的记载，内容涉及九鼎，所以后人将两者附会在一起。到了晋代，杜预的一句"图画山川奇异之

---

[1] 例如喻沧《〈九鼎图〉的渊源及其演变》，《中国测绘》1995年第5期；陈益民《九鼎源流考》，《寻根》2013年第4期。

物"，从此后人误将这段话与图画或地图密切联系在一起。到了明代，杨慎和毕沅根据杜预注再引申发挥，于是《左传》的这段话就成了与地图史上所谓"九鼎图"联系的有力证据。用明清人的引申阐释来证明先秦问题本来就不合适，更何况杨慎和毕沅依据的还是错误的注解。所以从文献追溯来看，这段话与九鼎或九鼎图没有关系。

如果以文献记载和出土实物而言，鼎上也不可能出现地图。《吕氏春秋》中偶有周鼎图案描述，说鼎上铸有饕餮（《先识篇》）、象（《慎势篇》）、鼠（《达郁篇》）等物，这与目前所见青铜器图案基本相合。从大量的出土青铜器实物来看，除了常见的饕餮纹、动物纹之外，还有龙纹、云纹、雷纹等，可以说青铜器上的图案除了可以与文献记载相应外，其种类繁多的特点也可以与"百物而为之备"互证。而且，很多青铜兽面纹形象夸张，震慑人心，也与《左传》"使人知神奸"的描述相合。因此，从文献的记载和今天所见的出土实物来看，鼎上所"象物"未必与地图有直接关系。没必要将《左传》这段话通过个人的理解和臆想，与先秦的"故事"牵强附会。

四　总结与余论

综上所述，本文主要解决了以下问题。

首先，纠正和厘清"远方""图""九牧""象物"几处训读问题：认为"远方"应该指远处方国；"图"应该训读为谋划构思；"九牧"不应该作确定的实数翻译；"象物"翻译为描摹物象。

其次，根据纠正后的解释，本文又讨论了因为这条材料误读，在美术理论研究和地图学研究中产生的两个问题。在美术理论研究上，举例说明混淆图、画用字习惯造成的错误，并梳理了图、画之间的关系。我们认为先秦时代图是指地形图、八卦图之类的具有示例作用的实用图形,画是有具体形象、色彩并融入主观创作的绘画,两者有明显区别。并重新定位《左传》这段话在美术学研究上的价值。我们认为,《左传》这段话反映了艺术创作的全过程,它在美术理论上的价值不应只集中在艺术表现形式和内容上,还有更多有待深入挖掘的空间。在地图学研究上,讨论了传世文献的误读与九鼎、九鼎图问题。我们认为这条文献本身与九鼎或九鼎图没有直接关系,只是后人将两者附会在一起而已。

  本文所讨论的这段材料,经历几千年的误读转引,直至今日仍有很多文章不知误读问题,反复引用。其根本原因就在于每次借用转引都没有考虑到原始文献本身的解读问题。历史研究的基本要求是从文献本身出发,有一份材料说一份话。所以,解读文献是非常重要的一步。误读最初可能仅仅是几个字的小问题,但是小错误经过时间的积累,逐渐蔓延,影响广泛而深远,甚至会出现积非成是的情况。历史学家与普通读者的区别在于,历史学家能够看到普通读者看不到的文献背后信息。但是,当研究者挖掘这些材料背后的信息时,也许带有主观臆断的误导会潜伏其间。所以作为借鉴前人观点的研究者来说,对原始材料及相关研究的解读是必不可少的工作。

读《四库全书总目》谈金石类文献整理

金石文献指以铜器与石刻为主要讨论对象的一类文献。在清代以前，各类目录书中不将金石类文献单独作为一个大类，一般是将金石文献与其他文献混在一起。清代编撰《四库全书》（文中简作《四库》）时，开始将金石类文献单独作为一类。尤其是在编撰初期形成的《四库全书初次进呈存目》中将金石文献单设一类，后来在最后形成的《四库全书总目》（以下简称《总目》）中，金石类则归入史部目录中。金石文献作为单独的一个类属划分出来，体现了清代金石学的利用与发展，但《总目》中除了史部目录类中有金石文献，还有不少金石内容文献分在其他类中，本文尝试通过对《总目》中金石文献的收录情况作深入调查，来发掘其中金石文献的问题与价值，及其整理设想。

一 《总目》所见金石文献综述

《总目》中其实有很多涉及金石文献的著作，按照我们的调查，大致可分如下几种情况：第一类是《总目》中以金石器物为主体研究物件，涉及金石的历史源流、价值、铸刻文字、器用研究的论著或存目。这类内容相对集中，比较容易查检（见表1）。第二类是《总目》所收文集汇编中出现的碑记、墓表一类内容，比如《三朝北盟会编》中有"碑志"一类,《苏州府纂修识略》附有"碑记"内容;《平倭录》中录有"碑文志铭"等。第三类是在《总目》叙录按语中征引或体现的金石文献。比如叙录中常引用的《太学题名碑》,还有《桐庐县令题名碑记》《汉冀州从事郭君碑》《安德州灵岩寺碑》等。

表1

书名与卷数	作者	版本年代
金石文七卷	明·徐献忠	明嘉靖间刻本
咸阳金石遗文一卷	明·王家瑞	明刻本
金石昆虫草木状	明·文俶	明万历四十五至四十八年彩绘稿
金石略二卷	宋·郑樵	清光绪八年(1882)学古斋刻本
山西金石记十卷	明·胡谧	(石刻史料新编第三辑)
青铜自考十二卷	清·俞益谟	清康熙四十六年刻本
古字汇编一卷	清·李棠馥	清康熙四年李棠馣刻本
福禄寿篆文图三卷 附篆文考畧一卷	清·陈嘉谷	清乾隆十九年刻本
古今字考六卷	明·吕一奏	明崇祯间刻本
石鼓文钞二卷	清·许容	清康熙二十七年韫光楼刻本

在金石学研究中,第一类文献关注最多,其中有不少文献清以前就备受关注。比如大名鼎鼎的石鼓文,历代研究者甚多(见后附表)。这类文献《总目》中大多分在小学、目录、谱录、艺术四类。凡是以考金石文字音韵、训诂为主的论著,都分在经部小学类中,只列释文或目录的就放在史部目录类中,录器物图形的著作则放在谱录中,还有一些是以书法篆刻创作赏玩为目的的著作放在艺术类中。第二类数量比较大,分散在各汇编、文集、方志中,因为比较分散不易查找,所以这类文献的研究和利用程度最浅,而这类文献有着特殊价值,其中有很多精辟的论述,比如宋程大昌《考古

编》卷十中,用秦始皇二十六年琅琊台刻石证"秦已前已曾刻石"。文中说:"夫秦既引古帝纪刻金石者,以为其时刻石本祖秦以前,不专铭功钟鼎其必已有入石者矣。第金可久,石易磨泐,故古字之在后世有得诸钟鼎,而无得之石刻者,其坚脆不同理固然也。"这篇短文内容虽小,但利用秦琅琊刻石讨论的石刻溯源问题,可谓言简意赅结论信实。秦以前刻石绝非稀有,前面说的石鼓文即为战国之物。20世纪30年代河北平山县出土的战国时中山王陵守丘刻石①,可谓又填一实物之证。如果再往前追索,1935年安阳殷墟出土的石簋上刻有两行十六字铭文,②可以将刻石制度溯源更早。所以这类文献很有借鉴价值,非常有必要深入研究。不过这个工作比较耗时,至少要对《总目》所收著作的书目通览一遍,单靠数据库检索恐怕不行。第三类很多是转述原著观点时出现的金石文献,还有一些是《四库》馆臣在提要中体现出的观点,其中言及碑志者最多,比如《名臣碑传琬琰集》:

> 墓碑最盛于东汉,别传则盛于汉、魏之间。张晏注《史记》,据墓碑知伏生名胜。司马贞作《史记索隐》,据班固《泗上亭长碑》知昭灵夫人姓温。裴松之注《三国志》,亦多引别传,其遗文佚事,往往补正史所不及。故讲史学者恒资考证焉。③

馆臣提要中还有很多有价值的评论意见,再比如《总目》子部艺术类存目中录明代何通撰《印史》五卷,馆臣对该书中的仿汉印评价云:

---

① 赵超:《石刻古文字》,文物出版社2006年版,第33页。
② 同上书,第30页。
③ (宋)杜大珪:《名臣碑传琬琰集》,《四库总目》,中华书局1965年版,第520页。

其印欲仿汉刻，而多违汉法。如二名分为两行，复姓乃作回文，不知汉印二名、复姓皆不割裂其文也。又参以钟鼎之文，不知汉印之不合小篆者，多兼用隶法，不用古篆也。班固曰班固孟坚，王粲曰仲宣王粲，汉印无此文法也。刘字、亮字，《说文》所无，参以隶法是矣。庾亮、陈亮乃作諒字，王凝之从小篆矣。李阳冰乃又作凝字，不又自乱其例乎。大抵拘于俗工之配合，而全未考古耳。

这里对汉印的形制、文字、印文内容的评判可谓一针见血，直戳要害。这类转引或评价同样值得后世学者研究与借鉴。这类意见在《总目》有很多，十分值得整理研究。而且这类文献虽然比较分散，但都在《总目》提要中体现，数量并不特别大，较容易整理，可单独为题全面梳理。

二 《四库》金石文献的分类

关于《四库》金石文献的分类标准，《总目》史部目录类金石属下有按语说："《隋志》以秦《会稽刻石》及诸石经皆入小学，《宋志》则《金石》附《目录》。今以集录古刻条列名目者，从《宋志》入《目录》。其《博古图》之类，因器具而及款识者，别入《谱录》。《石鼓文音释》之类，从《隋志》别入《小学》。《兰亭考》《石经考》之类，但征故实，非考文字，则仍隶此门，俾从类焉。"[①] 这里说得非常明白，金石文献在《四库》中分在小学、目录、谱录三处，按照内容分列各处。其中的谱录类是清人在目录分类中的一大创新。正如《总目》提要中所说，"宋以后书，多出

---

① 《四库全书总目》，第743页。

于古来门目之外"①，《四库》所收录的青铜器相关文献都是宋以后编撰，这类文献很多又是图录，所以单独作为一类比较合理。

金石类文献仅仅是因为载体和研究物件与其他图书有别，但文献本身仍与其他图书内容相类，所以金石类文献不经考订很难准确划分，比如艺术类和目录类中所收的文献，很多在形式、内容上都是一致的，只是成书目的之差才分别划分。比如史部目录类有宋代王象之著《舆地碑记目》，看题目以为是地理类著作，实际是以地理为顺序，载各地碑记。②再如史部地理类著录清郑元庆《石柱记笺释》③，《总目》中说："自唐时刻有《石柱记》，树之杼山，载其山川、陵墓、古迹、古器甚详。"这本书如果不详加考订，放入金石属也没问题，但全文乃以地理为纲考山川名物，放入地理类更加合适。所以从内容分类角度说，《四库》的分类已经比较完备。不过，根据我们统计《总目》的金石文献，不仅仅如《总目》按语所说分在三处，其实在集部也有一些，比如集部诗文评类著录元潘昂霄《金石例》十卷，此书考订碑字及墓表、碑碣等制度④，书中搜集罗列大量碑志。按照内容和形式都应该放入目录类金石属下。再如集部诗文评中收录明王行《墓铭举例》四卷⑤，此书同样列举墓志铭文后加按语考订。与其他释文评类不尽一致，也应放入金石属中。同样情况还有集部诗文评著录黄宗羲《金石要例》一卷也是如此⑥。

三 《四库》金石文献的收录问题

《四库》基本囊括了清以前各类金石文献，但因为收录标准的

---

① 《四库全书总目》，第988页。
② 同上书，第737页。
③ 同上书，第622页。
④ 同上书，第1791页。
⑤ 同上书，第1792页。
⑥ 同上书，第1793页。

原因，很多书仅存书目，而未全文收录。根据《总目》统计史部金石属中著录三十六部七十六卷，存目二十二部六十卷，存目未收书几乎与著录书持平。即是说有大部分的金石文献只是存目而未全文收录，这是《四库》在金石文献整理上的一大问题。

此外，还有一些禁毁失收的文献。与其他文献相比，《四库》禁毁和失收的文献较少。我们做了一个初步调查，通过检索搜集清代康熙年之前的书籍。总共得书十部四十三卷（见表1）。

可以说《四库》所收金石文献虽然存在大量存目未收文献，但失收禁毁者相对较少，而且有些文献之所以存目，主要还是因为其内容或编排上存在较大问题，比如史部目录类所附存目黄叔璥《中州金石考》八卷，《总目》馆臣提要中评价说：

> 又所载金石，皆不著其存亡。即如自序中明言汉碑只存其七，而所载汉时金石乃至百二十种，则是据前人所述，概为录入。其中重刻者、传疑者又不尽著其由来，殊非记实之意。又每种之下，宜一一具载立石年月，撰书人姓名。其不可考者，则著其阙文，方足征信。而是书或著或否，则体例亦未画一。[①]

所以说不是一般的金石类著作就能入《四库》，金石文献的严格遴选，也恰好反映了《四库》馆臣的高水平和清代金石学的发展程度。

四 《四库》金石类文献整理设想

清代乾隆嘉庆两朝，朴学得到极大发展，这一时期涌现出诸多朴学大师和名著。朴学的发展中金石学的研究是清代学术的一大亮

[①] 《四库全书总目》，第749页。

点。很多朴学大家同时也是金石学研究的大家。可以说清代的朴学发展很大程度也得利于金石文献的利用。《四库全书》编撰时正值朴学发展鼎盛时期，四库所收金石文献恰能反映出这一时期的金石发展特点。《四库》所收史部目录类中金石属多达 36 部①，经籍属著作 11 部②。从收录的数量就可看出对金石文献的重视程度。而且从上面的叙述也可知，《四库》已经基本囊括了以往的金石文献，失收和禁毁数量较少，所以说如果对清以前金石文献整理，《四库》是重要的参考，非常有必要对《四库》金石文献作深入整理研究。这里我们有几个整理想法，具体来说至少有如下几个方面工作。

第一，制定《四库》中金石文献的最新叙录。我们从上面的综述可以看出，《四库》中有不少零散的金石文献收录在各文集、方志、汇编中，这类文献中有不少作者或编者的个人意见值得借鉴，但因检索不利，今人很少知晓引用。所以制定一份能反映出《四库》中散存金石文献提要和叙录，是非常有利于学界的工作。

第二，对《四库》之后 1949 年以前的金石文献搜集叙录提要。《四库》编撰完成后，仅有清一代就涌现出大量的金石文献，民国绍续清代的金石研究，一时大师辈出，出现很多利用金石研究的开山之作。《四库》后续出现了《续修四库》，收集很多，但仍有遗漏。民国时东莞容媛曾作《金石书录目》对民国前的金石文献搜集齐全，遗憾的是此书只列目而无录。③ 其后直到 1949 年之前，也未曾出现比较全而系统的，专门整理金石文献的叙录。所以有必要整理出一部分类科学、目次条理、提要精确的"建国以前金石文献总

---

① 《四库全书总目》，第 743 页。
② 同上书，第 733 页。
③ 容媛：《金石书录目》，"中研院"历史语言研究所 1992 年版。

目提要"。

第三，《四库》存目、未收、禁毁金石文献可以单独研究和考证。我们上面就说到《四库》存目、未收、禁毁的金石文献同样不可忽视，应该重新叙录提要整理。我们知道当时《四库》选录文献，除了文献本身的价值作为选择标准外，政治元素也是一个重要的选择标准。如果文献的作者、内容与清朝政治相抵牾，同样不能入选。金石文献评论较少，考证居多，很多有价值的著作为什么只是存目而不全收录，值得深究。

随着地下出土材料不断丰富，如今的金石文献已经数以万计，新出土的碑刻、墓志、青铜器的数量、种类、内容都远远超过以往，而且今天的金石研究也深入到各个领域。可以说，由于考古的发展，我们今天正处在一个新材料空前丰富的时期。但因为新材料越来越多，当下金石研究中出现一个严重问题，就是"喜新厌旧"的研究趋势。这种情况下，《四库》中所收的金石文献当然成了无人问津的材料，使用率极低。从这点说，我们有必要对1949年以前金石文献作进一步整理叙录，使这类文献的价值能真正地得到光大。

表2　　　　　　　　四库总目金石类著录一览表

分部	分类	著录	书名卷数	作者	页数
经部	小学	著录	汗简三卷	宋·郭忠恕	348
经部	小学	著录	古文四声韵五卷	宋·夏竦	349
经部	小学	著录	历代钟鼎彝器款识法帖二十卷	宋·薛尚功	350
经部	小学	著录	复古编二卷	宋·张有	350
经部	小学	著录	汉隶字源六卷	宋·娄机	350
经部	小学	著录	周秦刻石释音一卷	元·吾丘衍	352

续表

分部	分类	著录	书名卷数	作者	页数
经部	小学	著录	汉隶分韵	未知	
经部	小学	著录	隶辨八卷	清·顾吉臣	357
经部	小学	存目	金石古文十四卷	明·杨慎	373
经部	小学	存目	石鼓文正误二卷	明·陶滋	374
经部	小学	存目	金石遗文五卷	明·丰道生	374
经部	小学	存目	古器铭释十卷	明·卞荣	375
经部	小学	存目	集钟鼎古文韵选五卷	明·释道泰	378
经部	小学	存目	广金石韵府五卷	清·林尚葵	378
经部	小学	存目	石鼓文定本	清·刘凝	379
经部	小学	存目	钟鼎字源五卷	清·汪立名	380
史部	地理	著录	石柱记笺释五卷	清·郑元庆	622
史部	目录	著录	集古录十卷	宋·欧阳修	733
史部	目录	著录	金石录三十卷	宋·赵明诚	733
史部	目录	著录	法帖刊误二卷	宋·黄伯思	734
史部	目录	著录	法帖释文十卷	宋·刘次庄	734
史部	目录	著录	籀史二卷	宋·翟耆年	734
史部	目录	著录	隶续二十一卷	宋·洪适	735
史部	目录	著录	绛帖平六卷	宋·姜夔	735
史部	目录	著录	石刻铺叙二卷	宋·曾宏父	736
史部	目录	著录	法帖谱系二卷	宋·曹士冕	736
史部	目录	著录	兰亭考十二卷	宋·桑世昌	736
史部	目录	著录	兰亭续考二卷	宋·俞松撰	737
史部	目录	著录	宝刻丛编二十卷	宋·陈思	737
史部	目录	著录	舆地碑记目四卷	宋·王象之	737
史部	目录	著录	宝刻类编八卷	宋·不著撰人	738
史部	目录	著录	古刻丛钞一卷	明·陶宗仪	738
史部	目录	著录	名迹录六卷附录一卷	明·朱珪	738
史部	目录	著录	吴中金石新编八卷	明·陈暐	739
史部	目录	著录	金薤琳琅二十卷	明·都穆	739
史部	目录	著录	法帖释文考异十卷	明·顾从义	739
史部	目录	著录	金石林时地考二卷	明·赵均	739

续表

分部	分类	著录	书名卷数	作者	页数
史部	目录	著录	石墨镌华八卷	明·赵崡	739
史部	目录	著录	金石史二卷	明·郭宗昌	740
史部	目录	著录	钦定重刻淳化阁帖释文十卷	清于敏中等奉敕撰	740
史部	目录	著录	求古录一卷	清·顾炎武	740
史部	目录	著录	金石文字记六卷	清·顾炎武	740
史部	目录	著录	石经考一卷	清·顾炎武	741
史部	目录	著录	石经考一卷	清·万斯同	741
史部	目录	著录	来斋金石刻考畧三卷	清·林侗	741
史部	目录	著录	嵩阳石刻集记二卷附纪遗一卷	清·叶封	741
史部	目录	著录	金石文考略十六卷	清·李光暎	742
史部	目录	著录	分隶偶存二卷	清·万经	742
史部	目录	著录	淳化秘阁法帖考正十二卷	清·王澍	742
史部	目录	著录	竹云题跋四卷	清·王澍	742
史部	目录	著录	金石经眼录一卷	清·褚峻摹图 牛运震补说	743
史部	目录	著录	石经考异二卷	清·杭世骏	743
史部	目录	存目	吴下冢墓遗文三卷	明·都穆	746
史部	目录	存目	水经注所载碑目一卷 舆地纪胜所载碑目一卷	明·杨慎	746
史部	目录	存目	苍润轩碑跋纪一卷 续纪一卷	明·盛时泰	747
史部	目录	存目	瘗鹤铭考一卷	明·顾元庆	747
史部	目录	存目	金陵古金石考目一卷	明·顾起元	747
史部	目录	存目	古今石刻碑帖目二卷 备考古今石刻碑帖目一卷	明·孙克弘	747
史部	目录	存目	备考古今石刻碑帖目一卷	明·孙克弘	747
史部	目录	存目	唐碑帖跋四卷	明·周锡珪	747
史部	目录	存目	金石备考十六卷	明·来浚	747
史部	目录	存目	天下金石志十五卷 附录一卷	明·于奕正	748
史部	目录	存目	禊帖综闻十五卷	清·胡世安	748

续表

分部	分类	著录	书名卷数	作者	页数
史部	目录	存目	金石表一卷	清·曹溶撰	748
史部	目录	存目	闲者轩帖考一卷	清·孙承泽	748
史部	目录	存目	天发神谶碑考一卷	清·周在浚	748
史部	目录	存目	昭陵六骏赞辩一卷	清·张弨	748
史部	目录	存目	瘗鹤铭辩一卷	清·张弨	748
史部	目录	存目	瘗鹤铭考一卷	清·汪士鋐	749
史部	目录	存目	金石遗文录十卷	清·陈奕禧	749
史部	目录	存目	续金石录（无卷数）	清·叶万	749
史部	目录	存目	金石续录四卷	清·刘青藜	749
史部	目录	存目	中州金石考八卷	清·黄叔璥	749
史部	目录	存目	石迹记一卷	不著人名	750
史部	目录	存目	金石图二卷	清·褚峻摹 清·牛运震说	750
史部	传记	著录	名臣碑传琬琰集	宋·杜大珪	520
史部	传记	著录	明名臣琬炎录二十四卷	明·徐纮	524
			元佑党人碑考	明·海瑞	555
子部	艺术类		寒山金石林甲乙表一卷 附录金石林绪一卷	明·赵宦光	964
子部	艺术	著录	学古编一卷	元·吾邱衍	971
子部	艺术	著录	印典八卷	清·朱象贤	971
子部	艺术	存目	宣和集古印史八卷	明·来行学	979
子部	艺术	存目	古今印史一卷	明·徐官	979
子部	艺术	存目	印薮六卷	明·顾从德	979
子部	艺术	存目	印史五卷	明·何通	980
子部	艺术	存目	印存初集二卷 印存玄览二卷	清·胡正言	980
子部	谱录	著录	鼎录一卷	梁·虞荔	982
子部	谱录	著录	考古图十卷 续考古图五卷 释文一卷	宋·吕大临	982
子部	谱录	著录	啸堂集古录二卷	宋·王俅	982

续表

分部	分类	著录	书名卷数	作者	页数
子部	谱录	著录	宣和博古图三十卷	宋·王黼	983
子部	谱录	著录	宣德鼎彝谱八卷	宋·吕震等	983
子部	谱录	著录	钦定西清古鉴四十卷	清奉敕撰	983
子部	谱录	著录	奇器图说三卷	明·西洋人邓玉函	984
子部	谱录	著录	诸器图说一卷	明·王征	984
子部	谱录	存目	铜剑赞一卷	梁·江淹	996
子部	谱录	存目	别本考古图	宋·吕大临	996
子部	谱录	存目	绍兴内府藏古器评	宋·张抡	996
子部	谱录	存目	焦山古鼎考一卷	?·张潮	997
子部	谱录	存目	古奇器录一卷	明·胡文焕	997
子部	谱录	存目	古器具名二卷 古器总说一卷	明·胡文焕	997
集部	诗文评	著录	金石例十卷	元·潘昂霄	1791
集部	诗文评	著录	墓铭举例四卷	明·王行	1792
集部	诗文评	著录	金石要例一卷	清·黄宗羲	1793

读《先秦秦汉历法和殷周年代》

——略谈秦汉简牍中的历法问题

古代天文历法是传世典籍中非常重要的内容，也是非常难的学问。它既需要扎实的古文献研究基础，又要熟练掌握天文计算等现代科学手段。这种需要多学科知识背景，文理结合的学问，近几十年来取得了丰硕成果，综合性的论著如陈久金的《中国古代的天文与历法》、刘操南的《古代天文历法释证》、刘洪涛的《古代历法计算法》。[1] 断代专题研究成果如董作宾《殷历谱》、常玉芝《殷商历法研究》、武家璧《观象授时——楚国的天文历法》，等等。[2] 近几年，古代天文历法的研究中，时间或材料跨度大的综合性研究成果逐渐减少，研究方向开始偏于断代或以相对封闭材料为中心的研究。特别是大量出土材料公布后，以一种出土材料为基础，结合传世文献，并运用多种手段、多角度的研究方法，成为当前古代历法研究的重要内容和形式。比如罗见今和关守义的《〈肩水金关汉简

---

[1] 陈久金、杨怡：《中国古代的天文与历法》，商务印书馆2007年版。刘操南：《古代天文历法释证》，浙江大学出版社2009年版。刘洪涛：《古代历法计算法》，南开大学出版社2003年版。

[2] 董作宾：《殷历谱》，"中央研究院"历史语言研究所1982年版。常玉芝：《殷商历法研究》，吉林人民出版社1998年版。武家璧：《观象授时——楚国的天文历法》，湖北教育出版社2001年版。

（三）〉历简年代考释》、李忠林的《周家台秦简历谱系年与秦时期历法》、孔庆典的《十世纪前中国纪历文化源流——以简帛为中心》，①还有目前最新的研究成果——张培瑜先生的《先秦秦汉历法和殷周年代》。②

张培瑜先生的新著共分八章，前四章以传世文献为主，对《春秋经》《左传》《国语》《史记》中的历法问题展开论述。书中通过详细的文献梳理，利用现代天文历日计算方法，对传世文献中纪年历日信息作了推算核对，取得了很多突出成果。比如书中说《春秋经》记载的朔晦、历日干支为当时鲁国历日；《左传》新增的天象历日记载很多属于战国学者推算附入的；《左传》与《国语》的岁星纪事可以互补，但他们都与实际天象不符，皆非实际观测，也是战国学者根据当时的天象认识，依据岁星十二年一周天的规律反推上去的。这些结论不仅对历日研究有重要参考作用，对先秦文献研究也非常有价值。张先生书中前四章还讨论了古六历、三统历、东汉四分历的推步。特别是在讨论古六历时，运用出土文献中的历日材料作对比验证，指出秦、汉初、汉武帝时期历法的差别，得出秦代历法不属于古六历的任何一种的结论。③不过前四章内容是传统历法研究的主要内容，在以往的综合性论著中大多有所探讨。而且有些章节与张先生的早期著作内容大致相同。比如第四章的"东汉四分历推步"内容，就与《中国古代历法》的第五章"东汉四分历"内容基本一致。④

张先生书中后四章侧重讨论出土文献中的历法问题，重点对西

---

① 罗见今、关守义：《〈肩水金关汉简（三）〉历简年代考释》，《敦煌研究》2015年第4期。李忠林：《周家台秦简历谱系年与秦时期历法》，《历史研究》2012年第6期。孔庆典：《十世纪前中国纪历文化源流——以简帛为中心》，上海人民出版社2011年版。

② 张培瑜：《先秦秦汉历法和殷周年代》，科学出版社2015年版。

③ 同上书，第108页。

④ 张培瑜等：《中国古代历法》，中国科学技术出版社2007年版，第302—382页。

周金文中的历法、历谱、月相，以及金文记载的王世等问题作了扩展讨论。西周金文的历法研究，涉及古文字学、考古断代、文献学等多个学科，存在诸多不确定因素，所以金文历法研究一直存在非议。比如张富祥先生就曾撰文指出，目前在对上古历法不能明晰的情况下，不主张用构建金文历谱的方法来推求古史年代。他认为依据少量铜器断代推定西周王年的支点多不可靠，构建金文历谱所预设的西周历法要点也仍有待证明，这样推算会存在很多问题。① 西周金文历法研究确实存在很多困难，而且由于诸多不确定因素，其研究存在很大风险。不过张先生在推算时，已经充分考虑了各种不确定因素，把研究风险降到了最低。所以，从借鉴和使用的角度来说，张先生书中很多推算数据和结论会相对稳妥安全些。

秦汉简牍历法研究，在张先生书中也有很多突出的贡献和成果。比如书中整理出来的周家台30号墓秦简、张家山247号墓汉简、里耶秦简等出土材料的历日表，② 还有复原出来的秦代十五年的历日表，这些推算或复原结果对秦汉简牍研究者来说，都有非常重要的参考作用。还有书中第五章，对出土秦汉简牍材料中日书的直宿、日躔、建除、从辰等问题作了深入研究。对今后《日书》研究有非常重要的指导意义。

通观全书，以现代科学计算为主要手段，充分结合出土文献与传世典籍二重互证，是张先生大作的最主要特点。书中很多精彩内容和研究成果，对今后的相关研究都有非常重要的指导作用。由于本人从事秦汉简牍整理工作，我们更关注的是张先生书中所讨论的秦汉简牍历法问题。下面通过读张先生大作后得到的一些启发，着重谈谈秦汉简牍中的历法问题。

---

① 张富祥：《古史年代学研究的误区——夏商周断代工程金文历谱问题分析》，《山东大学学报》（哲学社会科学版）2006年第2期。

② 张培瑜：《先秦秦汉历法和殷周年代》，第102—103、108页。

相对于其他出土材料而言，秦汉简牍中的历日干支记载显得更直接明确。而且这类有纪年干支的简，近些年又新增了很多。比如岳麓秦简、走马楼西汉简、北大秦简中都有纪年干支内容记载。对历法研究者来说，能给出越多准确的纪年和干支朔日点，推出的结果就越准确。既然秦汉简牍中有大量的纪年干支朔日记载，按理来说秦汉的历法应该比较清晰了，但结果却使问题更加复杂。张先生书中也说道："由这些新的历日材料可知，秦和汉初的历法问题，远不是如过去学者想象的那样简单。"[1]

我们在整理和研究秦汉简牍时，发现秦与汉初的历法问题很复杂。比如岳麓秦简（肆）2088简中记载"廿五年五月戊戌以来"。简上有明确的纪年、月份、干支纪日，字迹清晰，无误释或辨识不清的情况。这支简虽未标明月份大小，也未明确朔日，但可以确定简上的"戊戌"应该是廿五年五月的某一日。按照张先生书中通过出土材料整理出的"秦王政元年至廿五年朔闰表"，[2] 廿五年五月为丙午朔，但整个廿五年五月并无"戊戌"日。最近的戊戌日要在"丙午"的前八天。秦简历法与当前推算结果不合的问题早就有发现，比如周家台秦简历谱，黄一农先生与张先生的排法就不一样，[3] 但各自又能自圆其说。再如岳麓简《质日》历谱的排序李忠林、陈松长、曲安京、肖灿等先生意见皆不一致。[4] 一般说汉承秦制，看来在历法上并不是简单相承。张先生在书中也说道，通过目前已知

---

[1] 张培瑜：《先秦秦汉历法和殷周年代》，第108页。
[2] 同上书，第116页。
[3] 黄一农：《周家台30号秦墓历谱新探》，《文物》2009年第10期。黄一农：《秦王政时期历法新考》，《华学》第五辑，中山大学出版社2001年版，第143—149页。张培瑜、彭锦华：《周家台三〇号秦墓历谱竹简与秦、汉初的历法》，《关沮秦汉墓简牍》，中华书局2001年版，第231—244页。
[4] 李忠林：《岳麓书院藏秦简〈质日〉历朔检讨——兼论竹简日志类记事簿册与历谱之区别》，《历史研究》2012年第1期。陈松长：《岳麓书院所藏秦简综述》，《文物》2009年第3期。曲安京、肖灿：《岳麓书院藏秦简〈质日〉历谱考订》，2012年2月25日，复旦大学出土文献与古文字研究中心网站（http://www.gwz.fudan.edu.cn/Web/Show/1788）。

的出土材料推算，可以找到一种平朔的历法符合周家台30号墓秦简的历日和汉武帝元光元年历日，但这种历法却不能完全符合西汉初年张家山247号墓出土汉简的历日。① 汉简历法问题还不仅出现在西汉初的张家山汉简上，西汉后期的简牍中同样有很多复杂问题。比如额济纳汉简2000ES7SF2：2A，简上记有"元延元年九月乙未朔"，但按照张先生的《三千五百年历日天象》，元延元年九月是"乙丑"朔。简上所记"乙未朔"最近出现在该年八月。在汉简中，这种纪年历日与目前纪年朔闰表不符的情况非常多，张德芳先生在《悬泉汉简研究》中有详细调查。② 也就是说目前的各种纪年历日推算结果，与新公布的出土文献纪年历日仍有很多不合的情况。这种现象目前还没有更合理的解释，读过张先生的书后，我们滋生出一些想法，提出来供大家讨论。

第一，秦汉时是不是有两种或者多种历法混用的情况？张先生在复原秦代历法时注意到了简牍的公私差别。他在书中引用李学勤先生的说法，认为里耶秦简多为官府文书，记录相对准确，周家台秦简中的历日可能是个人记事，列出来300多天的历日，好像是在记"流水账"，多有错误和矛盾之处。③ 私人的记录确实难免错误，但既然不是个别错误，可能不全是个人抄写造成的。我们推想，这里可能有混用其他历法的情况。今天所使用的历法是农历与公历并行使用，应对不同需要使用不同的历法。农村生产仍以农历来确定农事的时间，而在学校机关一般都是使用公历。另外少数民族中还有苗族古历、藏历、傣历等。在多种历法并存的情况下，私人记录中偶尔出现了历法混用的情况是完全可能的。特别是战国时代，言语异声，文字异形，地域跨度大，要想统一使用一种历法应该比较

---

① 张培瑜：《先秦秦汉历法和殷周年代》，第107页。
② 张德芳、郝树声：《悬泉汉简研究》，甘肃文化出版社2009年版，第38页。
③ 张培瑜：《先秦秦汉历法和殷周年代》，第109—110页。

困难。秦始皇统一六国以后，即便官方有统一使用的历法，民间私下记录时也未必全都统一使用。如果真有历法混用的情况，那么周家台秦简的历日记录也不能说是错误，只是历法体系不同产生的差异而已。张先生书中也说道，战国、秦、汉初具体实行的是何种历法，战国、秦、汉初时的颛顼历、殷历内容究竟如何，至今仍然是值得深入研究的问题。[①] 所以这种混用的历法可能是已知的，但我们还没有完全研究清楚它的具体内容；也可能是一种完全未知的历法。

第二，改历的时间点很难确定。改历涉及如何对待新历与旧历转换的时间差。如果不清楚这个问题，推算的结果必然与实际相差甚远。张先生书中说，如果秦和汉初使用的确实是古历四分法，那么秦到西汉太初历改历之前，至少改过两次历法。[②] 显然这是根据既定条件的推测。秦至汉初究竟改过几次历法，什么时间改历，这是目前无法解决的问题。现有的史料对这些问题并没有非常清楚的记载。比如学界有认为嬴政公元前238年（九年四月）亲政有改历，公元前221年（秦始皇二十六年）统一六国时也有历改。[③] 但这两个改历时间也只是推测，以往并没有明确史料证明这两年有改历。我们前面提到的岳麓秦简所记"廿五年五月戊戌"与秦统一时间非常近，这支简的干支问题，可能与秦统一时改历有一定关系，或许可为秦统一时改历提供一些佐证。但证据还不是特别充分，有待日后更多材料支撑。

第三，利用出土材料历日信息复原秦汉历法有待更多新材料。有学者指出："出土的系统而连续的历日数据本身自足互证，不必

[①] 张培瑜：《先秦秦汉历法和殷周年代》，第107页。
[②] 同上。
[③] 李忠林：《周家台历谱系年与秦时期历法》，《历史研究》2010年第6期。

符合后世学者对这一时期历日进行推算的理论及其结果。"① 张先生在复原秦汉历法时,就是尽量寻找材料本身信息进行推算。但并不是所有出土材料中的历日记载都可以"自足互证",比如我们前面说到的岳麓秦简 2088 中历日问题就无法解释。出土文献历日系统还需要更多材料完善。应该客观看待出土材料与传世文献历日、后世推算结果的关系,偏向任何一种结果都可能对推算产生误导。不过张先生的复原推算已经十分接近真相了,相信随着出土材料日益丰富,秦汉历法本来面目会更加清晰。

综上,我们通过读张先生的新作,结合自己研究过程中遇到的问题,谈了一些不成熟的想法。先秦两汉历法研究还有很多不确定问题需要解决。过去没有更多出土文献可对比,主要依据传世文献。如今大量出土材料不断丰富研究,利用双重文献互证,已经成为历法研究的基本方法。张先生的新作正是灵活运用这种方法,并客观审视各种文献材料,不附和旧有记载和推算数据,相信大家读了张先生的新作会有更多的收获和启发。

---

① 何晋:《秦简质日小识》,《秦简牍研究国际学术研讨会论文集》,湖南长沙,2014 年 12 月,第 39 页。

岳麓书院藏秦简研读札记

一 《二年律令》498简补证

岳麓书院藏秦简第五卷中有如下一枚简：

·诸治从人者，具书未得者名族、年、长、物色、疵瑕，移谳县道，县道官谨以谳穷求，得辄以智巧譖（潜）（1021）

这是一枚关于书写通缉文书内容的令文。其中"疵瑕"传世文献本指缺点、过失，在此处应指所搜捕通缉从人之特征。[①] 张家山汉简《二年律令》中有如下一条简文：

□、御史请：诸出入津关者，皆入传，书郡、县、里、年、长、物色、疵瑕见外者及马职（识）物关舍人占者，津关谨阅，出入之。县官马勿职（识）物（498）

这枚简是关于出入津关马匹的记录，其中"年"和"疵"过去曾缺释，后来释读出但没有更坚强的例证，上揭岳麓简内容可与此简对读，可谓最有力最直接的证据，而且两者字形也非常契合（表1）。

---

① 李洪财：《秦简牍"从人"考》，《文物》2016年第12期。

表1　　　　　　　　　　年、疵字形对照表

	《二年律令》原简字形	睡虎地秦简字形①
年	（摹本）	
疵		

这条简文陈伟先生曾做过解读，他解释说："出入津关者，必须将本人住址、身体特征以及马的特征报告、指示给占者查验。"② 陈先生的解释非常正确。这里的郡、县、里是指出入关者的居住地址，年指的是年龄，长指身高，物色指形貌，疵瑕指特征。这种描述应该已经成为秦汉时的固定程序，类似的规定在汉简也可见一些，比如：

　　　　马长吏即有吏卒民屯士亡者，具署郡、县、里、名、姓、年、长、物色、所衣服赍，操……（居303·15+513·17）
　　　　☐收责橐佗候官名、县、爵、里、年、姓、长、物色如牒，书到出入☐（肩73EJT32：3）

而且在汉简中还有不少这种从居住地址到形貌特征的描述内容，比如：

　　　　觻得成汉里大夫虇建德，年卌二，长五尺七寸，黑色。弓一。（居37·32）
　　　　戍卒巨鹿郡曲周东渠里杨庇，年廿九，长七尺四寸，黑

---

①　方勇：《秦简牍文字编》，福建人民出版社2013年版，第212、229页。
②　陈伟：《张家山汉简〈津关令〉涉马诸令研究》，《考古学报》2003年第1期。

色。三石具弩一，槀矢五十。（肩73EJT22∶25）

　　河南郡河南县北中里公乘史游，年卅二，长七尺二寸，黑色。（居43·7）

　　京兆尹长安定陵里公乘况阳遂，年卅二，长七尺二寸，黑色。☒（肩73EJT9∶24）

　　齐郡临菑西通里大夫侯寿，年五十，长七尺二寸，黑色。☒（肩73EJT9∶28）

以上这些汉简的描述内容和格式，与上举《二年律令》498简所规定的描述内容大致相应。值得注意的是，岳麓秦简与二年律令中都规定"疵瑕"的描述，但在汉简中"疵瑕"特征变为携带物品，比如上举居37·32、肩73EJT22∶25。或变为衣着的描述，除了上举汉简例子外，还有一简可与上举内容合读，更能体现差别，简文如下：

　　☒……年卅一∨二岁，长七尺一∨二寸，大壮赤色，去时衣绔复襜褕缣单襜褕（肩73EJT30∶94）

这条简上部残缺，可辨识文字内容描述了某人的年、长、物色、衣着。与上举居303·15+513·17简对读可知，《二年律令》498简所规定的疵瑕特征，在这枚汉简中变为衣着的描述。即原来外貌特征的描述变为携带物品和衣着的描述。如果说秦汉时出入关者的描述成为一种固定的内容或格式，那么律令中"疵瑕"的描述变化，应该反映了政府对津关出入检查的重点发生转变。

二　岳麓肆中的"蜀巴"问题补正

何有祖先生《读秦汉简札记二则》一文，对岳麓秦简肆中的

"蜀巴"解释作了新的阐释，所讨论的简文内容如下：

诸书当传者勿漕˩，断皋输罨（迁）蜀巴者˩，令独水道漕传。（0589）

蜀巴，何先生指出"巴"字的释读问题，认为当释作"邑"，文章中还说到雷海龙先生认为上简中的"巴"是讹写。① 其实这个字就是"巴"，只不过因为竹纤维拔丝，导致上面像"口"形，我们举出放大清晰图片就一目了然了。原简字形和局部放大图片如表2中A。可以看到竹纤维拔丝的位置并无明显墨迹，释作"邑"应该是把这个抽丝看作笔画了。岳麓简中的"巴"很特殊，与色、邑字形非常接近，但"巴"字经常中间填实（如表2中B所示），这是其他两个字不具备的。

表2　　　　　　　　"巴"形发大与字形对比

A		B	
"巴"原简形	局部放大	1028 简	1029 简

蜀巴一词在汉以前的传世文献中未见，但在岳麓简中这种表述比较多见，而且常出现"迁输蜀巴"情况，这在岳麓书院藏秦简伍中有很多证据，如：

・诸有皋当罨（迁）输蜀巴及恒罨（迁）所者，皋已决，

---

① 何有祖：《读秦汉简札记二则》，《中国文字研究》第 24 辑，2016 年 12 月。又见 2017 年 1 月 3 日，简帛网（http：//www.bsm.org.cn/show_article.php？id=2696）。

当传而欲有告及行有告，县官皆勿听而亟传诣（1123）羁〈迁〉轮〈输〉所，勿留。·十九（0966）

此文例内容与上举简大致相合，还有1105、2193简中皆出现"蜀巴"的文例。可证上揭简中的"巴"不可他释。蜀巴不止一次出现在岳麓简中，而且是作为刑徒迁输的固定地点之一，这也给我们提供了一条研究秦汉时期蜀巴开发和治理的新材料信息。

三 罪犯徙边妻子自随制度的新材料

《后汉书·显宗孝明帝纪》："诏郡国死罪囚减罪，与妻子诣五原、朔方占著，所在死者皆赐妻父若男同产一人复终身；其妻无父兄独有母者，赐其母钱六万，又复其口算。"此段材料记述东汉史实，有学者认为这是妻子自随制度的始见。[1] 岳麓秦简伍中有如下两条材料：

> 毋得免赦，皆盗戒（械）胶致桎传之。其为士五（伍）、庶人者，处苍梧，苍梧守均处少人所，疑亡者，戒（械）胶致桎传（0898）之，其夫妻子欲与，皆许之∟。有等比。·十五（1111）

这是两条关于从人犯发配到苍梧的令文，其中简文1111中记载"其夫妻子欲与，皆许之"，明确规定罪犯发配远地，妻子、子女如果想要随同，都是允许的。显然，这条材料也涉及了妻子自随的问题。但与上面所举汉代材料相比，时间相隔较长。当然，两者所记内容有一定差异。《后汉书》所记的妻子自随，是从国家对自愿随

---

[1] 贾丽英：《秦汉家庭法研究：以出土简牍为中心》，中国社会科学出版社2015年版，第119、213页。

获罪丈夫徙边的嘉勉中反映出来的，而岳麓简是在法律条文中明确提出。秦代从法律层面提出妻子自随问题，这是用法律来规范这一社会现象。到了汉代以诏书的形式给自随妻子嘉奖，这是国家对这一社会现象的认可。显然，两者是前后发展关系。因此，罪犯徙边妻子自随制度可上追至秦代，而且这种制度从秦代到汉代的变化，也非常值得深入研究。

四　岳麓肆1992（068）简释读问题

岳麓秦简肆有如下一条简文，整理者释文作：

隶臣妾及诸当作县道官者、仆、庸，为它作务，其钱财当入县道官而逋未入去亡者，（1992/068）

这条释文陈伟先生在《岳麓秦简肆校商（四）》一文解读道："其中第一个释'当'之字，与同条下文'当'字显然不同，而与简212、213'虏'字近似，因而改释。虏是俘获之人。"并将这条释文重新整理作：

隶臣妾及诸虏作县【道】官者仆、庸（佣）为它作务，其钱财当入县道官而逋未入去亡者，①

按照陈先生意见，此条释文有两处重要改动：一是将第一个"当"改释为"虏"；二是将第一个顿号和逗号去掉。该文所说的两个"当"字和212、213简中的两个"虏"对比如表3所示：

---

① 陈伟：《岳麓秦简肆校商（四）》，2016年11月30日，简帛网（http：//www.bsm.org.cn/show_article.php?id=2675）。

表3　　　　　　　　　　当、虏字形对照表

	第一个"当"	第二个"当"
当	诸当	当人
虏	1389/212	1378/213

对比后可以非常清楚地看出，陈先生改释字的整体结构与同简的"当"字完全吻合，而与"虏"字不符。特别是改释字的上部"兴"形非常清楚，不是"虏"字上部所从的"虍"。而且该字下部也完全看不出"力"形。"诸当……者"之行文习惯在岳麓简非常常见，比如1375简"诸当衣赤衣者"，J54简"诸当叚（假）官器者"，1918简"诸当得购赏贳责（债）者"，等等。所以此字释"当"无疑，不可改释。

第二个，陈先生发现了断句问题，据此推敲，原句读确实有误。句中隶臣妾与"诸当……者"是并列关系，但"诸当……者"并不像"隶臣妾"那样指称十分明确。"诸当……者"所指的是一类人。这应该是防止遗漏，对应该执行此令文一类人的叙述方式。这是说明行为主体。后文仆、庸及为它作务是说明主体的具体行为。那么"诸当……者"后应逗号断开以表明主体。仆、庸及为它作务三者关系，陈先生文章分析得十分正确，三者不是并列关系。我认为三者实际是"……仆、庸等为它作务"的关系。那么这条简文可重新整理如下：

隶臣妾及诸当作县道官者，仆、庸（佣）为它作务，其钱财当入县道官而逋未入去亡者，（1992/068）

五 岳麓秦简的简号重复问题

我们在网上读到几篇文章,其中有发现《岳麓肆》059号简与《为吏》17号简的原始编号都是1560的问题。① 其实这种简号重复问题,我们很早以前就已经发现,下面就把我查检到的简号重复情况用表格呈现给大家,希望为日后讨论编连问题有一定帮助。

表4中出版序号是指出版时编排的顺序号,红外页码是指旁边有释文的单支红外线照片所在页码。

表4　　　　　　　　岳麓秦简简号重复情况调查表

原始编号	出版序号	彩图页码	红外页码	卷数	篇题或分类
0015	29	42	164	壹	占梦书
0015	372	22	218	肆	第三组
0200+0139	07	27	111	壹	为吏治官及黔首
0200+0195	045	19	119	叁	〇三,猩、敞知盗分赃案
0419	41	8	61	壹	二十七年质日
0419	164	49	189	叁	一〇,[?]盗杀安、宜等案
0420	23	5	54	壹	二十七年质日
0420	176	51	197	叁	一一,得之强与弃妻奸案
0610	12	4	51	壹	二十七年质日
0610	387	23	223	肆	第三组
0624	13	11	71	壹	三十四年质日
0624	321	20	201	肆	第三组
0630	192	54	206	叁	一二,田与市和奸案
0630	301	19	194	肆	第三组
0801	177	25	127	贰	体积类算题
0801	316	20	199	肆	第三组

---

① 张驰:《〈为吏治官及黔首〉编联补证与关于〈岳麓肆〉059号简归属问题的讨论》,2016年4月7日,简帛网(http://www.bsm.org.cn/show_article.php?id=2513#_ftnref1)。

续表

原始编号	出版序号	彩图页码	红外页码	卷数	篇题或分类
0805	33	7	49	贰	租税类算题
0805	352	21	211	肆	第三组
0813	42	8	54	贰	租税类算题
0813	351	21	211	肆	第三组
0912	51	9	59	贰	租税类算题
0912	237	14	146	肆	第二组
0081＋0932	353	21	212	肆	第三组
0932	46	8	56	贰	租税类算题
0780	103	15	87	贰	谷物换算类算题
0913＋2183	217	66	225	叁	一四，学为伪书案
0913	256	15	153	肆	第二组
0420	23	5	54	壹	二十七年质日
0420	176	51	197	叁	一一，得之强与弃妻奸案
0988	118	17	93	贰	谷物换算类算题
0988＋0995	221	66	226	叁	一四，学为伪书案
0918＋0882＋C100102	110	16	90	贰	谷物换算类算题
0882	215	65	224	叁	一四，学为伪书案
1521	08	27	111	壹	为吏治官及黔首
1521	300	19	194	肆	第三组
2073	20	21	97	壹	三十五年质日
2073	104	7	73	肆	第一组
2065＋0780	101	7	72	肆	第一组
1491	03	27	109	壹	为吏治官及黔首
1491＋0923	018	13	100	叁	〇一，癸、琐相移谋购案

表4中有20对重复原始编号，其中有16对原始编号是1000号以下。各卷间没有出现第壹卷与第贰卷简号重复的情况，其他卷之间都有简号重复的情况。就是说问题是从第叁卷开始的。简牍的原

始号是最初对简牍揭取时的顺序号，岳麓简的原始编号也是如此，编号完全按照考古的揭取程序完成，一枚简一个编号。所以岳麓简最初原始编号不会出现重复的问题。但如果将已确定好的编号再作改动，那么就会出现简号重复问题。原始编号是简牍重要的身份信息，一旦发生改变会产生一系列影响，岳麓简原始简号改动的原因比较复杂，相信日后会逐渐清晰并解决这个问题。

古文字构形学与上古音的突破

——读《古文字构形与上古音研究》①

古文字学的主要研究对象，是出土的古代文献。早在汉武帝时就有出土孔子壁中书的记载，后来还有汲冢竹书、石鼓文等文献材料相继出土。可惜这些出土文献价值，在清代以前并没有得到充分利用，多数还停留在文字考释和年代考证上，但在这一过程中，古文字研究逐渐发展起来。进入 21 世纪，随着大量出土文献面世，古文字学得到迅速发展，涌现出许多新的研究成果。同时，新的研究成果也促进了古文字学的发展。叶玉英先生的《古文字构形和上古音研究》一书，就是以出土文献为基本材料，充分吸收借鉴最新的研究成果，对古文字和上古音研究进行深入挖掘的一部力作。书中解决了上古音研究中的若干重要问题，对语音与文字形体之间发展演变的关系进行了一系列有益的探索。

一　新观点，新发现

本书的致力点，在于充分利用古文字学和上古音研究中的最新研究成果对汉字的古音进行研究。李方桂先生指出："古韵学的出

---

① 本文首发于《汉字文化》2010 年第 4 期。

路在古文字。"① 而李新魁先生也曾指出："必须充分利用古文字研究的成果，把对古文字的研究和古音的研究结合起来，把古文字（甲骨文、金文、战国文字、秦汉文字）所提供的材料和展示的问题，运用到古音的研究上来，特别是谐声系统和假借字系列必须进行新的更深入的研究，找出确切的较为完整的体系，为古音的研究提供更加强有力的佐证。"② 此书正是利用古文字研究的最新成果，结合前人对古音的研究成果，在古音研究领域的又一次突破。

全书共七章，如果以问题的提出和对学界影响而论，此书的重点和精彩处在第二章。第二章作者谈的是"中古精母字的来源之古文字证据"，可以说此章是本书的最大亮点，也是本书最主要的贡献所在。叶先生通过对大量古文字的古音疏理，提出许多独到的见解，比如发现大多数中古精母在上古并非就是精母字，而是有多种来源，并且在漫长的语音发展过程中发生了复杂的音变；不同声系的两组或三组甚至四组字，有交替出现的现象，并且表现出同样的音变轨迹；精母字多来源于同部位音转。

在考察精母字的具体来源时，书中先对古文字中各韵部的精母字详细考察，证明古文字各韵部中精母字读音后出，然后总结归纳出各字的来源。例如，精母来源于心母的有兹、滋、孳、晶、足、捉、旌、雀等字。如从喿声的藻、澡、缲、剿等字，是直接由心母转入精母；而从妾声的椄、接、萎等谐声系列字，则是由心母塞擦化为清母，再由清母变为不送气的塞擦音精母（书中第223页）；还有来源于清母的如走、奏、左、尊、责、积、际、侵、浸等字；来源于从母的如子、则、侧、最、宗、稷、仄、斩等字；来源于以

---

① 曾宪通：《从"蛊"符之音读再论古韵部东冬的分合》，《第三届国际中国古文字学研讨会论文集》，香港，1997年10月，第753页。

② 李新魁：《汉语音韵学研究概况及展望》，《音韵学研究》第一辑，中华书局1984年版，第11页。

母的如酒、俊、骏、睃等字；源于喉牙音的如岁、恤、薛、井等字；来源于舌音的如进、椒、俊、尽、津、资；等等。

在精母产生的时代问题上，郑张尚芳先生认为上古没有精母ts-和邪母z-，上古的从母读z-，而不是dz-，清母读sh-，而不是tsh-，即认为上古没有塞擦音。而叶先生通过对中古精母字的考察，发现大量精母字都源于心母，还有的分别来自以母、喉牙音和舌音。她还通过对出土文献中精母字出现的时间考察，推断其产生时间大致在汉代后期，历经东汉至魏晋南北朝，才逐渐形成。叶先生认为清、从二母由擦音变为塞擦音的时代应与精母产生的时代大致相当，大概在汉代后期至南北朝之间（书中第228页）。

在论证过程中，叶先生还对许多学界争论问题提出新的见解。如，朱声琦先生曾经考定由舌音转入精母的字有进、椒、俊、尽、津、恣、姿、咨、资等九个字，其中姿、咨、资、恣来自泥母。而叶先生通过考证指出，"次"本为从母字，从"次"的姿、咨、资、恣最初都读为从母（书中第227页）。

张世超先生曾认为，秦代比较特殊的殹、也两字并用的主要原因是秦方音中两字音同，[①] 但并没有给出充分的证据。叶先生通过对出土古文字资料中以母和影母字的考察，发现以母、影母关系密切，且两者多相通，提出了这一在甲骨文和秦文字中特有的现象，可能源自商代语音。

在论证以母与牙音见组的关系中，叶先生发现秦音中以母与见母的关系尤其突出，不仅以母与见母相通的例子很多，以母与疑母的例子也很多。她通过考察，认为以母与见组声母谐声、通假及同源关系是普遍存在的，绝非偶然的例外。这一发现，促进了学界对此类问题的深入研究。

[①] 张世超：《战国秦汉文字现象举隅》，《中国文字研究》第一辑，广西教育出版社1999年版，第183页。

"论音随字转"一章,突破以往以今文字为主要材料的局限,而以《说文》以前的古文字材料为主,探讨了"因误认声旁而改变读音""受与之形近的另一个字的影响而读为其音""因自身形体变化而造成的音变""因误认两字为一字异体而混淆读音"等四个方面的问题,从而解释了语音发展过程中的偶然音变现象,造成的读音变化问题。例如"归"字,甲骨文作"𠂤",本是从𠂤,帚声字,后因有"赠送""回馈"之义,"归"而借为"馈",后世以此误认"归"为"𠂤"声字,由原来的幽部字变为微部字。

在"论字随音变"一章中,作者牢牢把握住了"音是文字分化的枢纽"这一基本原则,着重讨论了语音演变造成的文字分化、语音与形声字声符的变化、音与讹混、音与饰笔等诸多问题。如在讨论音与讹混的问题上,刘钊先生认为讹混与音义无关[①],而叶先生则用一些材料证明,讹混确实与音有一定的关系。例如,隶和聿,古文字形体接近,聿,甲骨文为"𦘒","隶"春秋晚期的郘钟作"𦘒"形。楚王領钟聿作"𦘒",已近似隶字。者沪钟的"隶"字作"𦘒",又把"隶"写作了"聿"。并且隶、聿两字声韵相近(笔者按:隶在以纽质部,聿在以纽物部),极易发生讹混。如今从"聿"之"律"字,甲骨文从"隶"作"𢖰"(书中以商代金文为例,字形略同),睡虎地秦简"律"字写作"𢖰""𢖰",马王堆帛书作"𢖰",可证隶、聿相混。

二 新的研究领域:以声音为文字构成演变的枢纽,注重文字的时代性与地域性,推动方言研究与古文字学的结合

形声字是研究古音的重要材料之一,在上古音研究中,当代学

---

① 刘钊:《古文字构形学》,福建人民出版社2006年版,第139页。

者依据谐声原则取得了不少的成果，古音具有时间层次已成为学界的共识。本书"语音与形声字声符变化"一节，正是充分利用了古文字中的形声字，对古音进行分期、分域研究，以此探寻更加真实的古音。在这一节中，作者分别探讨了语音演变与形声字声符的替换、战国时期方言与形声字异体两个大问题。而尤为值得称道的是，书中通过利用古文字材料中的形声字异体，使我们看到了上古方言、形声字异体与文字变化三者之间的关系。例如，裘，金文本作从"求"声的"㫃"，而在春秋晚期齐国庚壶中，写作从"又"声的"㕚"。"求"上古在幽部，"又"在之部。裘字从"求"声变为从"又"声，就是方言上的差距（书中第228页）。可以看出，作者是根据形声字声符变化，所表现出来的时代性和地域性，来探寻"字随音变"这个问题（书中第287页）。再如，书中脰、朕的例子，楚器铭文作"脰"，隶作"脰"，释为"厨"。脰，从"豆"声，可知楚音"厨"读定纽侯部。三晋文字中，"厨"作从"朱"声的"㕚""㕚"。古音"朱"在章纽侯部。秦系文字"厨"作从"尌"的"㕚"。"尌"在禅纽侯部。以往学者认为，上古音中章组和知组一样归入端组，作者指出，以秦、楚、三晋文字的"厨"字声符的不同来看，在战国时期语音中，章组与端组还是有分别的（书中第299页）。

　　古文字构形学强调科学的文字符号观，认为文字始终是处在变动的过程中，认识和分析文字要有动态的眼光（见书中序一，第2页）。而在对古文字字音的研究中，更需要动态的眼光。语音变化的复杂性，要远比形义的复杂性大得多。正是基于此，本书在对古文字古音分析时，注重对文字地域和时代的区分，这也是此书的一个特色。在书中第三章"秦音中的以母与喉牙音之间的关系考"，作者以秦系文字特有的方言用字和通假字为线索，以出土秦系文字中的谐声、假借资料为主，以《方言》《说文解字》等文献资料为辅，对秦音中以母字与喉牙音的关系进行了初步的考察，从而探讨秦方言语音的一些特征。（书中第 231 页）这正是用动态的眼光，区别对待秦代方言和汉代方言、出土文献与传世文献、时代的纵向关系和空间的横向关系。还有，在第六章的"变形音化举例"中，与在第七章第二节"双声符字考"中，作者将古文字分为甲骨文、西周金文、春秋战国文字；又将春秋战国文字分为楚系文字、齐系文字、晋系文、燕系文字、其他。这也是分期分域研究方法的体现。

古文字语音变化受各种因素的影响，在对古文字语音考察时，还应该考虑时代和地域问题。作者在书中按照时间和地域分别举例梳理，尽量做到条理清晰。这样既可以避免对文字发展变化的单向考虑，同时也便于对文字发展中的个性特征进行考察，对一些问题给出更合理的解释。在古文字学界，古音研究相对薄弱，而以古文字方言为切入点的研究更少，尤其是对秦方言的研究。尽管将方言与古文字相结合的研究，近年来也看到一些成果，但仅是刚刚起步，存在诸多问题，可以说这是一个较新的研究领域，具有深入研究的巨大潜力。

三　个人的一些建议与补充

当然，书中尚有诸多精彩之处，这里仅是笔者个人的阅读感受，要想真正了解书中的奥妙，还须自己亲自品味。不过，任何一部作品都不可能是完美无缺的，对于叶先生书中的独到见解，我深感钦佩，这里也提出一些自己的不成熟的建议和补充意见。

书中第四章"论音随字转"，作者举盼（xì、pǎn）、盼为例，认为两字的在古文字阶段，因为两字偏旁形近，受了"盼"字的音义影响，"盼"也有了滂纽产韵的读音（pǎn）。（书中第 256 页，拼音为笔者后加）笔者认为盼、盼音转，未必是在古文字阶段，可能是在隶变以后的今文字阶段。"分"甲骨文作㕣，到小篆作㕣，兮在甲骨、金文略同，作兮，到小篆作兮，古文字阶段分、兮的形体还不相近，差距较大。从"分""兮"的古文字形体来看，如果两字相混，需要笔画改曲为直和书写速度加快。只有到隶变后，实现笔画改曲为直，分、兮两字相近。加之书写速度加快，俗写简化笔画，故"盼"《九经字样》写作"眇"，导致两字音形相混。①书中所举的汉印字例"眇"（盼），可能是在受隶变影响后的篆书。在汉印中，很多字处在篆隶之间，篆隶形体互相影响，分不清是古文字还是今文字。

与"眇""盼"问题类似的还有，在书中论述因误认声旁而改变读音所举的"赦"字。"赦"，西周金文作"㪅"，从支亦声。一直到汉初，仍从亦声。而到了《说文》中，赦小篆作"赦"，亦讹变为"赤"，"赦"字音也随之变为从赤声（书中第250页）。实际上，这种由"亦"变为"赤"过程并不简单，其背后还潜藏着更深刻的文字演变现象。在古文字中"赤"与"亦"两字形体较相似，"亦"，甲骨文与金文略同，作"亦"，"赤"金文作"赤"。如果仅以字形而论，两字下部都可讹混为"火"。文字手写俗化，有的追求简便，而使本为复杂的字形向相似易混的简化字形靠拢，这也是文字简化的一个途径；也有一些由本来简单的字形向复杂字形趋近，导致两字混同。这种现象一方面可以导致读音的变化，如书中的"赦"字，另一方面也说明相似字体合并趋势。在这一复杂变化中，讹混的相同部件"火"，成了两个字讹混的条件，而在

---

① 关于盼字的俗变，还可见曾良《"盼望"、"疆场"俗变探讨》，《中国语文》2008年第2期。或见于曾良《俗字及古籍文字通例研究》，百花洲文艺出版社2006年版，第146页。曾师虽未述及"盼"字的俗变源头，但是对"盼""眇""眄"三字的音形义相混做了非常清晰的梳理。

"赦"的音变中,"赤"字处于强势地位,导致原来从亦声,变为从赤声。李新魁先生说:"由于文字所代表的读音发生变化,音与字之间出现使用上的矛盾。解决矛盾办法之一,就是更换或添加声符,以期字形与音、义符合,这表明读音在这种矛盾中占据主导地位。"①

书中第四章叶先生所称的"音随字转",李新魁先生称"音因形变",刘钊先生称"音随形转",张涌泉先生称"音随形变"。第五章的"字随音变",刘钊先生称"变形音化",李新魁先生称"字因音变"。名称各有不同,实际所指相同。我个人认为,这种"音"与"字"的变化,需要有不均等的强势与弱势的区别,导致弱势向强势流动。也就是说,汉字强势形体导致音变或形变。在强势形体中,如果"字音"居主导地位,则字随音变;如果"字形"据主导地位,则音随字转。同时,在汉字的发展演变过程中,无论是形体的变化,还是字音的变化,又受到社会强势主体意识影响而向前发展。这种强势主体,可以是不同地方的人而产生的方言差别,也可以是社会文化造成对文字认识的差别,即书中所说的文字时代性与地域性。如果从这点出发,把文字变化视为一种社会现象,探究这种现象背后所反映的深层次问题,也许还会有更多的发现。

另外,作者在材料的运用方面上,也稍有些遗憾。在字体演变研究综述中,未见启功先生的《古代字体论稿》(文物出版社1964年版)和鲁国尧的《"隶书"辩》(《鲁国尧自选集》,河南教育出版社1994年版)两篇重要的文章。特别是在隶书和草书的问题上,裘锡圭先生也借鉴了启功先生《古代字体论稿》中的一些说法。②

---

① 李新魁:《从"同音"现象看语音与文字的某些关系》,转引自叶玉英《古文字构形学与上古音研究》,厦门大学出版社2009年版,第265页。

② 裘锡圭:《文字学概要》,商务印书馆2004年版,第79、85页。

在使用的出土材料中，没有见到2002年出土的湖南湘西里耶秦简，这对于一直关注里耶秦简研究进展的学者来说，未免有些遗憾。里耶秦简出土共3.6万枚，其字数有20余万字，出土后也有相关的介绍性文章。① 根据其简文中出现的"（秦始皇）廿五年"至"（秦始皇）卅七年"和"（秦二世）二世元年""（秦二世）二世二年"的纪年来看，这些简的存世时间应是秦始皇和秦二世的遗物，跨越了一个朝代，对于秦代的文字音韵研究十分可贵。秦代以小篆为正体标准用字，而在实际生活中，还是以方便易写的秦隶为通行文字，作为研究语音和文字变化的资料，秦隶书写的简牍利用价值更高，更能反映当时的文字真实情况。因为手抄文献，更能反映文字的变化情况，对于秦方言研究、字随音变研究、音随字变研究都会更有帮助。② 不过，里耶秦简出土后，虽有相关文章面世，但是清晰完整的图册并没有见到，这可能是本书无法利用里耶秦简的一个主要原因。③ 另外，书中所举字例非常多，作为面向学界的著作，最好还是做个索引。这样便于查找，可以更好为学者所利用。

《古文字构形与上古音研究》一书，是据叶先生跟随著名古文字学者刘钊先生读博时的博士学位论文修改而成。本书既得到了刘钊先生的肯定，也得到了音韵学领域著名学者郑张尚芳的肯定。郑张尚芳先生在序言二中写道，"作者好学深思，在古文字的古音现象方面有所发现是很有价值的"，这绝不是溢美之词。正如刘钊先生在序言中所说："本书一个很突出的优点是在两条线上同时达到的深度。一条线是古文字构形学上的，一条线是音韵学上的。而做

---

① 湖南省文物考古研究所等：《湖南龙山里耶战国—秦代古城一号井发掘简报》，《文物》2003年第1期。

② 李洪财：《读〈商代金文为正体字甲骨文为简体字说〉——与张光远先生商榷》，《书法赏评》2010年第2期。

③ 关于里耶简问题，在本文草拟期间曾与叶先生探讨此事。叶先生说："里耶秦简我并非没有注意到，而是因为没有找到图版，只有释文，而释文中没有找到可以用的通假资料。"

到在两条线上同时出击并占领高地,的确不是件容易的事情。然而叶玉英做到了。"① 我认为,这个评价是极为中肯的。作为学习者,我们希望有更多的精彩作品来供我们学习,所以,在这里真心祝愿叶玉英先生能够在学术研究上再攀高峰,取得佳绩。

---

① 见该书刘钊序一。

浅谈中小学书法教育的作用与意义[①]

21世纪,世界文化趋于融合,人才竞争更加激烈,对人才素质的要求不断提高,为适应不断变化的国际潮流,新型人才不仅要掌握先进的科学知识和应用技术,还要了解自己民族文化,要具备基本的文化修养和艺术修养。熊秉明先生曾说:"中国书法是中国文化核心的核心。"[②] 这话可能略偏激,但有一定的道理。毫无疑问,书法是中国文化核心中的重要组成部分,是中华民族特有的艺术形式。[③] 我们应该利用本民族自身的书法特色文化来塑造适应不同环境的高素质人才。有许多外国人士把中国书法视为真正的东方艺术,我们也把书法列为国粹,这足以显现中国书法在世界和中国文化中的代表性地位。中国书法以其悠久的历史和丰富的文化内涵,给我们留下了取之不尽的精神财富。所以,应该把书法正式列入整个教育体系(包括高等教育)。现阶段,部分高校采取选修或必修的形式开设书法课程,近几年又不断有高校增设书法专业,但是,与之不相称的是,在中小学基础教育阶段,至今仍没有一个完整明确书法教学体制。因此,为了与高校书法教育接轨,在中小学

[①] 本文第一稿完成于2005年年底,曾被原工作单位推送参评省市教育厅所举办的各类教育论文评选。此次出版略对其中的行文作修改,其他皆依照旧稿。
[②] 熊秉明:《中国文化核心的核心》,《书法导报》2004年11月3日。
[③] 日本、韩国等其他国家的书法艺术,归根结底也是源自中国。

开设书法教育课程并制定规范的教学计划是非常必要的。而在中小学开设书法，首先要明确书法教育在中小学开设的作用和长远意义。

一 通过书法学习可以更深入地了解中国传统文化，更有利于知识的综合

书法在平常人眼中，或许是和"写字"等同的，这是一种误识。书法并非是简单的写字，它的涉及面很广，与其他人文学科联系非常多。钱锺书在《诗可以怨》中写道："人文科学的各个对象，彼此系连交互渗透，不但跨越国界，衔接时代，而且贯穿着不同的学科。"① 正如钱先生所说，书法作为人文科学的一个对象，与其他学科诸如文学、艺术、宗教、历史、哲学等密切相连，且相互渗透，不可分割。

在中小学基础教育中，我们可以根据各年龄段的不同能力特点，有层次有步骤地在书法教学中渗透其他学科的知识。例如，低年级小学生，在起步的书法"练字"过程中，与语文学科的识字同时进行，互相促进，有助于理解记忆。在教授语文识字时，点染地介绍汉字中象形、会意等造字法，在书法训练中则可以更形象生动地消化这些知识，这样可以提高识字教学的效率。像"马""羊"这类象形很强的字，可以用从大篆到楷书不同年代演变的字形来强化和理解；而类似"本""末"会意的字，通过对原始字形的分析来理解本义，对以后合体的形声字的理解记忆也会有很大帮助。"练字"与"识字"同时进行，相辅相成，一举两得。对于具备一定理解能力的初、高中生，可以在"进乎于道"的层面，有所升华地介绍，如儒家与书道共有的雅与俗；儒家强调自身品格完善，在

---

① 钱锺书：《诗可以怨》，《七缀集》，生活·读书·新知三联书店2002年版，第129页。

书法中则体现为"书如其人";儒家中庸含蓄之美,书道亦表现为委婉而不外露之意蕴。道家老子有"知其白,守其黑",书法亦有计白当黑;道家尚无为而无不为,书法深入到一定境界则无法而无不以为法。佛家讲"法本法无法,无法法亦法",① 这不正是书家从守法到无法的境界吗?书法与儒释道的联系在书史上处处涉及,儒释道又渲染着中国文化的一切。若不知儒释道,则仅得书法之皮毛。可见书法既是传统文化综合的载体,又是使学生了解和深入学习传统文化的媒介。因此,在中小学开设书法教育,从深入了解中国文化积累和综合知识的角度上讲,是非常必要的。

二 书法学习的"写字"练习,可以培养学生虚心踏实、持之以恒的治学态度和良好的学习习惯

自古以来,历代名家无不是经过一番勤学苦练而后名垂青史的。在书法史上,许多书家勤苦地练功与孜孜以求的探索事迹,多已成为后人佳话。王献之书墨十八缸,池水尽墨;智永的笔冢;欧阳询夜里卧床后以指代笔以被当纸练字,天长日久以至于划穿被子;李斯、蔡邕、钟繇、王羲之见金石刻字无不是如见至宝,即坐、即卧钻研不舍,以至于守碑观摹数日不去;唐太宗李世民以"二王"法书为至爱,不惜代价搜尽"二王"法书,得到《兰亭序》,以此奉为珍宝日日把玩,挂在床头反复品味。这些典故佳话,虽然是在说书法的学习,但对于任何学科来说,都需要这种勤奋和执着,都需要脚踏实地去钻研。书法通过基本功的训练,培养严谨的学风和良好的学习态度。书法是容不得虚浮的,功力是与下的功夫和时间成正比的。书法艺术"以力为美,力由功来"的传统文化因素,对培养学生刻苦钻研,练成功力,追求学无止境的精神是十

---

① (宋)道原:《景德传灯录》卷一,成都古籍书店 2000 年影印本。

分有帮助的。

　　论语有云："其为人者孝弟，而犯上者，鲜矣。不好犯上者，而好作乱者，未之有也，君子务本，本立而道生。"书法之规矩法度，如同儒家孝弟之礼，通过书法的学习致力于修身之道。郭沫若先生曾说过："培养中小学生写字，不一定要人人都成为书法家，总要把字写得合乎规格，比较端正，干净，容易认。这样养成习惯有好处，能够使人细心，容易集中意志，善于待人。草草了事，粗枝大叶，独行专断，是容易误事的，练习写字，可以逐渐免除这些毛病。"① 可见书法练习，可以培养学生个人的处事谨慎，细心专一的好习惯。而且在坚持不懈的练习中，不断提高书写水平的同时，还可以平静心态，追求无止境的艺术，探寻无穷的知识，实现更高的人生理想。所以，书法的练习，对于学生养成良好学习习惯和学习态度，提高自身修养也是十分必要的。

三　通过书法的学习培养学生的审美感受，提高全民的艺术修养

　　"中国书法是中国文化的审美表征。它作为中国文化的重要组成部分呈现出华夏审美人格心灵世界，并以其特立独行、源远流长而在世界文化史上占有不可忽略的重要地位。"② 因此，书法审美的特殊性和重要性是中小学"美育"不可缺少的一部分。通过书法可以认识中国文化的魅力，而书法点画的线条美，字体的结构美，通篇的章法美，无不可以成为学生感受美的开始。颜字的拙美，苏字的肥美，赵字的秀美。《兰亭序》书法意韵生动，文章表现出对生命的慨叹；《祭侄文稿》的自然书写，无刻意的缓急交错，涂改穿插，体现出书家情绪的起伏波动；苏轼身谪边邑，生活困苦的境遇

---

① 郭沫若：《郭沫若同志题词》，《人民教育》1962 年第 9 期。
② 金开诚：《中国书法文化大观·前言》，北京大学出版社 2003 年版，第 7 页。

尽致于《黄州寒食诗》；岳飞"还我河山"的气魄豪壮；毛泽东"江山如此多娇"尽显的伟人兴怀。如此之类，无不可成为学生认识美、感知美的起步。中国进入21世纪，要建立和谐社会，顺应时代发展，在不断提高全民物质要求的同时，绝不能放松精神文明的建设。艺术是精神文明的结晶。[①] 书法是艺术的结晶。所以在中小学开展书法教育也是精神文明建设的一项不可忽视的重要措施。

四 通过书法学习使学生更清楚地认识东西文化差异，去其糟粕取其精华，继承和发扬中华民族特色文化

不同的国家有不同的文字，而能够使其成为一门艺术的只有中国，这是值得我们每个炎黄子孙骄傲的事情。中国的文字不仅是保存最完整、使用时间最长，而且是最具有艺术活力的文字。埃及虽有文字留存，但已经不再使用。拉丁文字虽也有各种书写方法，但缺少艺术魅力。中国书法，以汉字为载体，承载着中华民族的历史，也承载着炎黄子孙的精神文化血脉。书法艺术作为民族特有艺术，成为中华民族区别其他民族的一个重要标志。"要了解一个民族，最好的办法是从最富于民族特色的现象入手，尤其是从那些持续了千百年的现象入手。"[②] 所以通过书法的学习，真正认清自己，才能更好地有选择地借鉴别人。我们这一代有义务把民族文化中最博大精深的那一部分展现给世界。教育是立国之本，是传承文明，弘扬文化的重要手段。在基础教育阶段，对于世界观未形成且易动摇的中小学生来说，书法学习对学生了解和认识东西文化差异，继承和发扬民族文化，培养学生正确的选择识别能力，都可以起到积极的作用。

---

① 周积寅、史金城：《近代中国画大师谈艺录》，吉林美术出版社1998年版，第4页。
② 姜澄清：《中国书法思想史·引论》，河南美术出版社1997年版，第5页。

五　建立健全中小学书法教学体系，使之与高校书法教育接轨

中小学开设书法的必要性还与中小学基础教育特点，以及建立与高校相连的书法教育体系的因素有关。我们常说教育需从孩子抓起。书法的重要作用也要求我们从孩子抓起。但中小学教育不是要培养专业人才，而是在于学生的综合素质培养，其后的大学教育才是培养专业人才的阶段。综合素质是专业人才的基础。所以，从中小学阶段的教育目的上看，也是符合开设书法课的。而且，中小学生全日制教学方式和课程安排特点完全可以轻松地把书法纳入正规教学。

从小学到高中建立书法教学体系，还便于和高校的书法教学相互连接，现在大部分高校都以选修或必修的形式开设书法课，近年又有部分高校成立书法专业。相比较来说，书法在高校的发展是迅速的，但这种发展缺少基层的供给和连续性。据我们所了解到的情况，最近几年高校书法专业招生，大部分生源皆属"半路出家"。因为考书法分数低，专业学习快，若以这种方式选拔培养学生，怎么可能培养出大师？我们细心留意一下，现今书法界称得上大家的，真正出于高校书法专业的有几人。恐怕不多，基本都是有了较好的中文、历史基础而后专攻书法。我想真正的书法人才首要具备的是良好的多方面修养。当然我们无意贬低高校书法专业，高校有良好的培养体系，问题在于进入高校书法专业之前的文化修养基础是否合格。所以，要培养真正的书法人才，必须有循序渐进的系统教育，因此在中小学阶段，开设书法课，有利于逐步发掘培养书法的优秀后备力量，建立完整的书法教育体系。

书法欣赏之我见[1]

欣赏书法是件难事，特别是欣赏行书、草书更是难。金陵八家之一的龚贤曾说："作画难而识画尤难，天下之作画者多矣，而识画者几人？"绘画，尚且有形象，竟然发此感叹，更何况无形象书法呢？老子说："知其白，守其黑，为天下式。"（《老子》二十八章）书法是凭线条变化在黑白的世界里表现情感、意境，也正是这一黑一白，组成万千世界。唐代书家孙过庭在《书谱》中说书法是："达其性情，形其哀乐。"如何在黑白的世界里寻找性情与哀乐呢？到底怎样欣赏一幅书法作品呢？

就像俞伯牙与钟子期那样，有奏乐者也要有知音，但是无论是奏乐者还是知音，在音乐上肯定是有可通的东西，否则不可能建立联系。书法创作者和欣赏者之间也是如此，首先要有"共识"，两者在书法作品上必须建立共同的语言。通俗地说，你得喜欢书法，喜欢这样的作品。而是否能达成"共识"，我认为双方都要努力。对于创作者来说，是要尽量创作出适应时代审美、体现更高艺术水平的书法作品。对于欣赏者说，则要懂得审美，具有和书法艺术对话的能力。这样才谈得上书法作品和欣赏者之间的沟通。

书法在古代，总的来说是士大夫阶层的高雅艺术。并且，每个

---

[1] 本文首发于《书法赏评》2009年第4期。

时代都有每个时代的特殊格调。晋人尚韵，唐人尚法，宋人尚意，明人尚趣，清人尚朴，历朝历代都有大致的格调。到了近现代直至今天，从日本的前卫书法到我们中国的流行书风，书法发展态势迅速，并且越来越向多元化发展。欣赏者面对的，很少是单纯的尚法、尚态之类的书法作品。更多的是取法新、综合性强、形式多样化的作品。特别是近现代考古出土了大批文物，比如说睡虎地秦简、马王堆楚帛书等，是古代人没有看到也更无法借鉴和学习的。如果我们能在现代"百家争鸣，百花齐放"的书法作品中懂得判断和欣赏的话，可以称得上是书法的"知音人"。所以，如果没有基本的书学知识和审美能力，如果不知道几个书家、几幅作品、几种风格，对现代这种取法多样、风格多样、形式多样的书法作品谈欣赏是很难说通的。

如果把书法作品中的一个字比喻成一个人的话，字的点画用笔就像人的器官或部件，字的结体取势就像人的各个器官部件的组合，许多的字像许多的人，用多种多样的表现形式和章法布局形式，演绎书法艺术。欣赏这种"书法演绎"就像欣赏京剧或是舞蹈，不懂的人看热闹，懂的人知道那台演员的一举一动都是功夫，都是学问。作为书法的欣赏者，能透过作品点画用笔，结体取势，章法布局，看出它的师承、流派、风格，更能体会和感受到作者的情绪、格调、审美追求，那么你是真正的"知音人"。

所以，欣赏书法前提是要在欣赏者与作品之间建立一个"共识"，没有这个"共识"就无从建立欣赏与被欣赏的关系。其次，为了达成"共识"，欣赏者要具备基本的书学知识和审美能力。有了这种"共识"后，能够体会书作和作者的风格流派、气质格调等更高的欣赏层次，就可以说是真正懂欣赏，会欣赏。

接下来从欣赏者出发，谈谈欣赏的角度和着眼点，目的是让欣赏者明白如何建立两者间的"共识"。欣赏书法美主要有形式美和意境美两大方面。形式美又分为点画用笔美、结体取势美、章法布局美。通过形式美所表现出的风神、意韵、境界、情怀等，即是意境美。

一　形式美

（一）　点画用笔美

点画用笔就是指点、横、撇、捺等构成"书体"的基本形态。简单地说，就是组成作品的"线条"。书法中的点画用笔不同于正规印刷体和普通写字，它是一种对自然中与线形相似事物和各种质地的事物的模仿。在自然界中有很多种给人们带来丰富审美感受的形质，书家们善于将自然界的这种形质美提炼融合到书法中，使书法的笔画成为一种有意味的艺术审美形式。所以在古代书论中经常见到，以大自然的事物来形容书法美。例如，"用笔者天也，流美者地也"（陈思《书苑菁华》），以大自然中最重要的"天"来喻用笔的重要。具体地说，书法中的点画用笔美主要是通过丰富的笔法而表现出的笔力、笔势、笔意。

笔力主要是点画线条中所表现出的力度和力量之感。举例来说，褚遂良的《雁塔圣教序》（图1）和颜真卿的《麻姑仙坛记》（图2）的笔画，都很有力度。褚遂良的点画，如同飘荡着水袖的少女，婀娜多姿，纤细精巧。表现出的是一种劲健、秀挺、瘦硬的力感。颜真卿的点画，如同魁梧健壮的大汉，沉着朴实，表现出的是一种粗犷、雄强、着实有力之感。每个书家性格、修养、气质不同，决定了他书写出的点画线条不同，也就注定了不同的笔力之美。

笔势主要是点画的形状的态势。这种态势可以是静态，可以是动态。笔法中笔势的"势"，大概和中学课程中，物理势能的"势"有些相似。它也有力度、方向、速度之感。古人总结出的"永字八法"，就是八种笔画表现的势。比如横为勒意思是写横画要有像勒住马缰绳一样的势。蔡邕在《九势》中说："势来不可止，势去不可

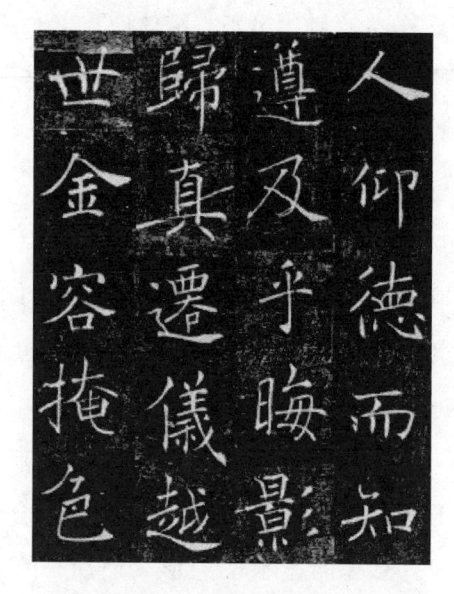

图1　褚遂良《雁塔圣教序》局部

图2　颜真卿《麻姑仙坛记》局部

遏",告诉学书者懂得用势。作为欣赏者要能在体会"势来"哪里,"势去"何处中,感受笔势的美。例如黄庭坚的《李白忆旧游诗》(图3)笔画,如同刀枪剑戟挥动,剑拔弩张,给观者的是种咄咄逼人的气势。与此相比,怀素的《自叙帖》(图4),笔画如同钗股,盘环缠绕,时放时纵,传达给观者的是婉转飞动之势。

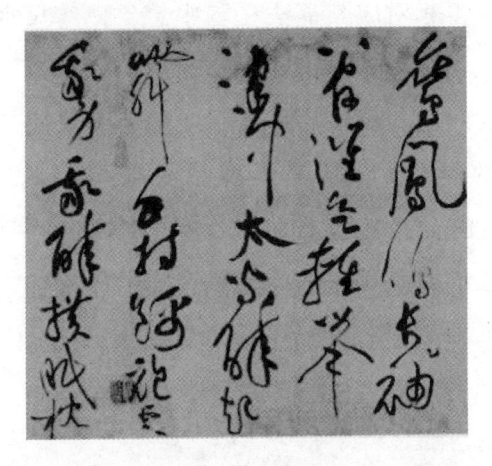

图3　黄庭坚《李白忆旧游诗》局部

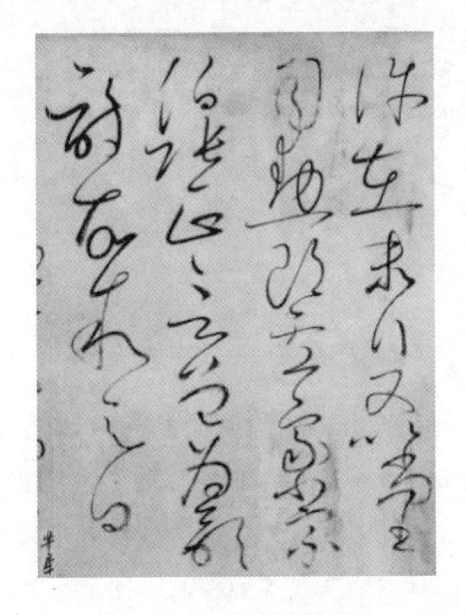

图4　怀素《自叙帖》局部

笔意,是通过笔力、笔势或者更多的因素表现出来的。所以单纯地从某一方面去说笔意,都不够准确,只有以例子说明才相对充分些。相传王羲之很喜欢鹅,常常是喜欢观看鹅掌拨水游动的时候,日久而悟得"笔意"。这个"意"如果说和书法有直接关系,那一定在书写中流露出来。如果观王羲之《兰亭序》(图5)的飘逸灵动的笔法,再相对应其笔法在脑中想象鹅掌拨水的情形,似乎会明白王羲之《兰亭序》书法"笔意"的境界,这种"意"传达的可能是灵活的运笔表现出痛快爽利之美,也可能是波动的柔韧性如同毛笔提按的弹性显现出节奏和韵律之美。当然,观物各有所感,各抒己见。并且,中国汉字源于各种物象,本身就富有意趣,再上升为书法艺术就更有深意了。而这种"深意"不是知音不能寻觅,不是智者很难参透。

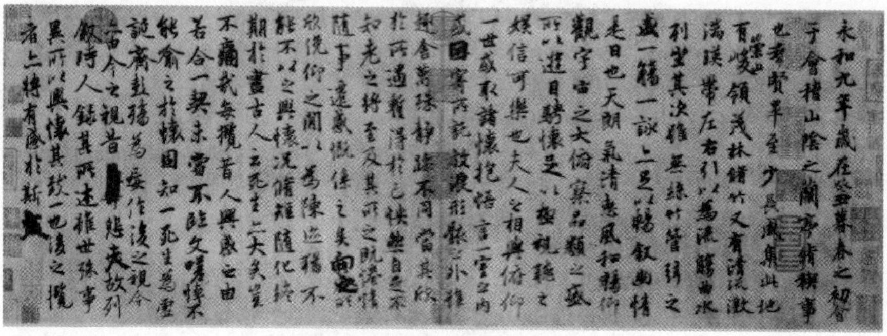

图5 王羲之《兰亭序》

(二)结体取势美

结体取势是指由点画组成的部件构成的间架结构及其表现出的"字势"。结体或称结构,随着字形的需要,各种笔画之间有多种排列组合的方式。由此,不同的结体会给欣赏者带来很大差异的视觉效果。所以,结构是书法形式美的核心,用笔是基础,离开了结构这些单个的点画难以组合成完整的艺术体。离开了点画用笔谈结体，必定是空中楼阁。两者都不合实际也难有美的存在。所以欣赏结体取势美还要合同点画用笔。而这里的"字势"，实际是种视觉的感觉，例如看欧体字的结体，取的是向中心收拢的势，再看颜体字，与欧体很大不同，感觉到的是种向外膨胀之势。再比如米芾的《蜀素帖》（图6）与王羲之的《兰亭序》相比，前者取倾斜欹侧之势，后者则是端庄稳重之势。

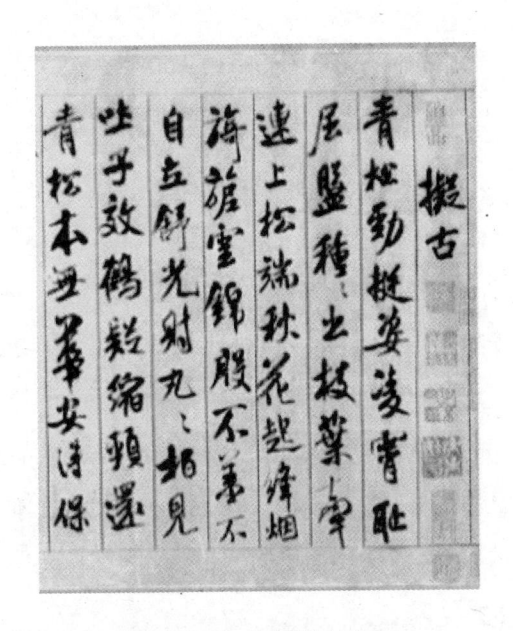

图6 米芾《蜀素帖》局部

那么，什么样的结体取势才是美的？启功先生曾用黄金分割律给我们总结出简明易懂的"三紧三松"原则。即上紧下松、左紧右松、内紧外松。我们拿《九成宫》里的字作例子。上紧下松指的是字的结体最好上部取收紧之势，下部有宽松之感，这样字的整体有稳定感。比如"成""臣""德"字，为了寻求字的变化和稳定，故意在笔画和结体上做了夸张，就是这个原因。左紧右松指的是字的结体最好左部取收紧之势，右部有宽松之感，特别是左右结构的字。比如"珠""卬""刑"。内紧外松指的是字的结体最好有向中心凝聚之势，或者说要有中心的"吸引力"。把一个字放在九宫格内（图7），最中心的格就是字的中宫位置。在书法结体取势中，字的重心大概就是在中宫位置。我们平常说"不要把字写散了"，就有收紧中宫之意。并且，收紧中宫的前提下，就可以在主笔或中宫以外部分的点画上作适当的夸张。例如"奉""母""恭"。

图7 九宫格示例

三紧三松原则只是结体取势的一般原则，不是绝对的，也不是欣赏结体取势美的唯一手段。比如颜体字就是一个特例，尤其是颜体的外张之势和内紧外松不完全相合。甚至草书作品中一些字的结体取势，为了整体的需要还故意改变它。而且，结体取势美有很多面，诸如大小、疏密、黑白、穿插、避就、相让等产生的美。

（三）章法布局美

章法布局美是就通幅作品而言。是指字与字之间、行与行、字与行之间乃至通篇的处理，以达到整体美的效果。我们总结前面会发现，从点画到字的结体，再到章法，其实就是从局部到整体的过程。章法布局美，实际上是通过点画用笔和结体取势加上通篇协调而表现出来的。所以谈章法布局美，也要从点画用笔和结体取势说起。一幅出色的书作，其章法布局我总结大致上应该是：变化自然而又富有韵味，通畅协调而又烂漫多姿，款印讲究而又不忽视形式。

变化自然而又富有韵味。拿非常有名的《祭侄文稿》（图8）

作例子。这是不欲佳乃佳的典型代表。颜真卿自己都不会想到,不经意间为侄子写的悼文草稿,竟成了赫赫有名的名篇佳作。原因何在呢?原因就在于在心情高度激动的情形下,不经意间流出颜真卿的书法的内力,这种内力是真正的自然没有一丝做作;也是不经意间流露使通篇章法更富有变化,这种变化是有着独特韵味的,是悲伤的,愤怒的,是苦涩的,更是牵人同情的味道。

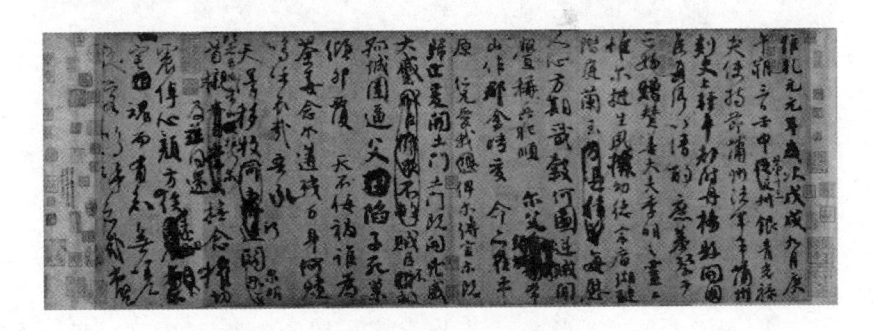

图8　颜真卿《祭侄文稿》

通畅协调而又烂漫多姿。苏轼的《黄州寒食诗帖》(图9)有"天下第三行书"美称。清代包世臣认为,苏轼的这个帖的弊端在过于烂漫,而近代的潘天寿先生,则意见不同。潘先生认为苏轼的字,尤为可贵之处就在于烂漫,特别是《黄州寒食诗帖》。我个人赞同潘天寿先生的看法。《黄州寒食诗帖》是苏轼被贬黄州的第四个寒食节写的手稿。彼时,苏轼生活艰难,心感被贬离乡之痛,寒食节亦没有欢心之感,信笔作诗,以消心头之闷。观其帖,起首"自我来黄州"直到"多月秋萧瑟",字不相连,书写沉重,感觉出心情较平缓。从"卧闻海棠花"开始,烂漫欲出,字字欲连,侧势欲强,时大时小,时横时纵,且字形越来越大,心情起伏不平,也愈加激动,以至于不经意漏掉"病"字,多写一"子"和"雨"字。至"小屋如渔舟"到结尾,浓墨重笔,字形越来越大,越显欹侧之势,烂漫之趣欲强。"破灶"二字突然加大,"纸"字放纵末笔竖画，到"哭涂穷"三字，全篇最大墨色最重，心情澎湃，跃然纸上。最后"死灰吹不起"，似乎有无奈之感，稍作平静收尾。纵观全帖，字字大小不一，取势不同，但通篇协调顺畅，没有生疏难容之感。并且烂漫中也有规矩，烂漫适度而不过。

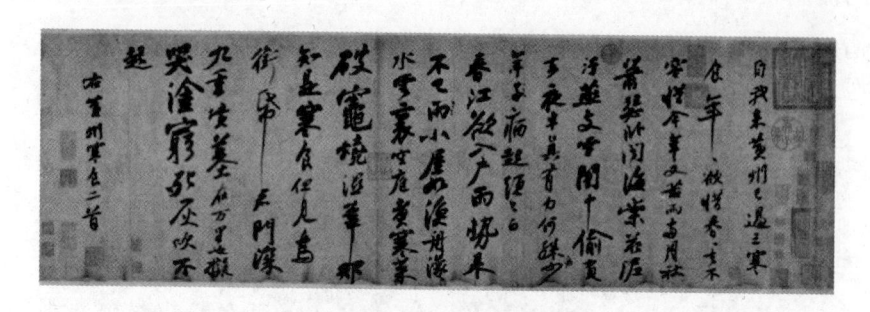

图9 苏轼《黄州寒食诗帖》

款印讲究、不忽视形式，涉及落款与用印的很多常识。章法布局的形式和作品形式，更是当今时代的一大特点。以往的书法作品多是白纸黑字，印章至多不过三五方，落款位置基本固定，但协调不板滞。而现在的作品很多纸张五颜六色，印章多的到处都是，落款位置也有了许多变化。有人称之为"好色"现象，或者叫"展厅现象"。实际上，真正的书家，精力主要集中在"字"上，不会刻意地追求形式，用印章较慎重。并且能用细微的变化来创新，用传统的方式来表现内在的涵养。现在书法界的"好色"现象完全是因展览而生，也是为追求展厅的视觉效果而生。作品没有出众的形式，无法吸引评委或观众的"眼球"，尺幅不大，书写不张扬，就难与巨大的展厅相合。所以对现代书法作品要考虑到这些外在因素。当然，对落款、印章、形式的欣赏也需要很多基础知识，比如干支纪年、篆刻知识、传统章法形式等。

二　意境美

中国的诗词美在"意境",中国的书法也是如此。意境,意之境,此意为何意?是陶渊明不仕权贵,悠然自得之意,还是岳飞忠贞报国,志不得申之意;是采菊东篱下,悠然见南山之境,还是"怒发冲冠""还我河山"之境。作者表现的意境不同,观者自我的理解也不同。观张旭草书,如惊草出蛇,雷霆霹雳,歌舞战斗。观柳公权的楷书,则如同彬彬有礼的书生,规矩有度。观曹全碑似见婀娜多姿的美女,翩翩起舞,舞姿轻盈。观张迁碑好像看到身强力壮的士兵,列阵排开。意境非可触可摸,而是艺术家和欣赏者的思维观念所创造出的虚空世界。也就是王国维所说的"造境"。王国维说,"红杏枝头春意闹",著一"闹"字,而境界全出。"云破月来花弄影",著一"弄"字,而境界全出矣。(《人间词话》七)书法欣赏者寻找作者的"造境",如同寻找诗的妙处。不知妙在何处,就不知是何意境。

总之,书法的意境可以蕴含在点画用笔、结体取势和章法布局中,也可以蕴含在书法的风神、韵味、情怀之中;它"无为",却是书法家的重要依托;它虚无缥缈,却又丰富多彩;但境界里的"伯牙"音乐的美妙,却只有知音"子期"懂得欣赏。

后　　记

　　从 2004 年 7 月我从东北师范大学本科毕业南下，到现在已经过去了十四年。这期间为了工作和求学，我辗转了几个地方，兴趣点也几度变化。到广东湛江第一中学工作之前，兴趣在书法研究上。工作期间，因为 2005 年到北京参加了北京师范大学首届书法研究生课程班，开始对古文字产生浓厚兴趣。自那时起，描被同事称为"画符"一样的古文字字形，取代了书法临摹。2007 年我在北京师范大学书法课程班结业，同年我参加了研究生考试，选择的专业就是古文字，但这不是第一次报考，而是第三次。不过真正用心准备的就这么一次，这一次阴差阳错地考上了厦门大学历史系。因为这一年厦门大学唯一的古文字方向导师刘钊先生调走，于是我选择厦门大学中文系的曾良先生为导师，开始转向俗字与训诂研究。感谢厦门大学的培养与曾老师的辅导，从进入厦门大学开始，我才真正地走上学术研究道路。本次出版的论文基本是从这时候开始写的。

　　2011 年我从厦门又回到东北，进入古文字学研究的重镇吉林大学古籍研究所读博士，并有幸成为林沄先生的学生。自此我又转回到古文字研究方向。2014 年征询了林老师和古籍所各位老师的意见，我决定进入湖南大学岳麓书院跟随陈松长先生做博士后，开始了岳麓秦简的整理与研究工作。本书所选文章的下限就到博士后为止。

　　因为研究方向的几次转变，我的文章显得复杂多变，古文字、今文字、书法、简牍、出土文献、敦煌文献与俗字、佛教文献等内容在这本书中都可以看到，而且因为时间跨度大，又正值我的求学阶段，所以文章的水平也跨度很大。特别是初期的文章，不经大幅度修改是完全不能见人的。本书选取了较好的几篇，但书写结构与文章观点都比较薄弱。不过为了记录我的学习轨迹，本次收入的文章基本保持了原貌，没有作大幅度改动。

　　2016年，经过从北方到南方，又从南方到北方的辗转后，我将最后工作的地方定在了湖南长沙。自此我的求学生活结束。现在的研究方向已经基本稳定，研究也算有了一定深度，但是那些还没来得及深入的领域，依然是我今后"觊觎"的方向。

李洪财

2018年10月